Lasst uns leben – lebt mit uns

Lasst uns leben – lebt mit uns!

Pädagogik der sozial Ausgeschlossenen

Herausgegeben von
Renate Kock und Henning Günther

PETER LANG

Frankfurt am Main · Berlin · Bern · Bruxelles · New York · Oxford · Wien

Bibliografische Information der Deutschen Nationalbibliothek
Die Deutsche Nationalbibliothek verzeichnet diese Publikation in
der Deutschen Nationalbibliografie; detaillierte bibliografische
Daten sind im Internet über <http://www.d-nb.de> abrufbar.

Gedruckt auf alterungsbeständigem,
säurefreiem Papier.

ISBN 978-3-631-51468-9

© Peter Lang GmbH
Internationaler Verlag der Wissenschaften
Frankfurt am Main 2008
Alle Rechte vorbehalten.

Printed in Germany 1 2 3 4 5   7

www.peterlang.de

Inhalt

Aussortiert!
Brauchen wir eine *Pädagogik der sozial Ausgeschlossenen*?

Henning Günther, Renate Kock

Armut, Kinderarmut, sozialer Ausschluss, die sozial Ausgeschlossenen, arbeitende Arme, Langzeitarbeitslose, Analphabetismus, Unterklasse sind Begriffe, die wir zunehmend in pädagogischen Zusammenhängen finden, in soziologischen Werken, in medialen Zusammenhängen und in Reformprojekten. Dem wachsenden Reichtum einiger weniger Menschen in unserer Gesellschaft steht eine ebenso wachsende Zahl derer gegenüber, die in Unsicherheiten, Armut und sozialer Ausgrenzung leben. Armut und Analphabetismus bedeuten den Ausschluss ganzer Bevölkerungsteile von gesellschaftlicher Teilhabe. Bedeutsam sind in diesem Zusammenhang auch die Studien der US-amerikanischen Hirnforscherin Naomi Eisenberger, die belegen, dass soziale Ausgrenzung und körperlicher Schmerz neurologisch vergleichbare Phänomene sind.

Obgleich wir also für diese Begriffe und Zusammenhänge sensibilisiert sind und sie angesichts aktueller gesellschaftlicher Entwicklungen – allgemein als Neoliberalismus oder Globalisierung bezeichnet – gerne ins Spiel bringen, bleibt zu fragen, in wieweit diese Begriffe auch inhaltsreich sind, was man im Speziellen unter *Armut* und *sozialem Ausschluss* versteht oder wer die *sozial Ausgeschlossenen* sind. Es reicht dabei nicht, ihre Zahlen statistisch zu erfassen und ihre Charakteristika zu bestimmen. Es ist zugleich notwendig, die Bedingungen und Konstellationen zu analysieren, die zu Armut und Analphabetismus führen, die Prozesse sozialen Ausschlusses zu verstehen und nach Handlungsmöglichkeiten zu fragen. Brauchen wir eine Pädagogik der sozial Ausgeschlossenen – und wenn ja – wie soll diese aussehen?

Zahlreiche Fragen und Anliegen. Das Ziel dieses Bandes ist es, einige davon näher zu untersuchen.

Pädagogik der sozial Ausgeschlossenen

Die menschliche Welt ist eine *Welt von Ausgrenzung*. So beschreibt es Friedrich Engels in seinen Beobachtungen über die *industrielle Stadt*, Raymond Williams in seinem Bericht vom Grundbesitz im England des 18. Jahrhunderts und Lewis Mumford in seinem Werk *Die Stadt in der Geschichte*. Die *Exklusion* Geächteter, Ehrloser und Kastenloser ist eine historisch früh auftretende soziale Erscheinung. Eine massenhafte *Verarmung* der Weber (*Pauperismus*) führt im 18. und 19. Jahrhundert in Deutschland vieler Orts zu Unruhen, Revolten und Maschinenstürmen. In diesem Kontext immer schon vorhandener Konstatierung von Armut und Ausgeschlossensein bildet der Begriff *sozialer Ausschluss* (social exclusion) als Alternative und Ergänzung zum *Armuts*begriff (Kultur der Armut, Neue Armut) bzw. Konzept der *Underclass* und als Kind weltweiter Globalisierung, resultierend aus einer sich verschärfenden Weltmarktdynamik (vgl. Butterwegge i. d. Band), ein neues Konzept.

Der Begriff *Armut* (poverty) meint vor allem das Fehlen von Mitteln, die Einzelnen oder Haushalten zur Verfügung stehen. Nach einer Definition des EG Ministerrats von 1984 gelten Einzelpersonen, Familien und Haushalte als arm, wenn sie über so geringe (materielle, kulturelle, soziale) Mittel verfügen, dass sie von der Lebensweise ausgeschlossen sind, die in dem Mitgliedstaat, in dem sie leben, als Minimum annehmbar ist (vgl. Kommission der europäischen Gemeinschaften 1991, S. 4). Sozialwissenschaftliche Studien zeigen dabei, dass Kinder und Jugendliche diejenigen Gruppen sind, die am häufigsten von Armut bedroht sind (vgl. Palentien u. a. i. d. Band).

Der Begriff der *sozialen Ausgrenzung* dagegen ist weiter gefasst und meint unzulängliche soziale und politische Teilhabe, fehlende soziale Integration bzw. Auflösung sozialer Bindungen und fehlende Macht und Durchsetzungskraft. Die Britische Regierung definiert *sozialen Ausschluss* als Folge bestimmter Merkmalskombinationen wie Arbeitslosigkeit, schlechte Ausbildung, geringes Einkommen, schlechte Wohnsituation, hohe Kriminalität, schlechte gesundheitliche Versorgung und Zusammenbruch der Familien, wobei häufig der für die Entwicklungsländer nicht erfasste Indikator (Langzeit-)Arbeitslosigkeit als Hauptmerkmal gilt (vgl. Human Development Report 2002).

Das *Armut*- und das *Ausschlusskonzept* stehen in verschiedener Tradition. *Armutsforschung* in ihrer modernen wissenschaftlichen Form ist ein angelsächsisches, genauer gesagt ein britisches Produkt des 19. Jahrhunderts (Rowntree, B.S.: Poverty: a study of town life, London 1901, Townsend, P.: Poverty in the United Kingdom, London 1979). Hinter ihr steht eine liberale Version von Gesellschaft, in der die Gesellschaft durch die einschlägige intellektuelle und politische Elite als eine Masse von atomisierten Individuen gesehen wird, die innerhalb des Marktes in Konkurrenz zueinander stehen. Ziel der Sozialpolitik ist sicherzustellen, dass jeder in dieser von Konkurrenzdenken geprägten Arena überleben kann.

Im Gegensatz dazu ist *sozialer Ausschluss* Teil einer kontinentalen und insbesondere französischen Tradition sozialer Analyse. Gesellschaft wird als Status-Hierarchie, als durch eine Reihe von gemeinsamen Rechten und Pflichten aneinander gebundener Kollektive gesehen, die in einer gewissen allgemeinen moralischen Ordnung verwurzelt sind (vgl. Castels 1990). Insofern aber die Rechte und Pflichten, die die sozialen Beziehungen formen, die einer egalitären Staatsangehörigkeit sind, nicht die einer traditionellen Hierarchie, sind es (vgl.

Esping-Anderson 1990) soziale und demokratische Visionen, die auch die Debatte um *sozialen Ausschluss* bestimmen. Ausgehend von Frankreich geht der Begriff *Exklusion* in die politische Programmatik und Forschungsförderung der Europäischen Gemeinschaft ein und wird von der EU-Kommission bereits seit den achtziger Jahren in der englischen Version des Begriffs *social exclusion* verwendet.

Mit wachsender *sozialer Ungleichheit* und wachsendem *sozialen Ausschluss* rückt die Sorge um individuelles Überleben in den Vordergrund, Fragen der nationalen oder übernationalen Zusammenhänge rücken in den Hintergrund. Was mit dem erstarkenden Individualismus in den *entwickelten* Ländern auf dem Spiel steht, ist das *soziale Band*. Sein Verschwinden bedeutet auch für den sozialen Bereich den Einzug der Logik des *Marktes* und der *Konkurrenz*. Die durch den Markt getragenen Beziehungen wiederum sind gekennzeichnet durch ein Verschwinden von Raum und Zeit. Entscheidend ist die unmittelbare *Gegenwart*. Dieses spiegelt sich wiederum im Arbeitsmarkt. Berufliche Zukunft in Form traditioneller beruflicher Karriere wird unsicher. Jeder setzt von Anfang an auf maximalen Gewinn. Ein Unternehmer wird sich langfristig von älteren oder *nicht effektiven* Mitarbeitern trennen; die Sozialleistungen wie Renten und Arbeitslosengeld geraten aus dem Gleichgewicht. *Umschulung* wird das neue Zauberwort. Die (Aufstiegs-)Möglichkeiten, Partizipations- und Lebenschancen für *Ungelernte* verschlechtern sich drastisch. Die derzeitige Krise der Wirtschaft ist so eine Krise der Arbeit – der fehlenden Arbeit und der neuen Formen der Tätigkeiten und ihrer Struktur. Die Arbeit und die Frage ihrer Definition, Verteilung und Organisation stellen damit einen der zentralen Werte schaffenden Aspekte dar (vgl. Széll i. d. Band).

Wenn hier die gegenwärtige Gesellschaft als eine globalisierende (Welt-)Gesellschaft charakterisiert wird, greift diese Perspektive jedoch zu kurz. Die Bekämpfung von Armut und sozialem Ausschluss sind ein *internationales* Ziel (vgl. United Nations Educational, Scientific and Cultural Organization 2001). Armut und sozialer Ausschluss sind eine Negierung der Menschenrechte, die Antithese von Entwicklung. Trotz aller Bemühungen in den vergangenen Jahren haben sich Armut und sozialer Ausschluss noch verschärft. Niemals in der Geschichte waren so viele von einer Weltwirtschaft ausgeschlossen, in der die Kaufkraft jährlich um 3,10% steigt, während das Weltwirtschaftswachstum nur 2,8% beträgt. Die Hälfte der Menschheit hat weniger als 2$ pro Tag zur Verfügung; 1,7 Milliarden Menschen weniger als 1$ und 100.000 Menschen sterben jeden Tag, weil sie nicht einmal das Minimum dessen kaufen können, was sie zum Überleben bräuchten (vgl. Galtung 2002). 70% der Armen sind Frauen und 2/3 sind unter 15 Jahren alt. Die Einkommensrate zwischen dem 1/5 der Reichsten zu dem 1/5 der Ärmsten auf der Welt stieg von 30:1 im Jahre 1960 auf 75:1 vierzig Jahre später.

Fragt man nach Handlungsmöglichkeiten, stehen mit Blick auf die Situation von Kindern die *Poverty Reduction Strategies* (PRS) und die *Milleniumsziele* wie weltweite Alphabetisierung gegenwärtig im Zentrum der internationalen Armutsdiskussion der Vereinten Nationen. Nach fast vierzigjähriger kontroverser Diskussion hat sich die UNESCO auf eine einfache Diskussion von *Alphabetisierung* geeinigt. Dieser Definition folgend ist eine Person *alphabetisiert*, wenn sie lesen und schreiben kann und dabei in der Lage ist, einen einfachen Text aus ihrem alltäglichen Lebensumfeld zu verstehen (vgl. World Education Forum 2000 zit. in Datta 2005, S. 14). Die OECD, die im Bildungsbereich eng mit der UNESCO zusammen arbeitet, definiert *Alphabetisierung* in Bezug auf drei Bereiche: Prosatexte, dokumentarische Texte, mathematische Texte (vgl. OECD 1995 zit. in Tenorth 2004, S. 175) und hat eine fünfstufige Skala zur Messung der Lesefähigkeit entwickelt, die auch der PISA-Studie zugrunde liegt. Die niedrigste Stufe 1 dieser Skala ist mit der Definition der UNESCO in etwa vergleichbar. Die Anforderungen steigen von Stufe zu Stufe. So muss man z. B. zum Erreichen der Stufe 5 in der Lage sein, einen komplexen wissenschaftlichen Text zu verstehen und in eigenen Worten wiederzugeben. In den Industriestaaten erreichen etwa 15-25% der Bevölkerung diese Stufe. Viele im Bildungsbereich tätige *Nicht-Regierungs-Organisationen* (NGO) definieren *Alphabetisierung* anders. Die von ihnen festgelegten Stufen bewegen sich zu einem großen Teil unterhalb der Stufe 1 der OECD (vgl. Datta 2005).

Zentraler *Indikator* für menschliche Entwicklung oder Kinderarmut ist neben anderen wie Geburtsgewicht, Lebenserwartung bei Geburt, Wasserversorgung oder Bruttoinlandsprodukt immer auch die Einschulungsquote. So liegt z. B. die Nettobeschulungsquote zwischen 1995 und 2001 in den Industrieländern bei 97%, in den Entwicklungsländern bei 79% und in den am wenigsten entwickelten Länder (LDC) Südasiens und des südlichen Afrika bei gerade 56% (vgl. UNICEF 2002, S. 87 ff).

Mit *Armut* und *sozialem Ausschluss* geht es damit zugleich immer auch um Bildung und Wissen, wie auch der Zusammenhang von Frauenalphabetisierungsrate und Kindersterblichkeit zeigt (vgl. Le Monde Diplomatique 2003, S. 66), beziehungsweise mit der Schule immer auch um die Bildung und Akzeptanz von Wissen. Im Zuge globalen Wandels formiert sich dabei eine Entwicklung zur weltweiten Verfügbarkeit von Elementen aller Kulturen: afrikanische Musik in Deutschland oder deutsche Traditionen in anderen Ländern beispielsweise oder auch zur unmittelbaren Konfrontation mit den Auswirkungen von kriegerischen, ethnischen, religiösen, wirtschaftlichen und politischen Konflikten – tschetschenische Flüchtlingskinder in einem Wiener Klassenzimmer (vgl.

Furch, Gettinger i. d. Band). Neben einem staatlich organisierten und kontrollierten Bildungssystem hat sich weiter zwischenzeitlich ein Nachhilfemarkt von kommerziellen Anbietern fest etabliert – ein Milliardengeschäft am Nachmittag – weltweit (vgl. Haag i. d. Band).

Wenn der Mainstream von Wissen durch Markt- und Machtprozesse konstituiert ist, muss jede Utopie für eine *solidarische* und *demokratische* Gesellschaft auch Vorschläge für die Art und Weise umfassen, wie akademisches, schulisches und gesellschaftliches Wissen produziert wird. Die Emanzipation und Demokratisierung der Weltgesellschaft ist dabei auch eine Frage des Umgangs mit ihren Menschen und der Ausgestaltung ihrer Institutionen – mit Blick auf die, die nicht ohne Weiteres die Möglichkeit haben, an gesellschaftlich so definierten Standards teilzuhaben.

In diesem Zusammenhang gehören die Forschungen zum sogenannten *Indigenous Knowledge*, traditionelles, lokales, an ein bestimmtes geographisches Gebiet gebundenes und von den Einheimischen entwickeltes Wissen, das alle Bereiche menschlichen Lebens wie Medizin, Viehzucht, landwirtschaftliche Produktion, Umgang mit Wasser und sozialen Erhalt betrifft. Das Interesse liegt nicht vorrangig in den Inhalten dieses Wissens, sondern in der Art und Weise wie es entsteht, umgesetzt und verbreitet wird. Ziel ist es, Projekte zu schaffen und zu unterstützen, in denen dieses Wissen eine bedeutende und praktische Rolle spielt (vgl. Grenier 1998).

Bereits Ende des neunzehnten Jahrhunderts wird das Thema eines *demokratischen Unterrichts* bedeutsam. Es wird ein Hauptthema der erziehungswissenschaftlichen Diskussion bedingt durch die Lösung der Pädagogik als Theorie und Praxis aus kirchlicher Bindung. Der Glaube an die menschliche Vernunft tritt hinzu. Dem Volk soll die Herrschaft und Macht übertragen werden. *Freiheit, Gleichheit, Brüderlichkeit* sind dabei die Maxime. Diese Werte bleiben jedoch in weiten Teilen bürgerliche Werte. Sie rufen Forderungen nach ihrer Vollendung auf den Plan. Und so ist seit der Französischen Revolution demokratisches Gedankengut mit dem Streben der Massen nach *sozialem Aufstieg* verbunden. Eine besondere Akzentuierung erfährt der Begriff *demokratisch* in den 60er/70er Jahren durch die französischen Soziologen Bourdieu und Passeron, die darauf aufmerksam machen, dass sich das moderne französische Bildungswesen trotz scheinbar demokratischer Struktur in weitgehender Abhängigkeit von der Klassenstruktur der Gesellschaft befindet (Bourdieu, P., Passeron, J.-C.: Die Illusion der Chancengleichheit. Untersuchungen zur Soziologie des Bildungswesens am Beispiel Frankreichs, Stuttgart 1971). Diese Debatte wird mit PISA neu zur Diskussion gebracht.

Ein *integrativer* Unterricht in diesem Zusammenhang, hier verstanden als *Gemeinsamer Unterricht* aller, behinderter und nicht behinderter Schülerinnen und Schüler in einer Klasse, muss sich dabei am Anspruch messen lassen, Ungleichheit und Ausgrenzung sozial benachteiligter und behinderter Kinder vorzubeugen und Bedingungen zu schaffen, die allen eine best mögliche Aneignung gesellschaftlich relevanten Wissens ermöglichen – wobei zugleich auf das gemeinsame Ziel nahezu aller Reform- und Befreiungspädagogen der vorletzten Jahrhundertwende verwiesen ist. Ein solcher Unterricht ist dann zum Beispiel ein Unterricht, der sich undogmatisch, vernunftgeleitet und wissenschaftsbezogen (Freinet) an der Zukunft jedes Menschen orientiert (vgl. Kock i. d. Band).

Wie deutlich geworden ist, wird der Begriff vom *sozialen Ausschluss* gegenwärtig noch – oder wieder – auf eine (zu) enge Weise benutzt. Wer nämlich die Möglichkeit sozialen Ausgeschlossenseins vor allem an den Zugang zur Bildung oder die Partizipation an relevanten Ereignissen knüpft, der verkennt, dass es andere und teils möglicherweise erheblich subtilere Methoden der *Exklusion* in unserer Kultur gibt – oder geben könnte. Die Beachtung und Beschreibung psychischer Prozesse (hier im Kontext von Frühförderung, Elitebildung und emotionaler Reifung) ist unabdingbar, um die Entstehung von sozialem Ausschluss zu verstehen (vgl. Milzner i. d. Band).

Alle Versuche dieser Art bleiben dabei unverständlich ohne den Begriff der *Erfahrung* – wobei es richtiger ist, vom Begriffs-Symbol Erfahrung zu sprechen, da eine präzise psychologische oder sozialpsychologische Definition, die eine Operationalisierung dieses Begriffs ermöglichte, den Versuchen fehlt – und dies notwendigerweise. Menschliche Erfahrung (Benjamin) konstituiert sich gegen den Erfahrungsbegriff der voraussetzungslosen Naturwissenschaft, gegen den Empirismus der Normalität, gegen die Ideologisierung einer Wissenschaft, in der der einzelne zum statistisch unerheblichen Material verdinglicht wird. *Erfahrung* als „Unsichtbarkeit des Menschen für den Menschen" (Erfahrung schließt aus!) – die gleichzeitig evidenter ist als irgend etwas sonst (vgl. Laing 1970). *Erfahrung* in ihrem Totalitätscharakter, die als Lehr/Lernkonzept die pädagogisch legitimierte Entfremdung unterläuft, zugleich aber die supplementäre Entfremdung steigert (vgl. Bernhard 2003) – wenn gleich mit Benjamin das Zulassen von Nähe auch als Steigerung von Wahrnehmungskompetenz definiert werden kann und – zu den Grundbedingungen eines am Schüler orientierten Unterrichts gehört. Dieses zu wollen, dass es Subjekte gibt, die etwas aus der Nähe betrachten und die Konsequenzen dabei von Anfang an mit bedenken, kann sich nicht von allein einstellen (vgl. John 1991). Es braucht seine eigene Tradition oder Begründung wie Sich-Einlassen, Eingedenken, Liebe. Die moralische Kompetenz zum Erkennen der Wirklichkeit als ... ist dabei das Problem. Benjamin bringt an dieser Stelle die Subjekte ins Spiel. Das Eingedenken oder die Erinnerung der (Leidens-)Geschichte von Menschen als Maßstab zur Beurteilung der Gegenwart – wobei dann die Subjekte sich nicht selbst eingedenken können und nochmals selbst auf ein solches angewiesen sind. Dass die Legitimation der Erinnerung in ihrer Bedeutung bei den nicht Betroffenen schwindet, ist dabei das Problem.

Unterschiedliche Weltentwürfe im Nach- und Nebeneinander und die Relativität von Wahrheits- und Konstruktionsbehauptungen im Konstruktivismus der Postmoderne erweisen sich hier als kontraproduktiv. Insofern Menschen selbst als Konstrukteure ihrer eigenen Wirklichkeit erscheinen, tritt die soziale Frage in den Hintergrund. Sozialer Ausschluss verschwindet im Horizont potentierter Aktivität und eigener Konstruktionen. Über *Fallanalysen* und eine ganzheitliche Beschreibung sozialer Situationen kommt die „richtige" Pädagogik für sozial Benachteiligte in den Blick und können Handlungsalternativen erörtert werden (vgl. Günther i. d. Band; vgl. Haag i. d. Band).

Für Forschung und Lehre und für die methodisch-didaktische Gestaltung von Lehr/Lernprozessen förderlich sind weiter Ansätze von teilnehmender Beobachtung und biografischem Interview über Gruppenarbeit und Basisaktivitäten hin zu Dialog und kritischem Urteilen – Ansätze, die insgesamt mit Marktprinzipien und einer zunehmenden Kommerzialisierung aller Lebensbereiche nicht kompatibel sind. Mit dem *biografischen Interview* (vgl. Kaminski i. d. Band), hier bezogen auf die Lebensgeschichte einer Roma-Frau, geht es um die Aufarbeitung für die eigene Identität zentraler Lebensthemen wie Kindheit, Schule und Ausbildung, Familiengründung und Trennung, Erziehung, Anerkennung, Angst und Liebe, sozialen Aufstieg. Die Erzählungen zu diesen Lebensabschnitten und Lebensthemen sind dabei nicht nur forschungsrelevant, sondern das Erzählen des eigenen Lebens stellt eine Konfrontation mit sich selbst dar und umfasst eine Form der Auseinandersetzung, die die Qualität des bloßen Nachdenkens über sich weit übersteigt.

Literatur

Bernhard, A.: Bildung als Bearbeitung von Humanressourcen. In: UTOPIE kreativ, H. 156, Oktober 2003, S. 924-938

Castels, R.: „Extreme cases of marginalisation: from vulnerability to deaffiliation", paper presented to a conference Poverty, Marginalisation and Social Exlusion in the Europe of the 1990s´, organised under the auspices of the European Commission, Alghero, Sardinia 1990

Datta, A.: Zur Situation der Grundbildung in Bangladesch. In: ZEP, 28. Jg., Heft 1, März 2005

Esping-Anderson, G.: The Three Worlds of Welfare Capitalism, Princeton University Press, New Jersey 1990

Galtung, J.: Globalization and Europe-Asia: Risks and Opportunities (ASEM4People Conference, Copenhagen, 19 September 2002). In: http://www.transcend.org/jg_speech_cop.htm/01.05.2003

Grenier, L.: Working with Indignous Knowledge. A guide for researchers. IDRC, 1998

Human Development Report „Deepening democracy in a fragmented world" 2002

John, O.: Fortschrittskritik und Erinnerung. Walter Benjamin, ein Zeuge der Gefahr. In: Arens, E., John, O., Rottländer, P.: Erinnerung, Befreiung, Solidarität, Düsseldorf 1991, S. 13–81

Kommission der europäischen Gemeinschaften, Schlussbericht des Zweiten Europäischen Programms zur Bekämpfung der Armut 1985-1989, Brüssel 1991

Laing, R. D.: Phänomenologie der Erfahrung, Frankfurt 1970

Le monde diplomatique (Hrsg.): Atlas der Globalisierung, Berlin 2003

Tenorth, H.-E.: Stichwort: „Grundbildung" und „Basiskompetenzen". Herkunft, Bedeutung und Probleme im Kontext allgemeiner Bildung. In: Zeitschrift für Erziehungswissenschaft Heft 2/2004, S. 169–182

UNICEF, State of the World's Children 2003, New York 2002

United Nations Educational, Scientific and Cultural Organization: Medium-Term Strategy. Contributing to peace and human development in an era of globalization through education, the sciences, culture and communication, Paris 2001

Freinetpädagogik in Integrationsklassen

Renate Kock

Ein integrativer Unterricht als Gemeinsamer Unterricht behinderter und nicht behinderter Schülerinnen und Schüler in einer Klasse muss sich am Anspruch messen lassen, Ungleichheit und Ausgrenzung sozial benachteiligter und behinderter Kinder vorzubeugen und Bedingungen zu schaffen, die eine best mögliche Aneignung gesellschaftlich relevanten Wissens ermöglichen. Der Beitrag stellt eine Verbindung zwischen der Integrationspädagogik und der Freinetpädagogik her. Zunächst wird der Verlauf der Integrationsdiskussion in Deutschland nachgezeichnet, danach die Stellung Freinets zur Integration heraus gearbeitet. Hieraus resultierend wird aufgezeigt, welchen konkreten Beitrag die Freinetpädagogik in Integrationsklassen liefern kann. Dabei liegt die These zugrunde, dass die Klasse das System ist, das seine Wirkungen in einer ganz eigenen und kaum vorhersehbaren Weise vom ersten Schultag an entfaltet. Eine Verbindung zwischen Freinet- und Integrationspädagogik ist möglich, da die Freinetpädagogik sich als eine Pädagogik versteht, die für *alle* zu unterrichtenden Kinder und Jugendliche Gültigkeit besitzt. Auf dieser Grundlage kann sie auf Überlegungen beeinträchtigter Schülerinnen und Schüler, sei es in separierten oder integrativ arbeitenden Einrichtungen nicht verzichten. Die Freinetpädagogik würde ihrem eigenen Grundsatz widersprechen, wenn sie nicht sehr verschiedene Schülerinnen und Schüler gemeinsam unterrichten würde. Andererseits stellt gerade die Freinetpädagogik Angebote für notwendige *Individualisierungs-* und *Differenzierungsmaßnahmen* zur Verfügung. Die eine gemeinsame Schule für *alle* Kinder des Volkes, die durch ein hohes Maß an gemeinsamen Aktivitäten der Schülerinnen und Schüler gekennzeichnet ist, kann zugleich nur eine hoch differenzierte und hoch flexible Schule sein.

1. Einleitende Gedanken

Wenn gleich in den letzten dreißig Jahren die Diskussion um eine gemeinsame Unterrichtung behinderter und nicht behinderter Schülerinnen und Schüler kontinuierlich an Umfang zugenommen hat, haben die Bemühungen um das gemeinsame Lernen aller Kinder und Jugendlichen in Deutschland immer noch Versuchscharakter (vgl. Obolenski 2000). Es gibt kein integrationspädagogisches Ausbildungscurriculum für Lehrerinnen und Lehrer (vgl. Eberwein/ Knauer 2003, S. VII; zur Notwendigkeit eines solchen vgl. Haerle 2005). Und es existiert bis heute keine zusammenhängende Didaktik für Integrationsklassen (vgl. Westphal 2000, S. 24; vgl. Ansätze in Ziemen 2003). Tendenziell wird der Begriff der *Integration* durch jenen der *Inklusion* ersetzt. Vor allem mit Blick auf die Präzisierung *volle Inklusion* sind mit den beiden Ausdrücken unterschiedliche Positionen verbunden. *Integration* richtet den Blick auf „Wiedereingliederung durch besondere Maßnahmen" (Bürli 2004, S. 44). Die gleichberechtigte Zusammenarbeit zwischen den beiden Lehrerinnen oder Lehrern (der allgemein bildenden Schule und der Sonderschule) ist in diesem organisatorischen Muster die Voraussetzung für gelingende Integrationsprozesse (vgl. Reiser/Urban/Willmann 2004, S. 199 ff). Von daher ist festzustellen, dass die ersten Integrationsmodelle in der Bundesrepublik geprägt sind durch eine unhinterfragte Ideologie einer *guten Kooperation* – gekennzeichnet durch die Komponenten Gleichheit, Sympathie, Kollegialität (vgl. z. B. Theis-Scholz/Thümmel 1997, S. 20 f). *Integration* fordert Wahlmöglichkeiten zwischen verschiedenen Bildungsangeboten – von integrativen Schulungsformen bis zu Sonderschulen. Das radikalere Konzept der *Inklusion* steht für eine *Schule für Alle. Inklusion* geht vom Recht des Kindes aus, in die jeweils zuständige Regelschule aufgenommen zu werden. Das Konzept der *Inklusion* beschränkt sich nicht auf behinderte Kinder, sondern meint alle Schülerinnen und Schüler der Klasse mit all ihren Individualitäten (vgl. Depe-Wolfinger 2004, S. 31).

Nach Schweitzer ist die Einbeziehung reformpädagogischer Konzepte Voraussetzung für ein gemeinsames Lernen behinderter und nicht behinderter Kinder (vgl. Schweitzer in Wittmann 1986, S. 634). Die Reformpädagogik definiert das erzieherische Verhältnis zwischen Erwachsenen und Kindern neu und prägt ein verändertes Bild des Kindes in der Gesellschaft. Als Reaktion auf die Schulverhältnisse des 19. Jahrhunderts ist es ihr Ziel, Schule lebensnah, menschenfreundlich und kindgemäß zu gestalten – wobei zwangsläufig auch hinterfragt werden muss, was denn die realen Bedürfnisse von Kindern überhaupt sind. Die Reformpädagogik ist mit Oelkers keine abgeschlossene Epoche, sondern ein *fortwährendes Projekt.* Besonders in der Gestaltung der heutigen Grundschulen sind die Wirkungen der Reformpädagogik in vielen Bereichen zu erkennen. Ein wichtiger Aspekt ist das Verhältnis von Reformpädagogik und Lehrplanorientierung, insofern reformpädagogische Ideen in den Richtlinien der Länder zu verzeichnen sind – die Lehrpläne und die Arbeit mit diesen für die Reformpädagogen jedoch eigentlich keine bevorzugten Zugänge zur Veränderung von Unterricht und Schule darstellen und den meisten Ansätzen eine geschlossene Lehrplantheorie oder eine Theorie der Lehrplanarbeit fehlt (vgl. Hopmann 1999, S. 331).

Kennzeichnend für die Konzeption des französischen Schulreformers C. Freinet (1896-1966) ist in diesem Zusammenhang, dass sie unter den Bedingungen der staatlichen Regelschule und nicht zuletzt durch eine neue Lehrplangestaltung für eben diese entwickelt wird. Hinzu kommt die fortwährende Qualifizierung der Lehrerinnen und Lehrer als weiteres Charakteristikum der Freinetpädagogik. Freinetlehrerinnen und .-lehrer werden darin geschult, selbst die Prozesse der Entwicklung ihrer Schulen und ihres Unterrichts zu verfolgen und zu gestalten. Die Schülerinnen und Schüler einer Freinetklasse bekommen Aufgaben, die ihren Fähigkeiten entsprechen. Insgesamt setzt die Konzeption Freinets bei den konkreten Veränderungsmöglichkeiten des alltäglichen Unterrichts an. Das Lehrer-Schüler-Verhältnis wird resultierend aus einer veränderten Organisationsstruktur des gesamten Klassen- und Schullebens neu bestimmt. Eine Fülle von Arbeitstechniken und Materialien – in jahrelanger Praxis erprobt und bewährt – bildet die Basis für den Unterricht. Hier liegen Potentiale, die für die Integrationspädagogik nutzbar gemacht werden können.

Im Folgenden wird eine Verbindung zwischen der Integrationspädagogik und der Freinetpädagogik hergestellt. Zunächst wird der Verlauf der Integrationsdiskussion in Deutschland nachgezeichnet, danach die Stellung Freinets zur Integration heraus gearbeitet. Hieraus resultierend wird aufgezeigt, welchen konkreten Beitrag die Freinetpädagogik in Integrationsklassen liefern kann. Dabei liegt die These zugrunde, dass die Klasse das System ist, das seine Wirkungen in einer ganz eigenen und kaum vorhersehbaren Weise vom ersten Schultag an entfaltet (vgl. Schuck 2000, S. 67). Eine Verbindung zwischen Freinet- und Integrationspädagogik ist möglich, da die Freinetpädagogik sich als eine Pädagogik versteht, die für *alle* zu unterrichtenden Kinder und Jugendliche Gültigkeit besitzt. Auf dieser Grundlage kann sie auf Überlegungen beeinträchtigter Schülerinnen und Schüler, sei es in separierten oder integrativ arbeitenden Einrichtungen nicht verzichten. Die Freinetpädagogik würde ihrem eigenen Grundsatz widersprechen, wenn sie nicht auch sehr verschiedene Schülerinnen und Schüler gemeinsam unterrichten würde. Andererseits stellt gerade die Freinetpädagogik Angebote für notwendige *Individualisierungs-* und *Differenzierungsmaßnahmen* zur Verfügung. Die eine gemeinsame Schule für *alle* Kinder des Volkes, die durch ein hohes Maß an gemeinsamen Aktivitäten der Schülerinnen und Schüler gekennzeichnet ist, kann zugleich nur eine hoch differenzierte und hoch flexible Schule sein (vgl. auch Ramseger 1992, S. 63).

Kasztantowicz u. a. sprechen der Freinetpädagogik das Merkmal zu, von vornherein integrativ zu sein (vgl. Kasztantowicz u. a. 1984, S. 228). Zu dieser Einschätzung gelangen sie in Anlehnung an einen Bericht Felbers, der von der Eingliederung lernbehinderter Schülerinnen und Schüler in das französische Regelschulsystem berichtet (vgl. Felber 1982). Felber stellt in diesem Bericht die These auf, dass die französische Integrationsbewegung direkt aus der Freinetpädagogik entsprungen sei. Als Beleg kann hier angeführt werden, dass durch die *Instructions Ministérielles* vom Juli 1963 eine offizielle Anerkennung der Techniken Freinets für die *classes de transition* (vgl. Freinet L´E 20/1963) erfolgt. Es handelt sich dabei um einen zweijährigen praktisch-allgemein bildenden Ergänzungsunterricht für die Schülerinnen und Schüler, die nach der Elementarstufe als nicht geeignet für die Aufnahme in die Beobachtungsstufe beurteilt werden. Nähere Bestimmungen von 1962/63 unterscheiden dabei eine zweijährige Übergangsstufe (cycle de transition) von einer daran anschließenden zweijährigen praktischen Abschlußstufe (cycle pratique terminal). Die Techniken Freinets werden außerdem in den Unterricht für Lernbehinderte (classes des perfectionnement) eingeführt. Freinet selbst fordert darüber hinaus als weiterführende Maßnahme die stufenweise Einführung seiner Techniken in alle Bereiche des Unterrichtswesens und in die Lehrerbildungseinrichtungen der *Ecoles Normales*. Mit der Abschaffung der *classes de transition* durch René Haby (Reform Haby/1975) geht dieser Einfluss zunächst wieder zurück (vgl. Legrand 1996). Eine zunehmende Einbeziehung sonderpädagogischer Problemkreise in die theoretische Arbeit der Freinetbewegung lässt sich dagegen weiterhin nachweisen (vgl. Felber 1982).

2. Verlauf der Integrationsdiskussion in Deutschland

Die Integration blinder und gehörloser Kinder findet ihren Anfang im Zeitalter der Aufklärung. Schulen, die diese Schülerinnen und Schüler in ihren Unterricht integrieren, werden von handwerklich-kommerzieller Seite, von privaten Spendern oder aus besonderen Fonds bezahlt. Erst um 1900 erlassen die deutschen Staaten Schulgesetze, in denen die Schulpflicht für gehörlose, blinde und geistig zurückgebliebene Kinder ausgesprochen wird. Geistig behinderte Kinder werden in diesem Gesetz zwar erwähnt, in der Praxis aber, wenn überhaupt, nur wenig berücksichtigt (vgl. Möckel 1994, S. 41). Die Durchsetzung der Schulpflicht im 19. Jahrhundert lässt vor allen in den Städten die Anzahl der Kinder ansteigen, die zu Schulversagern werden, da sie bei den damaligen Klassenfrequenzen selbst elementare Kulturtechniken nicht erlernen können und dann als Analphabeten ausgeschult werden (vgl. Theis-Scholz/Thümmel 1997, S. 4).

Nach dem zweiten Weltkrieg wird 1960 mit dem *Gutachten zur Ordnung des Sonderschulwesens* der Ständigen Konferenz der Kultusminister die schulische Förderung Behinderter ausgelöst. Er wird festgehalten, dass das deutsche Volk gegenüber den Menschen, die durch Leiden oder Gebrechen benachteiligt sind, eine geschichtliche Schuld abzutragen hat (vgl. Muth 1992, S. 21 f). In Folge dieses Gutachtens werden die Sonderschulen erheblich ausgebaut und verbessert. Die Zahl der Sonderschulen verdoppelt sich bis 1973, die Zahl der Sonderschülerinnen und Sonderschüler steigt von 133.000 auf fast 400.000 und die Zahl der Lehrerinnen und Lehrer vervierfacht sich von etwa 6000 auf mehr als 27000.

Mit der Gründung des Deutschen Bildungsrates im Jahr 1965 und seiner Empfehlung *Zur pädagogischen Förderung Behinderter und von Behinderung bedrohter Kinder und Jugendlicher* (1973) wird eine Konzeption aufgestellt, in der die Gemeinsamkeiten von Behinderten und Nichtbehinderten dargestellt werden. Diese Konzeption wird gemeinhin als *Integration* (Wiederherstellung eines Ganzen/vgl. Huber 2006, S. 18) verstanden. Unter Bezugnahme auf die Aufgaben eines demokratischen Staates ist es das erklärte Ziel, soviel Integration wie möglich zu leisten und nur soviel Separation wie unabdingbar notwendig vorzunehmen (vgl. Muth 1992, S. 23). Es wird die Einrichtung *kooperativer Schulzentren* vorgeschlagen, die stufenweise die Integration behinderter Schülerinnen und Schüler ermöglichen sollen. Dabei wird zwischen Vollintegration, Teilintegration und Kooperation unterschieden (vgl. Theis-Scholz/Thümmel 1997, S. 14 ff).

Die *erste* eigentliche *Phase* der Integrationsdiskussion und der Entwicklung integrativer Schulen beginnt Anfang der siebziger Jahre mit der Einrichtung von Gesamtschulen (vgl. Eberwein 1984, S. 677 ff; vgl. Klüssendorf 2000). In der zweiten Hälfte der siebziger Jahre finden erste Gespräche zwischen Sonderschulen und Grundschulen statt (*zweite Phase der Integrationsdiskussion und der Entwicklung integrativer Schulen*). Die Verlagerung von der Gesamtschule zur Grundschule wird damit begründet, dass 90 % der Sonderschulüberweisungen in der Grundschule geschehen und der größte Anteil der Wiederholer in die ersten beiden Schuljahre falle. Neben der Verlagerung auf die Grundschulebene wird die Integration häufig auch auf die Grundschulebene mit der Begründung beschränkt, dass Selektionsmaßnahmen in der Sekundarschule berechtigt seien. Die *dritte Phase* der Integrationsdiskussion und Entwicklung integrativer Schulen wird durch den Schulversuch *Uckermarck Grundschule* in Berlin ausgelöst. Neu ist, dass die ganze Schule und nicht nur eine einzelne Klasse in ein Integrationskonzept einbezogen wird.

Die erste nordrhein-westfälische integrative Schule wird 1981 eingerichtet (vgl. Muth 1992, S. 25). 1986 kommt es im Saarland zu einer *gesetzlichen Fixierung* des Integrationsgedankens. Im Schulordnungsgesetz wird festgehalten, dass der Auftrag der Regelschulen auch die behinderten Schülerinnen und Schüler umfassen solle. Als Folge der Gesetzesfixierung im Saarland entwickeln auch andere sozialdemokratisch geführte Länder ihre integrativen Schulversuche. Die Zahl der integrativen Schulen und Schulversuche steigt beträchtlich. So gibt es im Schuljahr 1990/91 in Nordrhein-Westfalen 248 integrative Schulen. Gesetzliche Bestimmungen dagegen gibt es bis 1992 neben dem Saarland nur in Schleswig-Holstein und Berlin.

1994 ersetzt die KMK in ihren Empfehlungen den Begriff *Behinderung* durch *Sonderpädagogischen Förderbedarf*, distanziert sich jedoch fünf Jahre später selbst von diesem Begriff und spricht seit 1999 von *Kindern mit einem je spezifischen Förderschwerpunkt*. Während der Begriff des sonderpädagogischen Förderbedarfs an personenexternen, normativen Kriterien ansetzt und somit hinsichtlich des einzelnen Kindes defizitorientiert, geht die Integrationspädagogik mit der neuen Begrifflichkeit *Kinder mit spezifischem Förderschwerpunkt* von den individuellen Fähigkeiten und Bedürfnissen der einzelnen Kinder aus (vgl. Eberwein/Knauer 2003, S. IX f).

2.1 Ebenen der Integration

Begrifflich werden nach Kobi sechs *Integrationsebenen* unterschieden (vgl. Kobi 1994): die *psychoökologische Ebene* sorgt für die Schaffung und Bereitstellung notwendiger Ressourcen für die behinderten Schülerinnen und Schüler, um so die Bedingungen für die Integration zu ermöglichen oder zumindest zu erleichtern. Ein Beispiel hierfür ist die Auflösung abgelegener großer Einrichtungen zugunsten übersichtlicher, regional verteilter Einrichtungen (vgl. Kanter 1985, S. 317); auf der *terminologischen Ebene* werden stigmatisierende Begriffe durch andere Begriffe ersetzt. Beispiel hierfür ist die Streichung des Begriffs *Hilfsschule* zugunsten des Begriffs *Schule für Lernbehinderte*; auf der *administrativen Ebene* werden die schulrechtlichen, schuladministrativen und gesellschaftlich-funktionalen Grundlagen zur Durchführung der Integration geschaffen; die *sozial-kommunikative Ebene* verlagert die Integration von der schulorganisatorischen Ebene auf die Ebene der Klasse; die *curriculare Ebene* soll die Voraussetzungen für einen gemeinsamen Unterricht schaffen. Kobi schlägt zur Durchsetzung dieser Ebene z. B. Therapieangebote, spezielle Trainingsprogramme oder Fördermaßnahmen vor. Hier kann – wie für die nachfolgende Ebene – auf die Differenzierungsmaßnahmen Freinets verwiesen werden, die dieser im Rahmen seiner Arbeitspläne oder der Atelierarbeit vorschlägt; die *lehr/lernpsychologische Ebene* hängt eng mit der curricularen Ebene zusammen. Hier soll versucht werden, eine Unterrichtsform zu schaffen, die alle Schülerinnen und Schüler in derselben Form beteiligt. Dieses kann auch dadurch ermöglicht werden, dass bestimmte Schülerinnen und Schüler in bestimmten Situationen in Sonderstellungen gerückt werden. Als *Maßstab* zur Beantwortung der Frage, ob die Integration geglückt ist, wird auf den affektiv-motivationalen Gesichtspunkt verwiesen. Dieser fragt danach, wie die behinderten Schülerinnen und Schüler sich in der Klasse fühlen, wie ihr subjektives Wohlbefinden ist (vgl. Randoll 1996, S. 393).

Ramseger unterscheidet drei Ebenen der Integration: das räumliche Beisammensein (lockere soziale Kontakte), intensive soziale Kontakte und die unterrichtsbezogene Kommunikation (vgl. Ramseger 1992, S. 56 ff). Räumliches Beisammensein findet statt, wenn Menschen mit und ohne Behinderung ein Klassenzimmer oder ein Gebäude teilen, so dass es zumindest äußerliche Kontakte geben kann. Auf der nächsten Ebene bekommen die Kontakte Regelmäßigkeit und werden intensiviert. Sie umfassen über den gelegentlichen Austausch von Mitteilungen und Äußerungen hinaus den Aufbau konstanter Beziehungen zwischen einzelnen Individuen. Diese Ebene der intensiven sozialen Kontakte kann zeitlich oder thematisch begrenzt sein, wenn sich beispielsweise behinderte und nicht behinderte Menschen nur in einzelnen Veranstaltungen treffen, oder aber beständiges Prinzip werden, wenn behinderte und nicht behinderte Menschen eine stabile Gruppe bilden – z. B. eine Schulklasse. Die dritte Ebene der unterrichtsbezogenen Kommunikation zielt auf die Durchführung eines gemeinsamen Unterrichts, d. h. den inhaltlichen Austausch über gemeinsame Fragen, Probleme oder Lerngegenstände in einem kollektiven Prozess der Erkenntniserweiterung. Dass mit wachsender unterrichtlicher Differenzierung die Möglichkeiten einer unterrichtsbezogenen Kommunikation schwinden und sich der integrative Anspruch auf die Ebene sozialer Kontakte oder gar auf ein bloßes räumliches Beisammensein von behinderten und nicht behinderten Schülerinnen und Schülern verlagert, stellt sich Ramseger folgend in allgemeinerer Form für *jedes* Mitglied in heterogenen Lerngemeinschaften (vgl. Ramseger 1992, S. 58 f).

2.2 Realisationsstufen der Integration

Neben den Integrationsebenen werden verschiedene *Realisationsstufen* unterschieden. Kobi unterscheidet drei Realisationsstufen: die Bekanntmachung der Notwendigkeit der Integration, die Erstellung eines Modells, die praktizierte Integration (vgl. Kobi 1994). Christ/Sander unterscheiden zwei Realisationsstufen: die stillschweigende Nichtaussonderung und die Modellversuche zur Integration (vgl. Christ/Sander 1985). *Modellversuche* sind (vgl. im einzelnen auch Theis-Scholz/Thümmel 1997, S. 22 ff): *1. Die Aufnahme einzelner behinderter Schülerinnen und Schüler in allgemeinbildende Schulen.* In diesem Versuch werden Behinderte jeglicher Behinderungsart – ausgenommen geistig Behinderte – unterrichtet (vgl. Muth 1985, S. 168); Sonderschullehrerinnen und Sonderschullehrer werden ambulant eingesetzt, um stundenweise die behinderten Schülerinnen und Schüler zu fördern und die Regelschullehrerinnen und -lehrer zu unterstützen (vgl. Kanter 1985, S. 323). *2. Die Aufnahme jeweils Behinderter einer Behinderungsart in allgemeinbildende Schulen.* Blinde Schülerinnen und Schüler beispielsweise werden aufgenommen, wenn ein erfolgreicher Schulabschluss wahrscheinlich ist. Zur Unterstützung arbeiten an diesen Schulen sonderpädagogische Fachkräfte (vgl. Muth 1985, S. 168). *3. Additiv-kooperative Modelle.* Diese Modelle gehen auf die Empfehlung des Deutschen Bildungsrates von 1973 zurück, Kontakte zwischen verschiedenen Schulformen oder -klassen zu unterstützen (vgl. Deutscher Bildungsrat 1973, S. 87 ff). Umgesetzt wird diese Empfehlung beispielsweise auf Klassenfahrten, gemeinsamen Festen oder Schulprojekten (vgl. Mühl 1984, S. 114 f). *4. Schülerinnen und Schüler jeder Behinderungsart und jeden Schwergrads werden aufgenommen.* Es werden therapeutische und sonderpädagogische Maßnahmen von Fachkräften erteilt. Unterrichtet wird im Teamteaching. Eine Variante dieses vierten Modells ist die *5. Wohnortnahe Integration von Schülerinnen und Schülern aller Behinderungsarten.* Die Schülerinnen und Schüler sollen nicht aus ihren Lebensbezügen gerissen werden und ihre gemeinsamen Kontakte nach der Schule fortsetzen. Weiter kann man in der derzeitigen Diskussion um die schulische Integration Behinderter verschiedene *Positionen* dazu erkennen, wie eine gelingende Integration aussehen müsste. Folgende Positionen können unterschieden werden: Prozess vs. Zustand, Methode vs. Ziel, individuale/personale vs. soziale Integration, Vorgabe vs. Aufgabe, parzellierbare vs. ganzheitliche Daseinsform, Struktur vs. Wert, intentionale vs. koexistentielle Lebens- und Daseinsgestaltung (vgl. Kobi 1994, vgl. Wilfert de Icaza 1999, S. 28 ff).

2.3 Grenzen der Integration

Nach Muth ist Integration ein Menschenrecht und muss deshalb für jedes Kind ohne Ausnahme vollzogen werden. Jegliche Selektionsmaßnahmen widersprechen seiner Ansicht nach grundsätzlich dem Begriff der Integration und schränken sie ein (vgl. Muth 1988, S. 17). Ein Grund für eine selektive Integration ist, dass es mehr Eltern behinderter Kinder gibt, die ihre Kinder auf eine Regelschule gehen lassen möchten, als Regelschulen, die behinderte Kinder aufnehmen. Ein weiterer Punkt, durch den die Integration häufig zur bedingten oder eingeschränkten Integration wird, ist, dass Schülerinnen und Schüler mit bestimmten Behinderungsarten ausgegrenzt werden. Die behinderten Schülerinnen und Schüler müssen bestimmte Voraussetzungen erfüllen, um integrierbar zu sein. Auf der anderen Seite kann umgekehrt die Integration auch eingeschränkt werden, wenn die jeweilige Schule nicht über die hinreichenden Voraussetzungen verfügt, um die behinderten Schülerinnen und Schüler aufzunehmen und entsprechend zu unterrichten. Neben die diagnostische Diagnose des Kindes tritt somit eine umfeldbezogene Diagnose: die diagnostische Überprüfung der konkreten schulischen Gegebenheiten (*Kind-Umfeld-Diagnose*). Als nicht integrierbar gelten häufig geistig behinderte Schülerinnen und Schüler, Schülerinnen und Schüler, die z. B. schwer neurotisch oder verhaltensgestört sind, oder Schülerinnen und Schüler, die eine besondere hygienische Betreuung benötigen. Des Weiteren sind betroffene Lehrerinnen und Lehrer auch häufig der Ansicht, dass schwerst- oder mehrfach behinderte Schülerinnen und Schüler in Spezialeinrichtungen besser aufgehoben sind (vgl. Ramseger 1992, S. 53 f).

3. Empirische Befunde

Pädagogisches Alltagswissen lehrt weiterhin, dass die Sonderbeschulung lern-behinderter Kinder in separierten Schulen und Klassen besonders effizient sei (vgl. Masendorf 1997, S. 31). Aufgabe ist es deshalb, Alltagstheorien auf dem Hintergrund des Beweisgangs empirischer Untersuchungen zu verdeutlichen und zu beleuchten (zu den wichtigsten Befunden der nationalen und internationalen Integrationsforschung vgl. zusammenfassend Huber 2006, S. 52-81). Beispielhaft und mit Blick auf die Thematik wird hier der Hamburger Schulversuch *Integrative Grundschule* erwähnt.

Hamburg hat mit dem Schulversuch *Integrative Grundschule* und der sich daran anschließenden Einführung der integrativen Grundschule verstärkt die Wahrnehmung der Interessen soziokulturell benachteiligter Kinder betrieben. Die integrative Grundschule versteht sich als Schule, die in besonderer Weise die emotionale und soziale Entwicklung ihrer Kinder fördert (vgl. Schuck 2000, S. 56). Sie erprobt neben der Weiterführung der *Integrationsklassen* die neue Organisationsform der *Integrativen Regelklasse* (vgl. Klüssendorf 2000). Die *Integrationsklassen* wenden sich an Schülerinnen und Schüler mit diagnostizierter geistiger Behinderung, Sinnes- oder Körperbehinderung. In den Klassen wird zieldifferent, nach unterschiedlichen Lehrplänen unterrichtet (vgl. Westphal 2000, S. 25). Zielgruppe der *integrativen Regelklasse* sind diejenigen Kinder, die bisher aus der Grundschule ausgesondert wurden, sobald sie den festgesetzten Leistungs- und Verhaltensnormen nicht entsprachen, zu Integrationsklassen aber keinen Zugang hatten, weil bei ihnen zu Beginn ihrer Schullaufbahn keine besondere Behinderung diagnostiziert worden war. Diese Kinder wurden bislang in Förderschulen, Sprachheilschulen und Schulen für Verhaltensgestörte unterrichtet. Die *integrativen Regelklassen* sind durch die äußere Vorgabe eines Regelschulcurriculums gekennzeichnet. In *Integrationsklassen* spiegelt sich – bedingt durch die unterschiedlichen Curricula und die gutachterliche Trennung im Vorfeld – eine leistungsorientierte segregierende Differenzierung. Die *Verbesonderung* der so genannten behinderten Kinder bleibt hier ein grundlegender Widerspruch zur Integration (vgl. Westphal 2000, S. 32).

Die sechsjährige Begleitforschung des Hamburger Schulversuchs macht den Forschungsschwerpunkt *Kinder* (Schulleistungen und deren Entwicklung, Leistungsbereich Deutsch, emotionale Befindlichkeit und soziale Situation der Kinder, soziometrischer Status und Situation der Kinder mit Lern-, Sprach- oder Verhaltensproblemen, Selbsteinschätzung) zum Kernprojekt der wissenschaftlichen Begleitung (vgl. Schuck 2000, S. 42 ff). Weitere Forschungsschwerpunkte sind die Organisationsformen der Integrativen Grundschule, die Pädagoginnen und Pädagogen und deren Einschätzung sowie der Unterricht. Durchgeführt wird eine Längsschnittuntersuchung über drei Untersuchungszeitpunkte von Mai 1994 bis Mai 1996 hinweg. Gewählt wird ein klassischer Kontrollgruppenversuchsplan mit einer *Experimental-* und einer *Kontrollgruppe*. Die Experimentalgruppe besteht aus IR2-Klassen: IR-Klassen aus Schulen des ersten Versuchsjahrgangs, die nur IR-Klassen und keine I-Klassen haben. Für die ausgesuchten vier IR2-Schulen werden vier Kontrollschulen (normale Grundschulen) als Vergleichsschulen ausgesucht. Weiter werden so genannte IR1-Schulen in die Auswertung mit einbezogen: Schulen, die neben IR-Klassen auch I-Klassen führen. Die Auswertungen beziehen sich auf die hinsichtlich der sozialen Lage der Wohnbevölkerung parallelisierten IR2- und Kontrollschulen (Vergleich der *Systeme*).

Bezogen auf die Leistungshöhe und Leistungsheterogenität zeigen die Kinder der IR2-Klassen (statistisch bedeutsam) schlechtere Ergebnisse als die Kinder der Kontrollschulen. Differenzen sind von Anfang an da und bleiben wie sie sind – könnte die Botschaft sein und als mangelnde Effektivität des IR2-Systems interpretiert werden (vgl. dazu weiter Schuck 2000, S. 47 ff). Insofern aber Mittelwerte für Versuchsplangruppen immer auf die Leistungen einzelner Klassen und Schulen zurückgehen, werden zur Gewinnung weiterer Interpretationsperspektiven die Einzelergebnisse von Klassen innerhalb der Versuchsplangruppen betrachtet. Dabei kann nachgewiesen werden, dass regelhaft die so genannten *Klasseneffekte* die *Systemeffekte* übertreffen, d. h., dass die organisatorische Einheit, die am deutlichsten mit den Schülerleistungen verbunden ist, die Klasse ist und nicht die Tatsache, zur Gruppe der IR1-, IR2- oder K-Schulen zu gehören.

Die wissenschaftliche Begleitforschung kommt in ihrer Schlussbetrachtung bezüglich der beobachteten und bleibenden Differenzen zwischen IR2- und K-Schulen zu zwei bevorzugten Interpretationsfiguren. Die Vertreter der so genannten *Milieuthese* kommen zu dem Schluss, dass Schule nur ansatzweise die Begrenzungen überwinden könne, die von sozialen Bedingungen gesetzt würden. Die Vertreter der so genannten *Risikohypothese* gehen demgegenüber von größeren Spielräumen der Schule aus und setzen auf die mögliche Intensivierung einer kindorientierten Pädagogik in einer sich insgesamt wandelnden (Grund-)Schule (vgl. Schuck 2000, S. 66 ff). Insofern beide Hypothesen jedoch nur unvollkommen erklären können, warum es bei relativ ähnlichen Milieus der Wohnbevölkerung der untersuchten Schulen und Klassen in einer Klasse zur Nutzung der Chancen und in einer anderen Klasse zum Durchschlagen des Risikos kommt, wird ein dritter Erklärungsansatz herangezogen. Dieser gründet in einem – bereits von den klassischen Reformpädagogen bemühten – Verständnis der *Klasse als System*, welches nicht durch Kausalitätsmodelle von Wenn-Dann-Beziehungen hinreichend erklärlich ist. Schülerinnen und Schüler sowie Lehrerinnen und Lehrer gestalten ihren unmittelbaren Lebensraum *Klasse*, sie geben den Bedingungen ihres Handelns erst durch ihre Handlungen Bedeutung und führen so Ergebnisse herbei, die nur durch die täglichen Kooperationsprozesse erklärlich sind und keinesfalls durch einfache Bedingungsanalysen vorhergesagt werden können. Nicht konzeptgemäße Ressourcen entscheiden über die Qualität der pädagogischen Prozesse, sondern die pädagogische Arbeit selbst und die Art und Weise, wie Klassen sich als lernende Systeme entfalten können und darin unterstützt werden.

4. Freinets Umgang mit behinderten Schülerinnen und Schülern

Der französische Schulreformer C. Freinet beginnt sein pädagogisches Wirken in den zwanziger Jahren des letzten Jahrhunderts. Freinet hat während seines gesamten Berufslebens an kleinen südfranzösischen Dorfschulen gearbeitet und unterrichtet. Zur Amtszeit Freinets ist das Behindertenschulwesen in Frankreich wie auch in anderen Ländern nicht so ausgebaut, dass eine flächendeckende Versorgung gerade der ländlichen Gegenden gewährleistet ist. Aus diesem Grund ist anzunehmen, dass sich auch im Unterricht Freinets Schülerinnen und Schüler befanden, die ihrer Behinderung nach wahrscheinlich einer Sonderschule zugeteilt worden wären. Geistig behinderte Schülerinnen und Schüler werden bis Mitte des vorletzten Jahrhunderts im allgemeinen nicht in Schulen aufgenommen. Es ist aber wiederum möglich, dass Freinet auch diese Kinder und Jugendlichen unterrichtete, da Schulen oder Einrichtungen für geistig behinderte Kinder zu dieser Zeit selten waren. Freinet selbst bestätigt, dass *zurückgebliebene* und *behinderte* Schülerinnen und Schüler seinen Unterricht besuchten (vgl. Freinet L´E 18/1952). Aufgrund dieser Zusammenhänge stellt sich für die damaligen Volksschullehrerinnen und -lehrer die Frage, behinderte Schülerinnen oder Schüler aufzunehmen oder auf eine Sonderschule zu schicken, nicht. In diesem Sinne ist Integration lange Zeit selbstverständlich. Die Untersuchung der Unterrichtstechniken und -prinzipien, die Freinet entwickelt, legt darüber hinaus die Vermutung nahe, dass die Arbeit mit der Schuldruckerei, der freie Ausdruck, die Kooperation in der Klasse oder die Wahl des eigenen Lernrhythmus eine präventive bzw. kompensierende Wirkung bei der Entwicklung von Kindern mit Körper- oder Sinnesschädigungen oder von Kindern mit Lernbehinderungen besitzt. Freinet selbst geht von einer präventiven Wirkung aus, wenn er sagt, dass seine Unterrichtsform das seelische Gleichgewicht der Schülerinnen und Schüler schützen oder wieder herstellen will, der traditionelle Unterricht dagegen das seelische Gleichgewicht vieler Schülerinnen und Schüler störe – vor allem derjenigen, die aufgrund ihrer Behinderung eines besonderen Schutzes bedürften (vgl. Freinet 1980, S. 57).

4.1 Entwicklungspsychologische Überlegungen Freinets

Freinets anthropologischen und entwicklungspsychologischen Überlegungen liegt eine Sichtweise vom *aktiven Kind* zugrunde (vgl. Kock 2001). Das Kind ist für Freinet zu keinem Zeitpunkt nur passiver Empfänger gesellschaftlicher Erziehungsmaßnahmen, sondern eigeninitiativ tätiges Individuum im Sozialisationsgeschehen. Kern der Theorie Freinets ist die These, dass die Grundlage des Verhaltens durch den Umfang und die Tragweite der in den Automatismus übergegangenen Verhaltensweisen bestimmt ist. Ausgangspunkt des *experimentellen Tastens*, das für den Menschen von Geburt an sozial bestimmt ist, ist die Annahme eines alles Leben bestimmenden Lebenspotentials: *potentiel de vie*, das als Lebenskraft: *puissance de vie* die vitalen Lebensprozesse aller Lebewesen mobilisiert und sich in der Dynamik des *elan vital* entfaltet. Leben manifestiert sich für Freinet in individuellen Lebenskreisläufen und ist den großen allgemeinen *Gesetzen* des Lebens unterworfen. Das *experimentelle Tasten* bestimmt unter Maßgabe der Bewahrung und Stärkung des Lebenspotentials die *natürlichen Methoden* (méthodes naturelles).

Das *experimentelle Tasten* als Grundform allen Lernens, allen Verhaltens und aller Entwicklung ist durch drei Phasen gekennzeichnet: ausschließliches Tasten; mehrmalige Wiederholung erfolgreichen Tastens bis zum Automatismus bzw. zur Lebensregel; definitive Fixierung dieser automatischen Wiederholungen zur Lebenstechnik. *Lernen* bedeutet vor diesem Hintergrund: *Integration der Erfahrung in den Prozeß des Lebens* oder anders: Herausbildung von Lebenstechniken: erfolgreiche Tastversuche so schnell wie möglich in Automatismen bzw. Lebensregeln und dann in Lebenstechniken übergehen lassen..

Ein Schlüsselmoment der Theorie des *experimentellen Tastens* ist die Interpretation der Wiederholung jeder erfolgreichen Erfahrung mit dem Modell der konditionierten Reflexe. Freinet teilt mit der sowjetischen Psychologie die Überzeugung, dass dieses Phänomen des experimentellen Tastens (beziehungsweise der konditionierten Reflexe) universal und für jede Form des Lernens gültig ist und dass allein der Erfolg dem Lernenden erlaubt, sein Wissen zu organisieren, sich zu erziehen und zu bilden. Mit Piaget teilt Freinet die Erkenntnis, dass das Gehirn das wirkliche Zentrum des Wissens ist. Freinet kleidet diese Erkenntnis in den Begriff der *Durchlässigkeit für Erfahrung*. Sie steht als *mechanisches Prinzip* in direktem Zusammenhang mit der Entwicklung des Gehirns, das Freinet ebenfalls, phylogenetisch wie ontogenetisch, als Ergebnis und Folge experimentellen Tastens, langer Erfahrung und Übung betrachtet und damit zugleich als ein Resultat *experimenteller Lehre*. Die These Freinets, dass ein Lebewesen unter Einbeziehung all seiner physiologischen Reaktionen, seines Unterbewussten und der Reaktionen des Milieus selbst über Erfolg oder Misserfolg einer Verhaltensweise reflektiert und urteilt, wird von neueren Forschungsergebnissen gestützt.

Das erfolgreiche Verhalten eines Individuums ist entweder als *mechanisches Tasten* unmittelbar durch ein *physiologisches Bedürfnis* des Individuums bestimmt oder Resultat *intelligenten Tastens,* kann aber auch auf *Imitation* beruhen. Dem Beispiel und dem Tasten anderer schreibt Freinet die gleiche Bedeutung zu wie dem eigenen Tasten. Beispiele werden in dem Maße imitiert und wiederholt wie sie für das Individuum eine Möglichkeit erfolgreichen eigenen Tastens darstellen, d. h., wie sie den eigenen Bedürfnissen des Individuums entsprechen und entgegenkommen, und werden im Falle ihrer Passung zu Kettengliedern der eigenen Erfahrungs- oder *Lebenskette.*

Die geistige Struktur des Menschen und die höheren menschlichen Fähigkeiten sind für Freinet ebenfalls Resultat *experimentellen Tastens.* Als entscheidende Komponenten betrachtet Freinet dabei die physiologische Konstitution des Kindes und das soziale Umfeld, das auf diese Konstitution und das genetisch vorgegebene Potential prägend, fördernd oder hemmend, Einfluss nimmt. Ein differenziertes und förderndes Umfeld ist besonders in der frühen Kindheit, in der sich durch Wiederholung erfolgreichen Tastens die Lebensregeln herausbilden, von zentraler Bedeutung. Die später erfolgende Fixierung von Lebensregeln zu Lebenstechniken unterliegt für Freinet ebenfalls den Gesetzmäßigkeiten des *experimentellen Tastens* und ist vorrangig Folge von Wechselwirkungen zwischen Individuum und sozialem Umfeld. Die Tatsache, dass genetische Faktoren *und* Umweltfaktoren für Struktur und Funktion des Nervensystems bestimmend sind, wird in jüngster Zeit zunehmend erkannt (vgl. z. B. Dichgans 1994, S. 229). Weiter weist Freinet in diesem Zusammenhang auf die Bedeutung der *Emotionen* hin, die er als Ungleichgewichte definiert, die das physiologische und psychische Gleichgewicht des Individuums mehr oder weniger tiefgreifend stören, und somit durch neue Tastversuche bewältigt werden müssen und das Verhaltensspektrum des Menschen bis in seine geistige Struktur hinein erweitern.

Der Prozess des *experimentellen Tastens* wird nochmal überlagert durch eine Phasenabfolge: Die *erste Phase* (*prospection tâtonnée*: tastendes Ausschauhalten) umfasst das Sich-Vertrautmachen des Kindes mit seiner Umgebung. Sie ist mit dem Ende des ersten bzw. dem Beginn des zweiten Lebensjahres, wenn das Kind in der Lage ist, mit den Händen anfanghaft konstruktive Tätigkeiten durchzuführen, beendet. Die *zweite Phase* (*aménagement*: Sich-Einrichten) dauert bis zum vierten Lebensjahr. Das Kind beginnt, sein Leben zu organisieren und die Dinge im Sinn seiner Bedürfnisse zu nutzen, wobei es aber noch ganz mit sich selbst beschäftigt ist und nicht aus sich herausgeht. Die *dritte Phase* (*travail*: Arbeit) beginnt mit dem fünften Lebensjahr. Das Kind versucht nun, die Umgebung zu beherrschen und seine Kraft zu vergrößern. Im Unterschied zum *tastenden Ausschauhalten* werden alle Tätigkeiten, die auf ein feststehendes Ziel gerichtet sind, von Freinet als *Arbeit* bezeichnet (vgl. Freinet 1979).

4.2 Überlegungen Freinets zu Behinderung und Verhaltensauffälligkeit

Der Entwicklungs- und Lernprozess, der von Freinet beschrieben wird, bezieht sich auf *normal-entwickelte* Kinder und Jugendliche, wobei Freinet den Begriff *Normalität* wahrscheinlich weiter fasst als üblich. So lässt Freinet hinsichtlich des Lerntempos und Lernrhythmus große Unterschiede zwischen den Schülern zu, die er als *normal* empfindet. Freinet begründet dieses damit, dass sich Menschen auch in anderen Bereichen individuell sehr von ihren Mitmenschen unterscheiden und hier auch nicht als anormal bezeichnet werden (vgl. Freinet 1980, S. 60). Damit nähert sich Freinet einer *perspektivorientierten* Sichtweise von Behinderung, die im Kontext eines *interaktionstheoretischen* Blickwinkels auf das Phänomen *Behinderung* in den 60er Jahren eine wesentliche Argumentationsgrundlage für den *Gemeinsamen Unterricht* bildete (zu den verschiedenen theoretischen Positionen von Behinderung im einzelnen vgl. weiter Huber 2006, S. 27 ff).

Für Freinet hängt Intelligenz eng mit den gemachten Erfahrungen zusammen. Die Zugänglichkeit zur Erfahrung ist für Freinet die erste Stufe der Intelligenz. Eine besondere Bedeutung hat für Freinet dabei die Sprache. Für Freinet wird der Prozeß des *experimentellen Tastens* mit dem Wort als spezifisch menschlichem Werkzeug zu einem sprachlichen Prozeß. Zwischenzeitlich bestätigen neuere Untersuchungen (vgl. Lesemann/de Jong 2004) den Einfluss früher Förderung von Sprache und Präliteralität auf spätere Lesekompetenz und kommen zu dem Ergebnis, dass soziokulturell vermittelte Leistungsunterschiede im Lesen u. a. auf die Möglichkeit zurückzuführen sind, in der frühen Kindheit Einsicht in Konvention und Funktion von Schriftlichkeit zu erwerben, einen ausreichenden Wortschatz zu entwickeln und Sprache in kontextarmen Situationen zu gebrauchen (Geschichten erzählen). Ähnliche Befunde liegen für den mathematischen Bereich vor (vgl. Carle 2004, S. 50).

Was im Lernen behinderte Kinder besonders charakterisiert, ist, dass sie ihrer *ertasteten Erfahrung* nicht zugänglich zu sein scheinen, dass sie Misserfolge erst nach mehrmaligen Tastversuchen realisieren und dass der Erwerb automatisierter Verhaltensweisen bei ihnen sehr langsam vorwärts geht. Aus der Schnelligkeit und Sicherheit, mit der das Individuum aus seinen Tastversuchen profitiert, misst Freinet den Grad seiner Intelligenz. Ein Individuum, das sich der *tastenden Erfahrung* völlig verschließt, ist für Freinet vollkommen unintelligent (vgl. Freinet 1980, S. 59 f).

Explizit hat sich Freinet nie über sein Verständnis von Behinderung geäußert – so hat er auch nicht eindeutig dazu Stellung bezogen, ob es für ihn menschliche Individuen gibt, die als in dem o. g. Sinne *vollkommen unintelligent* zu bezeichnen wären. Bezüglich kognitiver Beeinträchtigungen kommt Freinet zu der etwas ungenauen Feststellung, dass der Aneignungs- und Automatisierungsprozess bei einem Kind mit kognitiven Beeinträchtigungen nur mehr oder weniger verlangsamt abläuft. Er schreibt den Lehrerinnen und Lehrern die Aufgabe zu, diesen Kindern ein Lebens- und Lernumfeld zu schaffen, dass ihnen viele lebendige und anschauliche Erfahrungen ermöglicht, so dass sie es leichter haben, diese Erfahrungen aufzuschließen.

Grundsätzlich ist Freinet der Ansicht, dass die Voraussetzungen für die psychische Entwicklung und damit auch für das Entstehen kognitiver Beeinträchtigungen an erster Stelle in dem angeborenen Potential an *Lebenskraft* und sodann im sozialen, d. h. im entwicklungsfördernden oder -hemmmenden Umfeld des Kindes begründet sind. Mit dieser Einstellung, dass zwei Faktoren die psychische Entwicklung beeinflussen, ist Freinet vielen Pädagogen seiner Zeit voraus. Erst in den letzten zwanzig Jahren wird verstärkt auf die Bedeutung sozialisationsbedingter Beeinträchtigungen bei der Entstehung von geistiger Behinderung hingewiesen (vgl. Jantzen 1980, Speck 1981). Der Bedeutung und Tragweite seiner Gedankengänge für die Behindertenpädagogik war Freinet sich wahrscheinlich nicht bewusst.

Freinet trifft durch seine Beobachtungen Aussagen zur weiteren psychischen Entwicklung der Kinder über das *experimentelle Tasten i. e. S.* hinaus. Nach Freinet hat sich das nicht behinderte Kind bis zum vierten/fünften Lebensjahr dermaßen in der Welt eingerichtet, dass es sich diese durch seine Arbeit erobern und zunutze machen kann. *Geistig zurückgebliebene oder geschädigte Kinder* (Freinet 1979, S. 31) erreichen diese Stufe der Arbeit infolge ihrer verlangsamten psychischen Entwicklung nicht selbständig oder nur sehr langsam. Hier ist der Einsatz von Freinettechniken hilfreich. Außerdem können für Freinet die speziell für die Behindertenpädagogik entwickelten Montessorimaterialien der Förderung *anormaler Kinder* dienen (vgl. Freinet 1979, S. 33).

Ein Punkt, der von Freinet ausführlicher behandelt wird, ist die Entstehung und Beibehaltung von Verhaltensauffälligkeiten (vgl. Freinet 1980, S. 62 ff). Freinet vertritt die These, dass das Kind, wenn es aus einem bestimmten Grund die Lebensregeln, die es zur Bewältigung bestimmter Situationen benötigt, nicht erlernen konnte, Beschäftigungen sucht, die diesen Mangel kompensieren und die angestrebte Bedürfnisbefriedigung garantieren. Es handelt sich hierbei um Handlungen, die das Kind durch sein *experimentelles Tasten* zufällig entdeckt und die sich bei mehrfacher erfolgreicher Durchführung zu *Ersatzlebensregeln* verfestigen (vgl. Freinet 1980, S. 62). Diese Ersatzlebensregeln treten nur dann auf, wenn die Befriedigung primärer Bedürfnisse auf Dauer versagt bleibt. Freinet erklärt auf diese Weise z. B. das Daumenlutschen bei Kleinkindern. Ist es erst einmal zur *Ersatzlebensregel* gekommen, versucht das Kind, sich diese Bedürfnisbefriedigung auch in anderen als der ursprünglichen Situation zu verschaffen – also nicht nur wenn es Hunger hat, sondern auch, wenn es z. B. Angst hat oder ihm langweilig ist. Andere Ersatzlebensregeln sind z. B. das ständige Hin- und Herwiegen des Körpers oder monotones Summen.

Freinet versteht diese Verhaltensweisen nicht als passive Reaktion auf Probleme, sondern schreibt ihnen ein aktives Element zu: „Das Kind setzt eben seine persönlichen Möglichkeiten ein, sein Leben in den Griff zu bekommen, da es nicht in der Lage ist, es auf andere Weise zu meistern" (Freinet 1980, S. 63). Der Nachteil dieser Form von Problemlösung besteht für Freinet darin, dass sie in den meisten Fällen nicht den Erfordernissen der Situation entspricht. Das auftretende Problem wird nicht bewältigt. Da die Ersatzlebensregeln genauso fest wie die angemessenen Lebensregeln in der Psyche des Kindes verankert sind, ist ihm der Erwerb problemlösender Handlungskompetenzen weitgehend verwehrt. Erst in dem Augenblick, in dem das Kind den Vorteil anderer Reaktionsweisen für sich erfährt, kann es sich von seinen Verhaltensabweichungen lösen. Es schadet deshalb der Psyche des Kindes zusätzlich, wenn Erwachsene ihm seine Bedürfnisbefriedigungsmöglichkeiten verbieten, ohne ihm effektvollere Handlungsweisen derart vorzustellen, dass es sie auch für sich nutzen kann.

5. Möglichkeiten der Einbeziehung behinderter Schülerinnen und Schüler in einen an der Freinetpädagogik orientierten Unterricht

Wie bereits aufgezeigt wurde, scheint die *Klasse* als *System* diejenige Einheit zu sein, die jene Wirkungen erzeugt oder behindert, die nach pädagogischen Konzepten, wie immer sie profiliert sein mögen, erwartet werden (vgl. Schuck 2000, S. 68 f). Die Klasse als System ist kein bloßer Spielball der Belastungsmomente, die aufgrund der sozialen Zusammensetzung der Schülerschaft in sie hineingetragen werden. Es gibt zahlreiche Anzeichen dafür, dass erst mit der Zunahme der Qualität des Unterrichts und der Kooperation aller Beteiligten die ungünstigen Wirkungen sozialer Belastungen abnehmen. Jede Schulklasse besteht aus sehr unterschiedlichen Kindern. In einer Integrationsklasse sind die Unterschiede und Leistungsunterschiede unter den Kindern besonders hoch. Dieser Tatsache soll damit begegnet werden, dass *innere Differenzierungsmaßnahmen* vorgenommen werden. Insofern eine Schulklasse eine soziale Lerngemeinschaft unterschiedlicher Kinder ist, sollten auch für diese unterschiedlichen Kinder unterschiedliche Lernziele verfolgt werden. Es ist von daher auch ein *zieldifferenter* Unterricht sinnvoll. Gerade viele Unterrichtselemente Freinets sind darauf angelegt, die Klasse insgesamt neu zu gestalten und zugleich die unterschiedlichen Eigenaktivitäten der einzelnen Schülerinnen und Schüler weiterzuentwickeln. Freinet widerspricht dabei der Meinung vieler Pädagoginnen und Pädagogen, dass geistig- und lernbehinderte Schülerinnen und Schüler nicht über ein entwicklungsfähiges Potential an Eigenaktivität und Selbständigkeit verfügen (vgl. Jörg 1970, S. 105). Freinet spricht jedem Individuum Eigenaktivität (Lebenspotential, Lebenskraft) zu, die im Sinne des *experimentellen Tastens* entweder gezielt oder automatisiert darauf ausgerichtet ist, individuelle Bedürfnisse zu befriedigen, sein Umfeld zu erobern, seine Kraft zu vergrößern und das Leben in seiner Komplexität in Angriff zu nehmen und zu beherrschen. Im Folgenden geht es um die zentralen Unterrichtstechniken Freinets und der Freinetpädagogik mit Blick auf ihre Möglichkeiten für die *gemeinsame Arbeit* und den *Gemeinsamen Unterricht* mit behinderten Schülerinnen und Schülern in einer Klasse. Hiervon abzugrenzen sind andere Formen der schulischen Integration wie die Unterrichtung behinderter Schülerinnen und Schüler in separaten Klassen an allgemeinen Schulen oder besondere Kooperationen zwischen Sonderschulen und allgemeinen Schulen (vgl. auch Huber 2006, S. 19). Das Kooperationsverständnis der Freinetpädagogik ermöglicht dabei, dass die behinderten Schülerinnen und Schüler nicht nur auf die Hilfe der Lehrerinnen und Lehrer angewiesen sind, sondern auch Mitschülerinnen und Mitschüler Hilfestellung leisten können.

5.1 Der freie Ausdruck

Für Freinet ist die Förderung des *freien Ausdrucks* eine Hauptaufgabe von Unterricht und Schule. Immer wieder wird beobachtet, dass Kindern viel daran gelegen ist, sich frei auszudrücken und anderen mitzuteilen. Eine Art *spontane Freude* stellt sich ein, wenn Kinder in verschiedenen Gebieten ihre Arbeit nach selbst gewählten Inhalten gestalten und das, was sie wirklich bewegt, verarbeiten und darstellen können. Dieses kann sich im Schreiben eines Textes vollziehen, im Komponieren eines Liedes, im freien Malen, im Gestalten eines Linoldrucks, einer Lithographie, einer Collage, einer Fotographie, eines Films, in einem selbst kreierten Tanz oder Theaterstück. Auch andere Formen *Freien Ausdrucks* sind denkbar. Wichtig ist, dass die Kinder dabei aus ihren Erfahrungen, ihrem Leben schöpfen und Anhaltspunkte zum Lernen erwerben – wobei unter Lernen ein Sich-Auseinandersetzen mit der Wirklichkeit, mit der Umwelt und mit sich selbst verstanden wird. Zweifellos sind auch kognitiv beeinträchtigte Schülerinnen und Schüler in der Lage, sich selbst und ihre Gefühle frei auszudrücken. Den Lehrerinnen und Lehrern kommt hier die Aufgabe zu, sich z. B. bei der Erstellung *freier Texte* Wörter, Sätze oder Geschichten erzählen zu lassen, wenn der Schüler oder die jeweilige Schülerin nicht schreiben kann. So entstandene Texte z. B. können auch in der Klassenzeitung veröffentlicht oder in der Dokumentensammlung allen zugänglich gemacht werden. Bei taubstummen Kindern kann aus der Gebärdensprache in die Schriftsprache transformiert werden. Andere Hilfestellungen sind z. B. das Festhalten des Blattes beim *Freien Zeichnen* oder das Bereitstellen leicht handhabbarer Materialien.

5.2 Die Schuldruckerei

Grundgedanken Freinets wie *kooperative Arbeit, sinnvolle Arbeit für ein Produkt, Orientierung des Unterrichts an der Erfahrung der Schülerinnen und Schüler* werden durch die *Druckerei* verwirklicht. Die *freien Texte* werden von den Kindern selbst in der Schule gedruckt und aus den in den *freien Texten* artikulierten Problemsituationen werden täglich neue Arbeitsvorhaben bestimmt. Die Arbeit mit der Druckerei erfordert ein gut entwickeltes Abstraktionsvermögen, das kognitiv beeinträchtigten Kindern häufig fehlt. In einer Integrationsklasse sind daher auch Materialien notwendig, die kein hohes Abstraktionsvermögen voraussetzen, damit auch beeinträchtigte Kinder mit ihnen arbeiten können. So kann die Druckerei z. B. durch Computer, Schreibmaschine oder vor allem auch durch *Stempelsatz* ersetzt werden. Ein Stempelsatz hat den Vorteil, dass er aus handlichen Buchstaben besteht und auf der den Schülerinnen und Schülern zugewandten Seite der Buchstabe geschrieben steht. Darüber hinaus können die Schülerinnen und Schüler mit einfachen Materialien selbst Stempel herstellen, mit denen einfache Symbole gestempelt werden können. Mit Hilfe solcher Stempel lässt sich schnell ein dem individuellen Erfahrungsraum entsprechendes und relativ festes Symbolsystem erarbeiten, das die Kommunikation mit einzelnen Schülerinnen und Schülern erleichtern kann (vgl. Hartmann 1985).

5.3 Die Klassenzeitung

Die *Klassenzeitung* wird in regelmäßigen Abständen herausgegeben und innerhalb und außerhalb der Schule verkauft. Sie muss bestimmten Kriterien genügen wie fehlerfreier korrekter Druck, entsprechende Länge und Ausrichtung der gedruckten Texte, Illustration. Die Klassenzeitung soll Beiträge von allen Schülerinnen und Schülern enthalten, die einen Beitrag leisten wollen, worauf besonders in einer Integrationsklasse geachtet werden muss. Die Veröffentlichung der Texte soll ein Erfolgserlebnis bei den Schülerinnen und Schülern auslösen und sie motivieren, neue Arbeiten zu erstellen. Dieses gilt für behinderte wie nicht behinderte Schülerinnen und Schüler gleichermaßen. Kognitiv beeinträchtigte Kinder oder Kinder, die nicht zu lesen vermögen, können sich z. B. durch Zeichnungen in die Klassenzeitung einbringen. Weiter können sich Mitschülerinnen und Mitschüler Texte diktieren lassen oder die Hand eines behinderten Kindes beim Schreiben oder Malen stützen. Alle Beiträge zeichnerischer oder schriftlicher Art müssen gleichwertig in die Klassenzeitung aufgenommen werden.

5.4 Die Klassenkorrespondenz

Innerhalb der *Klassenkorrespondenz* tauschen (zwei) Klassen in regelmäßigen Abständen untereinander Briefe, Texte, Bilder, Filme und andere Materialien aus. Auch kognitiv beeinträchtigte Schülerinnen und Schüler sind in der Lage, einen derartigen (Brief-) Kontakt zu führen und aufrecht zu erhalten. Der Kontakt mit behinderten und nicht behinderten Schülerinnen und Schülern fremder Schulen bringt wertvolle Lernanregungen und kann ein verstärktes Gefühl der Anerkennung über den Rahmen der eigenen Schule hinaus bewirken. Voraussetzung ist dabei, dass die jeweiligen Korrespondenzpartnerinnen und -partner auf die besondere Situation der entsprechenden Schülerinnen und Schüler vorbereitet werden. Hier können die Lehrerinnen und Lehrer eine Vermittlerfunktion übernehmen.

5.5 Karteikarten, Arbeitsblätter zur Selbstkorrektur, Dokumentensammlung, Arbeitsbibliothek

Die *Karteikarten* und *Arbeitsblätter zur Selbstkorrektur* ermöglichen selbst kontrolliertes Lernen. Die Schüler arbeiten eigenem Tempo und Rhythmus entsprechend. Den Lehrerinnen und Lehrern kommt die Aufgabe zu, den Fähigkeiten der Kinder entsprechende Sachblätterkarteien anzulegen. Arbeitsanleitungen und Korrekturbögen sollten einfach und eindeutig sein. Dennoch ist es wahrscheinlich, dass Sachblätter von Schülerinnen und Schülern mit kognitiven Beeinträchtigungen oft nur in Zusammenarbeit mit dem jeweiligen Lehrer oder der Lehrerin bearbeitet werden können und gemeinsam kontrolliert werden müssen.

Die *Dokumentensammlung* wird gemeinsam von Schülerinnen und Schülern sowie Lehrerinnen und Lehrern zusammengestellt. Sie besteht aus Zeitungsartikeln, Fotos, selbst geschriebenen Kommentaren und anderen Materialien und ist so ein wichtiges selbst erstelltes Informationsmittel. Die Dokumentensammlung soll Arbeiten aller Schülerinnen und Schüler beinhalten und muss von daher in einer Integrationsklasse auch die Arbeiten der behinderten Kinder aufnehmen. Damit alle Kinder gezielt und sicher nach bestimmten Dokumenten suchen können, sollte das Ordnungsschema für alle Schülerinnen und Schüler leicht durchschaubar sein. Dieses kann z. B. mit einfachen Symbolen erreicht werden.

Die *Arbeitsbibliothek* ist eine Zusammenstellung von Heften zu den verschiedensten Themen, die von Lehrerinnen und Lehrern gemeinsam erarbeitet werden. Auch hier bieten sich viele Möglichkeiten, allen Kindern entsprechende Hefte zu erstellen. Insgesamt ersetzen die Karteikarten, die Arbeitsblätter, die Dokumentensammlung, die Arbeitsbibliothek sowie die aus weiteren Büchern, Zeitschriften, Foto- und Diareihen oder Video Cassetten bestehende Klassenbibliothek die herkömmlichen Schulbücher. Eine Möglichkeit, die Klassen- und Arbeitsbibliothek zu nutzen besteht darin, dass Mitschülerinnen und Mitschüler bzw. Lehrerinnen und Lehrer den z. B. kognitiv beeinträchtigten Schülerinnen und Schülern aus von ihnen ausgesuchten Büchern vorlesen.

5.6 Das Freie Forschen

Forschungen an außerschulischen Lernorten erfolgen im Rahmen von Unterrichtsgängen oder durch Besuche von Museen, Fabriken oder anderen lokalen Einrichtungen. Forschungen innerhalb der Schule erfolgen in den entsprechend gestalteten *Arbeitsateliers*. Unter diesen gibt es als außerhalb der Schule liegende Ateliers den Gemüse- und Obstgarten und den Tierpflegeraum. Innerhalb des Schulgebäudes befinden sich Ateliers für manuelle Elementararbeiten sowie Ateliers für gemeinsam zu verrichtende und sich allmählich entwickelnde geistige Arbeitsvorhaben. Hierzu zählen z. B. Ateliers für Versuche, graphisches oder künstlerisches Schaffen. Die Arbeitsmaterialien entsprechen den jeweiligen Erfordernissen der Arbeitsateliers. Dem *freien Forschen* liegt die Überzeugung zugrunde, dass die Schülerinnen und Schüler aufgrund ihres Welterschließungspotentials Inhalte selbständig erarbeiten können (vgl. Riemer 2005). Die verschiedenen Arbeitsateliers bieten gerade für Integrationsklassen gute Möglichkeiten für Individualisierung und Differenzierung sowie für individuelle Förderung und Hilfestellung seitens der Lehrerinnen und Lehrer.

5.7 Die Arbeitspläne

Arbeitspläne gibt es in Form von Jahres-, Monats-, Wochen- und Tagesplänen. Die Jahres- und Monatspläne werden von den Lehrerinnen und Lehrern erstellt. Die Wochen- und Tagespläne werden von Lehrerinnen bzw. Lehrern und Schülerinnen bzw. Schülern zusammen erstellt. Je weniger Entscheidungsmöglichkeit bei dem jeweiligen Schüler oder bei der jeweiligen Schülerin liegt, desto mehr sollte die Lehrperson ihre Entscheidungen offen legen und erläutern. Kognitiv beeinträchtigte Schülerinnen und Schüler sind nur schwer in der Lage, einen Arbeitsplan selbständig zu bearbeiten. Hier müssen die Lehrerinnen und Lehrer Hilfestellung leisten. Eine Hilfe wäre z. B. mit konkreten Zeitangaben zu arbeiten oder Termine an konkreten Tätigkeiten festzumachen. (Wenn Du dein Arbeitsblatt fertig hast, dann möchte ich mit dir lesen.) Der aufgestellte Wochen- bzw. Tagesarbeitsplan sollte so konzipiert sein, dass er ggf. schnell geändert werden kann.

5.8 Klassentagebuch und persönliches Schultagebuch

Im *Klassentagebuch* dokumentieren die Schülerinnen und Schüler das Geschehen in der Klasse. Für jeden Tag des Jahres ist eine Seite vorgesehen. Am Ende eines jeden Tags schreibt jeweils eine Schülerin oder ein Schüler einen Bericht über diesen Tag aus seiner bzw. ihrer Sicht. Auf der Tagesseite des Klassentagebuchs können weiter die Arbeit betreffende Fragen notiert werden. Im *persönlichen Schultagebuch* dokumentieren die Kinder persönliche Dinge. So wird z. B. die individuelle Leistungskurve in das Schultagebuch eingeklebt, des Weiteren finden die gedruckten und illustrierten Texte hier Eingang. Bei der Erstellung des Klassentagebuchs und des persönlichen Schultagebuchs können den behinderten Schülerinnen und Schülern, die nicht selbständig in der Lage sind, ihre Anliegen in das Klassentagebuch zu schreiben, ähnliche Hilfestellungen geleistet werden wie bei der Erstellung der Klassenzeitung.

5.9 Die Wandzeitung

Die *Wandzeitung* wird am Wochenanfang in einer Ecke des Klassenraums aufgehängt. Sie ist in drei Spalten unterteilt: *Wir beglückwünschen – Wir fordern – Wir üben Kritik.* Im Laufe der Woche tragen die Schülerinnen und Schüler nach eigener Entscheidung in diese Spalten etwas ein und unterschreiben die Eintragung. Anonyme Eintragungen werden bei der Auswertung der Wandzeitung am Ende einer Woche nicht berücksichtigt. Auch auf der Wandzeitung können Gedanken und Gefühle zeichnerisch ausgedrückt werden – der Klassenzeitung und dem Klassentagebuch vergleichbar.

5.10 Der Klassenrat

Der *Klassenrat* ist wie das Klassentagebuch und das persönliche Schultagebuch, die Wandzeitung oder auch die Arbeitspläne eine Organisationstechnik. Der Klassenrat als solcher geht nicht genuin auf Freinet zurück, nimmt in der Freinetpädagogik heute aber eine zentrale Stellung ein. Der Klassenrat tagt einmal in der Woche. Die Leitung wechselt regelmäßig. Neben die wöchentlichen Sitzungen kann eine tägliche Sitzung treten. Der Klassenrat soll der Bestandsaufnahme der momentanen Situation dienen sowie der Besprechung anstehender Probleme und des weiteren der organisatorischen Vorbereitung der Arbeit. Wandzeitung und Klassentagebuch werden im Klassenrat beraten. Die Leitung des Klassenrats übernehmen abwechselnd Schülerinnen und Schüler. Die Lehrerinnen und Lehrer halten sich hier weitest gehend zurück. Es fällt dem jeweiligen Leiter oder der jeweiligen Leiterin des Klassenrats die Aufgabe zu, die Beteiligung gehemmter, sprachgestörter oder wahrnehmungsgestörter Schülerinnen und Schüler dadurch anzuregen, dass er oder sie diese häufiger anspricht, ihnen besondere Aufgaben zuweist oder ihre sprachlichen, mimischen oder gestischen Äußerungen übersetzt. In dem Fall, dass die jeweilige Leitung des Klassenrats hiermit überfordert ist, übernehmen die Lehrerinnen und Lehrer diese Rolle.

5.11 Techniken zur Kontrolle der Arbeitsergebnisse und der Leistungsmessung

Freinet geht davon aus, dass kein Individuum ohne Erfolg, ohne Bestätigung seiner Vitalität und Kraft, auf Dauer leben kann. Gerade in Integrationsklassen sind von daher neue Formen der Kontrolle der Arbeitsergebnisse und der Leistungsmessung erforderlich, die insgesamt den Blick nicht auf das richten, was ein Schüler nicht kann, sondern auf das, was er kann, auf seine Stärken, persönlichen Interessen und individuellen Talente. Freinet unterscheidet die *Selbstkontrolle im Arbeitsplan* (Selbsteinschätzung) und die *persönliche Leistungskurve* (individuelle Bezugsnorm) sowie die *Diplome* (anforderungs- oder sachbezogene Bezugsnorm) zur Kontrolle und zur Messung der Arbeitskompetenz und des Niveaus des Kenntnisstands (vgl. Freinet 1979). Im Laufe der Woche organisiert und kontrolliert jedes Kind – soweit wie möglich – eigenständig seine Arbeit anhand des individuellen Arbeitsplans. Für die von den Lehrerinnen und Lehrern am Wochenende vorgenommene abschließende Prüfung der Pläne und Arbeitsergebnisse gilt der Grundsatz, dass immer dann, wenn ein Kind sein persönlich Bestes geleistet hat, es auch die beste Bewertung verdient. Für jede der im Arbeitsplan erfassten Aufgaben wird von den Lehrerinnen und Lehrern eine Gesamtnote gegeben, die in eine auf dem Arbeitsplan dafür vorgesehene Tabelle eingetragen wird. Weiter werden hier Noten für Verhalten, Verantwortlichkeit, Initiative und Kooperativität erteilt. Über jede Beurteilung wird gesondert gesprochen. Selbsteinschätzung und Begründung der Beurteilung stehen dabei im Vordergrund. Auf diese Weise ergibt sich eine wöchentliche *individuelle Leistungskurve,* die von den Eltern unterschrieben wird. Anschließend wird die Leistungskurve vom Arbeitsplan abgetrennt und in das persönliche *Schultagebuch* des Kindes eingeklebt. Die Lehrerinnen und Lehrer besitzen einen eigenen Leistungs- und Beurteilungsbogen eines jeden Kindes als Duplikat und Ergänzung, der den Eltern offen gelegt werden kann. Die *Fertigkeitsbescheinigungen* oder *Diplomen* (brevets) stellen eine Form *objektiver* Leistungsmessung dar. Diese Fertigkeitsbescheinigungen werden vom Lehrer ausgestellt, wenn das Kind die der jeweiligen Bescheinigung zugrunde liegenden Leistungsanforderungen erfüllt. Sie bilden die Grundlage für die Schulentlassungszeugnisse und dienen zur Berufsfindung.

6. Schlussbemerkungen

Es konnte gezeigt werden, dass Freinetpädagogik in Integrationsklassen anwendbar ist beziehungsweise dass behinderte und nicht behinderte Schülerinnen und Schüler in einen an der Freinetpädagogik orientierten Unterricht integriert werden können. Es ist wahrscheinlich, dass Freinet selbst behinderte Schülerinnen und Schüler in seinen Klassen unterrichtete. Er konnte an diesen Kindern Beobachtungen machen und hat so seine Pädagogik auch für diese Kinder entwickelt.

Eine ganzheitliche Sicht des Kindes, die nicht an externen, statistischen oder ideologischen normativen Kriterien ansetzt und somit auf das einzelne Kind bezogen defizitorientiert, verbindet die Integrationspädagogik mit der Freinetpädagogik. Nicht die Defizite der Kinder stehen im Mittelpunkt, um auf sie mit Förderprogrammen zu reagieren, sondern in einer ganzheitlichen Betrachtung wird von der Kompetenz der Kinder ausgegangen. Lange Zeit wurde zwischen behinderten und nicht behinderten Menschen getrennt indem beispielsweise darauf geschaut wurde, ob im Falle der Integration eines behinderten Menschen der nicht behinderte Mensch Nachteile in Kauf nehmen müsse. Eine ganzheitliche Betrachtung – und im Sinne der Freinetpädagogik eine Betrachtung mit einer Parteinahme für die sozial Ausgeschlossenen – argumentiert umgekehrt: So gibt es kein allgemein-menschliches Grundrecht, welches es notwendig machte, Kinder wegen verminderter Lernfähigkeit, verminderter Funktion der Sinnesorgane, verminderter Bewegungsfähigkeit oder ähnlichem aus den Bildungsinstitutionen der übrigen Kinder fernzuhalten, wenn die behinderten Kinder dort gut gefördert werden können. Beide Konzepte – Freinetpädagogik und Integrationspädagogik – gehen von den individuellen Fähigkeiten und Bedürfnissen der einzelnen Kinder aus und deren optimaler Förderung. Vor diesem Hintergrund kann festgehalten werden, dass sich Vertreter beider Konzepte für eine Abkehr vom Behinderungsbegriff und für eine Einführung eines Integrationsparadigmas aussprechen (vgl. auch Huber 2006, S. 27)

Auch in der Zielsetzung sind weitgehende Gemeinsamkeiten zu erkennen. So ist eines der obersten Ziele der Integration, diese von der schulischen auf die gesellschaftliche Ebene auszuweiten (vgl. Huber 2006, S. 23) und die gesellschaftlich-berufliche Eingliederung von Behinderten zu erreichen. Dieses soll beispielsweise durch eine wohnortnahe Integration angestrebt werden. Die gesellschaftlich-politische Dimension der Pädagogik und den schulischen Bezugs zum gesellschaftlichen und beruflichen Leben zu gestalten, ist ebenfalls ein Hauptziel der Freinetpädagogik. Eine weitere Gemeinsamkeit beider Konzepte besteht in der Zielsetzung, die Eigenaktivität der Schülerinnen und Schüler zu fördern. Hier gerade sind die speziellen Unterrichtstechniken und -materialien der Freinetpädagogik geeignet, das Lernen der Schülerinnen und Schüler zu individualisieren, zu differenzieren, zu elementarisieren und zugleich zur Zusammenarbeit an einer gemeinsamen Aufgabe zu motivieren. Sie können sowohl Autonomie als auch Solidarität zwischen den Schülerinnen und Schülern schulen und sind so ausgerichtet, dass die Persönlichkeitsentwicklung der einzelnen Kinder im sozialen und emotionalen Bereich gefördert wird.

Wenngleich auch die Haltung der Lehrerinnen und Lehrer zu ihrem Unterricht und zu den Schülerinnen und Schülern als eine wichtige Bedingung anzusehen ist, die eine positive Leistungsentwicklung der Schülerinnen und Schüler fördert oder behindert (vgl. Schwohl, Sylvester, Treder 2000), kann der Erfolg oder Misserfolg der gemeinsamen Unterrichtung von behinderten und nicht behinderten Schülerinnen und Schülern nicht allein an den jeweiligen Lehrerinnen und Lehrern und deren Können, Willen und Einsatz festgemacht werden. Im Vorfeld ist es Aufgabe von Schulleitung, Administration und Bildungspolitik, angemessene organisatorische und rechtliche Bedingungen zu schaffen, damit ein gemeinsamer, an den Bedürfnissen aller Kinder und Jugendlicher orientierter Unterricht realisiert werden kann. Die Aufgabe der Bildungspolitik besteht darin, ausreichend Lehrpersonal einzustellen, die positiven Erfahrungen aus den Modellversuchen zur gemeinsamen Erziehung zu nutzen, die Voraussetzungen für eine praxisnahe Lehrerinnen- und Lehrerausbildung zu schaffen, die auf eine Tätigkeit in integrativen Lerngruppen vorbereitet, und die Rahmenrichtlinien so auszurichten, dass Differenzierungsmaßnahmen im Unterricht weiter erleichtert werden. An dieser Stelle soll der Blick dabei auch auf die *diagnostische Ebene* gerichtet werden. Bei näherer Betrachtung wird deutlich, dass sich traditionelle und gegenwärtige Diagnosemodelle in ihren Extrempositionen ausschließen. Während die Zuweisung von zusätzlichen Lehrkräften an Integrationsschulen oder -klassen an die Identifizierung eines Menschen als *Behinderten* gebunden ist, kann die reale Existenz dieser Behinderung auf Seiten der Integrationspädagogik verneint und als gesellschaftliches Konstrukt gesehen werden (vgl. weiter Huber 2006, S. 30 ff).

Derzeit ist immer noch ein Festhalten an Separationsmaßnahmen feststellbar. Weiterhin wird an Orientierungsstufen festgehalten, finanzielle Unterstützung für Integrationsklassen ist schwer zu bekommen und es werden Separationsmaßnahmen einer getrennten Unterrichtung für Mädchen und Jungen diskutiert. Aus diesem Grund müssen Lehrerinnen und Lehrer und Vertreter des Integrationsgedankens bestehende Freiräume in der pädagogischen Praxis schrittweise Ausschöpfen und möglichst viele eigene Akzente setzen für einen schülerorientierten Unterricht. Integration braucht dabei als Rahmenbedingungen eine klare Perspektive für die weitere Arbeit in der Orientierungsstufe, verbindliche Definitionen der Eckpfeiler einer integrativen Grundschularbeit und die Schaffung schulinterner Evaluationsstrukturen (vgl. Schwohl 2000, S. 115).

Die Tatsache, dass viele Techniken und Arbeitsmittel der Freinetpädagogik sich mit den staatlichen Richtlinien vereinbaren lassen, lässt dabei die Hoffnung begründet erscheinen, dass weitere Elemente dieser Art in die Lehrpläne aufgenommen werden. Hiermit ist nochmals die Frage nach der Bedeutung der Pädagogik Freinets für den Unterricht in Integrationsklassen berechtigt.

Literatur

Bürli, A.: Sonderpädagogik in Europa: Anspruch und Wirklichkeit. In: Sasse, A., Vitkovà, M., Strömer, N. (Hrsg.): Integrations- und Sonderpädagogik in Europa, Bad Heilbrunn 2004, S. 3461

Carle, U.: Chancengleichheit durch Bildungspläne und Standards im Elementar- und Primarbereich? In: Heinzel, F., Geiling, U. (Hrsg.): Demokratische Perspektiven in der Pädagogik, Wiesbaden 2004, S. 49–63

Christ, K., Sander, A.. Sonderschule oder Integration. In: Recht der Jugend oder des Bildungswesens 1985, H. 3, S. 170–181

Deppe-Wolfinger, H.: Demokratische Perspektiven in der Inklusiven Pädagogik. In: Heinzel, F., Geiling, U. (Hrsg.): Demokratische Perspektiven in der Pädagogik, Wiesbaden 2004, S. 21–37

Deutscher Bildungsrat: Zur pädagogischen Förderung behinderter und von Behinderung bedrohter Kinder und Jugendlicher, Bonn 1973

Dichgans, J.: Die Plastizität des Nervensystems. Konsequenzen für die Pädagogik. In: Zeitschrift für Pädagogik 2/1994, S. 229–246

Eberwein, H.: Behinderte und Nichtbehinderte lernen gemeinsam. Handbuch der Integrationspädagogik, Weinheim/Basel 1994

Eberwein, H.: Zum Stand der Integrationsentwicklung und -forschung in der Bundesrepublik Deutschland. In: Zeitschrift für Heilpädagogik 1984, Heft 10, S. 677–691

Eberwein, H., Knauer, S. (Hrsg.): Behinderungen und Lernprobleme überwinden. Basiswissen und integrationspädagogische Arbeitshilfen, Stuttgart 2003

Felber, A.: Eingliederung „Lernbehinderter" in Regelschulen, dargestellt am Beispiel zweier Freinet-Schulen in Frankreich. In: Kasztantowicz, U.: Wege aus der Isolation. Heidelberg 1982

Freinet, C.: In: L'Educateur 18/1952

Freinet, C.: In: L'Educateur 20/1963

Freinet, C.: Die moderne französische Schule, Weinheim/Basel 1979

Freinet, C.: Pädagogische Texte (hrsg. v. Boehncke, H., Hennig, Ch.), Reinbeck 1980

Haerle, F.: Curriculare Inklusion als ein Qualitätsmerkmal der inklusiven Schulpraxis. In: Geiling, U., Hinz, A. (Hrsg.): Integrationspädagogik im Diskurs, Bad Heilbrunn 2005, S. 121–123

Hartmann, H.-D.: Wann machen wir freie Arbeit? Sondernummer der Zeitschrift Fragen und Versuche, Nr. 2, 1985

Hopmann, S.: Reformpädagogik und Lehrplanarbeit. In: Oelkers, J., Osterwalder, F. (Hrsg.): Die neue Erziehung. Beiträge zur Internationalität der Reformpädagogik, Frankfurt/Main 1999, S. 331–354

Huber, C.: Soziale Integration in der Schule?!, Marburg 2006

Jantzen, W.: Geistig behinderte Menschen und gesellschaftliche Integration, Bern/Stuttgart/Wien 1980

Jörg, H.: Von der Eigenfibel zur Arbeitslehre, Ratingen, Wuppertal, Kastellaun 1970

Kanter, G. O.: Die Sonderschule regelschulfähig, die Regelschule sonderschulfähig machen. In: Zeitschrift für Heilpädagogik 1985, H. 5, S. 309–325

Kasztantowicz, U. u. a.: Isolation oder Integration. In: Heilpädagogische Forschung. Band 11, 1984, Heft 2, S. 221 f

Klüssendorf, A.: Mit den integrativen Regelklassen zurück zu den Anfängen der Integrationsbewegung? In: Schwohl, J. (Hrsg.): Integration am Scheideweg: Anmerkungen zur Innovation integrativen Unterrichts, Hamburg 2000, S. 11–24

Kobi, E. E.: Was bedeutet Integration? – Analyse eines Begriffs. In: Eberwein, H.: Behinderte und Nichtbehinderte lernen gemeinsam. Handbuch der Integrationspädagogik, Weinheim/Basel 1994

Kock, R.: Kinder lehren Kinder. Der Begriff des *tâtonnement expérimental* im Werk Célestin Freinets. Mit einem Beitrag von Manfred Blieffert, Baltmannsweiler 2001

Legrand, L.: Célestin Freinet et l'idéologie aujourd'hui. In: Cahiers Binet-Simon 1996, Heft 4, S. 13–37

Lesemann, P. P. M., Jong, P. F. de: Förderung von Sprache und Präliteralität in Familie und (Vor-)Schule. In: Faust, G./Götz, M./Hacker, H., Rossbach, H.-G. (Hrsg.): Anschlussfähige Bildungsprozesse im Elementar- und Primarbereich. Bad Heilbrunn 2004, S. 168–189

Möckel; A.: Die Funktion und die Forderung der Integration. In: Eberwein, H.: Behinderte und Nichtbehinderte lernen gemeinsam. Handbuch der Integrationspädagogik, Weinheim/Basel 1994

Muth, J.: Sonderschule oder Integration. In: Recht der Jugend und des Bildungswesens 1985, H. 3, S. 165 ff

Muth, J.: Nichtaussonderung als gesellschaftspolitischer Auftrag. In: Eberwein, H.: Behinderte und Nichtbehinderte lernen gemeinsam. Handbuch der Integrationspädagogik, Weinheim/Basel 1988

Muth, J.: Zum Stand der Entwicklung der Integration Behinderter in den alten Bundesländern. In: Lersch, R., Vernooij, M. A. (Hrsg.): Behinderte Kinder und Jugendliche in der Schule, Bad Heilbrunn/Obb. 1992

Mühl, H.: Möglichkeiten und Probleme gemeinsamer Beschulung geistig behinderter und nicht behinderter Schüler. In: Geistige Behinderung 1984, H. 2, S. 112–117

Obolenski, A.: Integrationspädagogische Lehrerinnen- und Lehrerbildung, Bad Heilbrunn 2001

Ramseger, J.: Was heißt „gemeinsame Schule für alle"? oder: Die Grenzen der Integration . In: Lersch, R., Vernooji, M. A. (Hrsg.): Behinderte Kinder und Jugendliche in der Schule, Bad Heilbrunn/Obb. 1992

Randoll, D.: Lern-Behinderte in der Regelschule. In: Eberwein, H. (Hrsg.): Handbuch Lernen und Lern-Behinderungen, Weinheim/Basel 1996

Reiser, H., Urban, M., Willmann, M.: Gleichheit und Differenz in den Beratungskonstellationen der sonderpädagogischen Beratung zur schulischen Erziehungshilfe. In: Heinzel, F., Geiling, U. (Hrsg.): Demokratische Perspektiven in der Pädagogik, Wiesbaden 2004, S. 199–215

Riemer, M. (Hrsg.): Praxishilfen. Freinet-Pädagogik, Bad Heilbrunn 2005

Schuck, K. D.: Ergebnisse der Wissenschaftlichen Begleitung des Schulversuchs integrative Grundschule. In: Schwohl, J. (Hrsg.): Integration am Scheideweg: Anmerkungen zur Innovation integrativen Unterrichts, Hamburg 2000, S. 41–70

Schwohl, J.: Schulische Integration in einer desintegrativen Gesellschaft: ein unlösbarer Widerspruch? In: Schwohl, J. (Hrsg.): Integration am Scheideweg: Anmerkungen zur Innovation integrativen Unterrichts, Hamburg 2000, S. 94–112

Schwohl, J., Sylvester, A., Treder, J.: Die Möglichkeiten von Lehrkräften, den sozialen Verhältnissen zu trotzen. In: Schwohl, J. (Hrsg.): Integration am Scheideweg: Anmerkungen zur Innovation integrativen Unterrichts, Hamburg 2000, S. 70–94

Speck, O.: Geistige Behinderung und Erziehung, München/Basel 1981

Theis-Scholz, M., Thümmel, I.: Handlungsorientierungen von Grund- und Sonderschullehrern, Pfaffenweiler 1997

Walter, P.: Schulische Integration Behinderter, Wiesbaden 2004

Westphal; J:. Integration: mehr als nur eine Frage der Ressourcenvergabe. In: Schwohl, J. (Hrsg.): Integration am Scheideweg: Anmerkungen zur Innovation integrativen Unterrichts, Hamburg 2000, S. 24–41

Wilfert de Icaza, K.: Schulische Integration Behinderter in Deutschland und Spanien, Frankfurt/M. 1999

Wittmann, B.: „Zauberknet-formel" oder „prinzipielle Gemeinsamkeit"? In: Zeitschrift für Heilpädagogik 1986, H. 9, S. 634 f

Ziemen, K.: Integrative Pädagogik und Didaktik, Aachen 2003

Das früh verengte Kind
Hirnforschung, sozialer Ausschluss und die Folgen der Frühförderung

Georg Milzner

Einer sozialen Gemeinschaft anzugehören bedeutet, bis zu einem gewissen Punkt auch die Defizite dieser Gemeinschaft zu teilen. Entwickelt sich eine Gesellschaft so, dass sie krankmachende, die physische oder die psychische Struktur des Einzelnen schädigende Faktoren zunehmend in Kauf nimmt, um ihre eigene Dynamik zu ermöglichen, dann kann es dahin kommen, dass das gesunde Verhalten gerade das ist, was den Menschen von der Gemeinschaft ausschließt. Gegenwärtig nun kann man als Psychotherapeut oder Psychoanalytiker den Eindruck bekommen, dass der wuchernde Kapitalismus Ängste wachsen lässt und in der Folge pädagogisch Tätige – Eltern zunächst, aber auch Erzieher oder Lehrerinnen - vermehrt dahin bringt, im Kind vor allem intellektuelle Kompetenzen zu fördern, um so eine möglichst vielfältige Verwendbarkeit zu ermöglichen und die späteren Chancen auf einen Arbeitsplatz zu erhöhen. Bei diesem Prozess spielen Befunde aus der Hirnforschung, die die Möglichkeit früher Kompetenzentwicklung betonen, eine führende Rolle. In diesem Essay wird nun der Frage nachgegangen, ob nicht der Preis für die gut gemeinte Frühförderung in einer emotionalen Verarmung bestehen könnte, die so gewonnene Flexibilität bezahlt würde mit einer Preisgabe des Individuellen. Sollte dies der Fall sein – und der Autor ist sich dessen gewiss – dann könnten jene Kinder, die jetzt noch die Möglichkeit haben, emotional zu reifen und dabei neben Bindungsfähigkeit auch die Kompetenz zu entwickeln, emotional Relevantes von emotional Irrelevantem zu unterscheiden, einmal die sozial Ausgeschlossenen von morgen sein.

1. Ins Thema fallen

Ist es ein Absturz, sich in ein Thema fallen zu lassen? Bedeutet es einen Nachteil, aus einer emotional ziemlich verdummten Gemeinschaft ausgeschlossen zu sein? Muss man wirklich dazugehören? Oder genügt es, einfach nur „man selbst" zu sein?

Mein Aufsatz beschäftigt sich mit einigen wenig berücksichtigten, gleichwohl zu erwartenden Negativfolgen der Hirnforschung. Er tut dies im Rahmen einer Debatte, die sich mit den Prinzipien sozialen Ausgeschlossenseins beschäftigt. Dabei folgt er nicht allein den Richtlinien soziologischen Denkens, denn das Thema, wie es sich darstellt, verheißt eine netzartige Struktur, bei der zwischen den Denkweisen verschiedener Wissenschaften changiert werden muss, um zu wesentlichen Aussagen zu gelangen.

Zudem scheint mir, dass der Begriff „social exclusion" gegenwärtig noch auf eine zu enge Weise benutzt wird. Wer nämlich die Möglichkeit sozialen Ausgeschlossenseins vor allem an den Zugang zur Bildung, die Partizipation an relevanten Ereignissen, sowie die Möglichkeit medialer Nutzung knüpft, der verkennt wohl, dass es andere und teils möglicherweise erheblich subtilere Methoden der Exklusion in unserer Kultur gibt – oder geben könnte.

Die Methoden, an die ich hier denke, sind freilich zu wenig offenkundig, als dass sie Gegenstände sozialpsychologischer oder soziologischer Untersuchungen sein könnten, sind sie doch weder an soziologische Randdaten geknüpft, noch durch Einstellungsfragebögen messbar. Vielmehr könnte man sie als Methoden umreißen, deren Merkmal gerade darin besteht, dass sie sich nur in der Begegnung zu erkennen geben, und auch dort nur äußerst subtil – was die verheerende Wirkung für die Betroffenen nur um so heikler macht. Ihnen nachzuspüren, ihre Bedeutung im globalen Kapitalismus zu erhellen, sowie mögliche Folgen dessen an zu denken, was gegenwärtig auf der Basis der Hirnforschung pädagogische Erwägungen sind, soll der Sinn der nachfolgenden Zeilen sein.

2. Zugehörigkeit und Bewusstsein

Um welche Methoden geht es? Um dies zu verdeutlichen muss ich die Idee von etwas skizzieren, das ich ein „soziales Konsensbewusstsein" nennen möchte (vgl. auch Milzner 2001). Es ist zu verstehen als die Summe aller gewichtigen Welt- und Wirklichkeitsdefinitionen, die für das Existieren einer Kultur wesentlich sind. Indem es so definiert wird, erweist sich das soziale Konsensbewusstseins als etwas, das vor allem negativ zu erfahren ist, nämlich dann, wenn es einem entgleitet – oder besser: Wenn *man ihm* entgleitet.

Wenn man erfährt, wie es sich anfühlt, eines sozialen Konsensbewusstseins nicht mehr teilhaftig zu sein, dann stellen sich zwei Möglichkeiten ein: Stolz im Sinne einer narzisstischen Selbsterhebung, oder aber schmerzliche Einsamkeit ohne die Möglichkeit des Anschlusses.

Wodurch und wie gerät man in eine solche Lage? Dies zu zeigen erfordert einige Bemühungen, deren erste die sein wird, eine Reihe von Erfahrungen und Bedingtheiten aufzulisten, in denen und durch die es zur Entfremdung vom sozialen Konsensbewusstsein kommt. Ich nenne als Beispiele

■ Bewusstseinsphänomene (psychische Ausnahmeerfahrungen; hierunter zähle ich auch sogenannte „Erkrankungen")

44

- Individualitätsbeharren (Verweigerung von Codes, technische Unlust), sowie

  - das Streben nach emotionaler Stimmigkeit (zu verstehen als eine Haltung, die den Wertmaßstäben der Mitwelt ein bewusstes Fühlen entgegensetzt und damit – zum Beispiel aus Mitleid – in Teilen konsumunfähig wird).

Ich möchte zeigen, dass Ausschluss-Phänomene sich im psychischen Feld anders und bedrohlicherweise subtiler abzeichnen, als dies in den Zonen der Gesellschaftswahrnehmung möglich ist. Um dies zu erreichen werde ich zunächst jeder der drei benannten Zonen ein paar Überlegungen widmen und herausschälen, worin jeweils das spezifische Risiko des Ausgeschlossen-Werdens besteht, um dann auch zu fragen, wo die möglichen Gewinne liegen. Sodann möchte ich aufzeigen, wie gegenwärtig Hirnforschung und Pädagogik eine Frühförderpraxis erzeugen, die zu neuen und ungewöhnlichen Formen des sozialen Ausschlusses führen wird. Indem ich dies tue, bin ich mir bewusst, dass der Ansatz meiner Überlegungen das Konzept der „social exclusion" erweitert bzw. umformiert, indem er es mit psychischen Phänomenen verknüpft, wo sonst die Daten der Soziologie walten.

3. Ausschluss durch Bewusstseinsphänomene

Wer einmal eine Psychose hatte, oder wer an Riten teilnahm, in denen sich Numinoses eröffnete; wer es mit der Religion ernst meint oder einmal eine Nahtoderfahrung hatte; wer unter Drogeneinfluss ein Offenbarungserlebnis bekam oder in Trance seinem anderen Ich begegnete, der kann ermessen, inwieweit Phänomene des Bewusstseins einen Menschen vereinzeln und ihm den Zugang zur Mitwelt der Anderen erschweren können. Wie kommt es aber dahin, und warum ist dies so?

Man könnte mit der Erkenntnis beginnen, dass alles komplexe Bewusstseinserleben einzigartig ist. Seine Einzigartigkeit macht es wertvoll und deswegen schwer zu teilen. Damit aber ist es nicht getan, denn wo ein Interesse, wo eine Neugier auf dies Erfahrene zu spüren wäre, da würden sich die Betroffenen gewiss gern aufmachen, davon zu berichten, und sei es auch unter Mühen. Dies aber findet nicht statt, anstelle eines echten (und das bedeutet: offenen) Interesses am Ausnahmeerleben finden wir in der Regel eine kopf schüttelnde, nachsichtig lächelnde Abwehr, deren Intensität von der Freundlichkeit, mit der sie sich umgibt, nicht gemindert wird.

Das Problem mit den ungewöhnlichen Bewusstseinserfahrungen besteht, denke ich, darin, dass die Besonderheit von Bewusstseinsphänomenen in einer kapitalistisch ausgerichteten Kultur nicht wirklich gewürdigt, allenfalls angestaunt und in Filmen angebetet werden kann. Wer, ganz unabhängig davon, wie real oder wie gültig wir dies nennen wollen, eine Heiligenerscheinung hatte oder eine Stimme hörte, die ihn zu einer Entscheidung drängte; wer meditierend Leere erfuhr oder sich reinkarniert glaubt, der hat natürlich etwas Spannendes erlebt, gewiss, etwas Interessantes, na klar, aber es ist eben nicht *verwertbar* und insofern hat es im Kapitalismus keinen Wert.

Es nimmt nicht wunder, dass eine Kultur, deren Tempel Bankgebäude sind, mit dem Numinosen nichts anfangen kann. Wie aber steht es mit anderen ungewöhnlichen Erfahrungen, die unsere Toleranz prüfen; wie steht es, zum Beispiel, mit den Erfahrungen von Psychotikern?

Zweige der Psychoanalyse, der humanistischen Psychotherapie und der sozialen Psychiatrie haben immer wieder betont, wie wesentlich es sei, sich mit den Erfahrungen von Schizophrenen auseinanderzusetzen. Der Konstruktismus zeigte uns, dass alle Realität konstruierte Realität ist, und dass alles Beharren auf der einen und nur einen Wahrheit demzufolge ideologisch und falsch sei. Wie kommt es daher, dass ein Mensch, der eine Psychose erlebt hat, immer noch so sehr den Anschluss an andere verlieren muss? Was sorgt dafür, dass ihm nur die Selbsthilfegruppen der ähnlich Erfahrenen bleiben, wenn er denn Austausch sucht?

Ich denke, es liegt daran, dass auch die psychotische Erfahrung im weitesten Sinn eine geistige Erfahrung darstellt. Und diese Erfahrung ist unter anderem dadurch gekennzeichnet, dass sie am sozialen Konsens nicht teilhat. Psychotiker hören Stimmen, die von anderen nicht gehört werden, und sie haben Erscheinungen, die sie selbst als hochbedeutsam erleben, während sie von anderen als unsinnig angesehen werden. Dagegen fällt auf, dass sie an der uns umgebenden Warenwelt und an sozialem Aufstieg im herkömmlichen Sinn meist ziemlich desinteressiert sind. Eine Karriere, bei der man Stufenleitern hinauf muss, stellt für sie selten eine Versuchung dar; gegenüber Werbestrategien sind sie ziemlich immun.

So hätten wir es hinsichtlich der Psychose-Erfahrenen mit einem sozialen Ausschlussphänomen zu tun, dass sich über die Jahrhunderte – Foucault hin, Konstruktivismus her – nicht verändert hat. Seine Methoden sind einerseits subtil – das Mitleid der sogenannten „Gesunden", in dem aber immer die Arroganz der Hinunterschauer mitschwingt – andererseits grob: Krankheit wird als ein Instrument benutzt, um Erfahrungen kleinzudefinieren; so als würden nicht andere Krankheitserlebnisse durchaus von öffentlichem Interesse sein. Jeder Star bekommt ja viel Platz, wenn er von „seinem" Krebs erzählt oder von „seiner" Multiplen Sklerose.

Ein Star wird sich aber sehr hüten, von „seiner" Psychose zu sprechen. Indem dieser Diagnose der Hauch des Dauerhaften anklebt, würde er sich selbst öffentlich zum „Verrückten" erklären, einem nicht ganz ernst zu Nehmenden mithin: Ein Befund, der jedem klinisch Erfahrenen, der zum Mitfühlen fähig ist, die Zornröte ins Gesicht treiben muss. Die Gesundungsverläufe psychotisch Erkrankter entsprechen übrigens diesem Befund. Psychose-Erfahrene haben es in der Regel sehr schwer, auf dem ersten Arbeitsmarkt unterzukommen. So sind sie von wichtigen Zonen, in denen Kontakte geknüpft und aufrecht erhalten werden, abgeschnitten. Ein Gegengewicht bieten dann die schon erwähnten Gruppen der Psychose- und Psychiatrie-Erfahrenen selbst, in denen freilich die Leiderfahrung das Primärthema bildet. Und in Einrichtungen des dritten Arbeitsmarkts, in denen beispielsweise Elektrokleinteile zu sortieren sind, kommen diejenigen unter, die doch mit ihren Erfahrungen geradeso gut helfen könnten, anderen akut Psychoseleidenden einen besseren Umgang mit ihrer Erkrankung zu ermöglichen.

So wird also ein großes Potenzial hier ungenutzt gelassen. Warum? Nun, vermutlich weil das Nichtzugehören bezüglich des sozialen Konsenses einen Ausschluss bewirkt, der mittels pathologischer Befunde untermauert wird. Psychose-Erfahrene und andere, die psychische Ausnahmeerfahrungen besitzen, verweigern hinterher in gewisser Weise die kulturellen Codes. Und so erst wird auch begreiflich, warum alles Diskutieren über den Konstruktivismus und das innere Konstruieren von Wirklichkeiten vor der besonderen Bewusstseinserfahrung zurückschreckt, so als könne diese nie und nimmer Gültigkeit beanspruchen.

4. Ausschluss durch Individualitätsbeharren

Wer die Codes verweigert, wird selber unlesbar. Das macht ihn zum Problem. Denn indem er unlesbar wird, werden die Möglichkeiten, ihn zu beeinflussen, kleiner. Und nichts kann sich der wuchernde Kapitalismus weniger wünschen als Menschen, die sich unabhängig gemacht haben von den aktuellen Codes.

Hier braucht es Beispiele; die nächstliegenden kommen wohl aus der Kommunikationstechnologie und der anhängenden Medienwelt. Man könnte sich einen Menschen vorstellen, dem sein Festhalten an der Erkenntnis, dass das SMS-Deutsch mit seinen Smiley-Bildchen die Sprache verdirbt, diesen Kommunikationsweg verunmöglicht. Andere mögen sich der e-mail verweigern und sind so an einigen wesentlichen Debatten nicht mehr beteiligt, die nur dort, im Internet-Raum, überhaupt geführt werden.

Ist dies aber ein echtes Ausschlussphänomen? Man müßte wohl anders fragen: Kann man sich eigentlich selber ausschließen? Oder sollte man da dann von „aussteigen" sprechen? Was ist, wenn ich mich weigere, eine bestimmte Qualifikation oder einen Zugang zu erwerben, zum Beispiel einen Führerschein, eine Kreditkarte oder eine e-mail-Adresse?

Wer mediale Abstinenz übt, der schließt sich – bis zu einem gewissen Grad – aus. Ich weiß, wovon ich rede, denn ich bin betroffen. Freilich gewinnt er auch etwas, nämlich Zeit. Zeit, die in dem, was man einmal den „mentalen Kapitalismus" genannt hat, jenes Gut ist, um das alle – und die Unternehmen besonders – buhlen. So handelt es sich hier wohl um jene frei gewählte Nicht-Dazugehörigkeit, die die Folge der Erkenntnis sein kann, dass man nicht einfach die Schädlichkeit eines Phänomens erkennen und dann weitermachen kann, wie bisher.

Manche sind hier radikaler und entscheiden nicht nur für sich, sondern gleich für andere mit: Der Ulmer Hirnforscher Manfred Spitzer (Spitzer 2005) etwa empfiehlt, Fernsehgeräte und Computer von Kindern fernzuhalten. Die „Teletubbies" nennt er eine „Einstiegsdroge". Hier darf man aufmerken. Denn das Herausnehmen von Kindern aus dem medialen Stimulationskreis bedeutet ja auch, sie von sozialen Markern fernzuhalten, denen sie ständig begegnen werden. Ob es überhaupt ein Bewusstsein jenseits des medialen gebe, erkundigte sich einmal Botho Strauss (2004). Allerdings, das ist die Frage. Denn dass unser Bewusstsein an mediale Entwicklungen, die es doch selber hervorbringt, gebunden bleibt, das ist sicher.

So ist es eine heikle Sache, Kinder von vornherein von Medien auszuschließen, die doch alle benutzen. Wer so etwas als Erwachsener macht, der weiß, was er tut, und man darf bei ihm eine gewisse Medienkompetenz voraussetzen. Wie aber soll die entstehen, wenn ein Kind nie lernt, dass man etwas an- und auch wieder abschalten kann, einfach weil es mit dem Gerät niemals Berührung hat?

Man kennt solche Phänomene aus den kulturellen Subsystemen, die man auch als Binnenkulturen und kleine Parallelgesellschaften ansehen kann. Interessant ist da zum Beispiel, dass etwa die Lager der alternativmedizinisch Tätigen oder der Waldorf-Pädagogen von den Empfehlungen der Neurowissenschaften ebenso unbeleckt bleibt, wie von den Medien, auf die diese sich richten. Man hat sich dort, könnte man sagen, immunisiert, allerdings mitunter um den Preis nicht minder drastischer Abhängigkeiten. Denn indem die Schutzmaßnahmen nicht individuell erfolgen, sind sie keine Freiheitsentscheidungen, sondern theoriegeleitete und nicht selten ideologische Phänomene, deren Nichtbefolgen abermals zu neuen Phänomenen sozialer Ausgeschlossenheit führt.

5. Ausschluss durch emotionale Stimmigkeit

Für einen so genannten „Kulturschaffenden" erscheinen die Fragestellungen und mehr noch die soziologischen Antworten, die sich mit der Idee sozialer Ausgeschlossenheit verbinden, zumindest seltsam. Seit Thomas Mann seinen

„Tonio Kröger" als unfähig zeichnete, die „Wonnen der Gewöhnlichkeit" mit anderen zu teilen, ist klar, dass auch besondere Begabung und ungewöhnliche Sensibilität einen Menschen ausschließen können aus dem, was er zuvor, naiv genug, noch eine „Gemeinschaft" genannt haben mag.

Es geht um Begabung an dieser Stelle, aber nicht nur, und wenn überhaupt, dann soll der Begriff „Begabung" sehr weit gefasst werden. In erster Linie nämlich soll es um das gehen, was ich „emotionale Stimmigkeit" nenne und was sich zu erkennen gibt als das Gefühl, mit sich selbst einig und an dem Ort zu sein, an den man mit dieser Einigkeit gehört.

Das klingt kompliziert, ist es aber nicht. Jedenfalls nicht in der Erörterung (die lebenspraktische Umsetzung ist, wie schon in den beiden anderen Beispielen, etwas ganz anderes). Nehmen wir einen sensiblen Jungen, der auf dem Land aufwächst. Was er in der Milchwirtschaft zu sehen bekommt, erschreckt ihn; was er von der Schweinemast mitkriegt, lässt ihn nicht schlafen. Kälbchen, früh von ihren Müttern getrennt und jämmerlich rufend, brennen sich ihm ebenso ein wie die angstvollen Schweine, deren Qual er in sich nicht zu löschen vermag.

Seine Freunde haben dies Problem nicht. Böse sind sie nicht, echte Sadisten gibt es ja zum Glück immer nur wenige. Aber sie sind ganz einfach weniger empfindlich, oder man könnte auch sagen, sie sind sachlichen Argumenten gegenüber zugänglicher als ihr sensibler Freund, und das setzt sie in den Stand, ihr Mitgefühl zu zügeln.

Wir kennen solche sachlichen Argumente; es sind jene, die die industrielle Tierhaltung von je benutzt, und es sind dieselben, mit denen wir auch dort abgespeist werden, wo es um die Ungeheuerlichkeiten in nordafrikanischen oder in indischen Nähereibetrieben geht, die für multinationale Konzerne billig fertigen. Es sind Argumente, die man mit blauen Augen benutzen kann, wenn man nämlich die Preispolitik ins Feld führt oder den Umstand, dass sich doch jeder sein Filet sollte leisten können.

Gewichtige Argumente, vielleicht. Aber sie helfen nicht dort, wo der Junge, den wir als Beispiel wählten, wieder die Schweine kreischen hört; ein Geräusch, das ihm womöglich nahe legt, dass eigentlich niemand ein Filet auf dem Teller braucht, oder wenn doch, dann nicht ständig. Spätestens an dieser Stelle wird der Junge erleben, dass er die besagten „Wonnen der Gewöhnlichkeit" nicht alle zu teilen vermag. Und spätestens hier auch wird er eine Variante sozialer Exklusion erleben, die allein darauf fußt, dass er eben *er* ist.

Denn es gibt ein Können, das ist nicht nützlich, aber gut, insofern als es einem Menschen dazu verhilft, ganz er selber zu sein. Und es gibt eine Emotionalität, die schnell anspringt; eine Empfindlichkeit, die dann zur Nagelprobe wird für die Möglichkeiten des Miteinanders. Ich habe ein paar Leute behandelt, deren Konstitution der meines Fantasie-Jungen ähnelte. Und sie alle machten eine charakteristische Erfahrung, nämlich die, dass es von der Gruppe der

Normalfühler durchaus Angebote gibt, mit in ihr Boot zu kommen – dass aber die Gruppe den Sensiblen irgendwann auch mit leisem Spott oder irritiertem Kopfschütteln links liegen lässt, wenn er nämlich so bleibt, wie er ist. Sie kann wohl auch gar nicht anders, sie müsste sich sonst nämlich fragen, ob sie nicht etwas Gewichtiges grundfalsch macht. Andersherum folgt daraus: Nur wer die Kulturgemeinschaft sehr hoch schätzt, kann das Ausgeschlossen-Sein als Problem betrachten.

6. Psychischer Ausschluss

Wir fanden nun dies: Die Prinzipien sozialer Exklusion sind abstrakter; die Methoden des Ausschließens subtiler, als dass man das Phänomen allein an soziologischen Daten festmachen könnte. Soziale Ausgeschlossenheit, die einerseits durch finanzielle Benachteiligung oder die Zugehörigkeit zu einer Minderheit entstehen kann, erweist sich, zieht man psychische Parameter hinzu, als etwas, das eben so gut durch eine mentale Verfasstheit, ja, durch die Struktur einer Persönlichkeit bestimmt werden kann.

Hierbei ergibt sich freilich ein Dilemma: Die Ambivalenz des Nicht-Dazugehörens wird nämlich erheblich deutlicher als dort, wo man es mit materiellen Versorgungseinheiten oder mit soziologisch definierten Zugehörigkeitsbedingungen zu tun hat. Hier ist das soziale Ausgeschlossensein in den Regel noch klar als nachteilig erkennbar.

Wo die Psyche die Gesetze vorgibt und nicht der soziale Körper allein, da entsteht ein merkwürdig irritierendes Bild: Wo nämlich jemand beispielsweise über eine besondere Begabung verfügt, die ihren Träger zugleich mit ungewöhnlicher Sensibilität schlägt, da verweigert sich das, was bei Thomas Mann – nun zum dritten Mal – als „Wonnen der Gewöhnlichkeit" aufschimmert; anders gesagt, die Partizipation am sozial Vorgegebenen wird durch das, was doch zugleich eine Auszeichnung bedeutet, verunmöglicht.

Ich glaube, dass es in naher Zukunft an einen Punkt kommen kann, an dem die „social exclusion" in gewisser Weise zur Bedingung für individuelles Dasein wird – und dies in einem weit größeren und subtileren Ausmaß, als dass man es nur anhand von Aussteigermentalität oder romantischem Rückzug festmachen könnte. Diese Vermutung ist Folge der Auseinandersetzung mit einer seltsamen Dominanz, der Dominanz einer Forschungsrichtung nämlich, die sich seit den 90er Jahren angeschickt hat, zur Orientierungswissenschaft der psychosozialen Welt zu mutieren und damit auch der Pädagogik neue Herausforderungen zu schaffen.

7. Leitinstanz oder freundliche Diktatur?

Seit es pädagogische und psychosoziale Maßnahmen gibt, gibt es die Suche nach Orientierungspunkten, deren Beachtung die Nützlichkeit dieser Maßnahmen gewährleisten soll. Im 20. Jahrhundert hat es hier mehrere gegeben, zunächst ganz sicher den Leuchtturm, den die Psychoanalyse errichtete; später dann die Fahrzeichen, die aus der Laborforschung, insbesondere aus der Lernpsychologie stammten.

Gegenwärtig haben beide, so scheint es, ausgespielt – oder besser: Ihre Erkenntnisse sind in Dienst genommen worden von einigen Forschern, deren Interesse, wie sie sagen, darin liegt, unserem Menschenbild eine neue naturwissenschaftliche Fundierung zu geben. Es ist dies eine kleine Gruppe von Forschern, aber sie, diese kleine Gruppe, beginnt mit ihren Verlautbarungen ganz augenfällig andere Disziplinen wie die Psychotherapie, die Psychiatrie, aus der der Vorbegriff „Sozial-" sich zu verabschieden beginnt, die Erziehungswissenschaft und irgendwann vielleicht auch das durch wachsende Herzlosigkeit leicht zu knackende Bollwerk, die Theologie, zu steuern.

Die Rede ist von der Hirnforschung, die – so kann man meinen – gegenwärtig so etwas wie eine kulturelle Leitwissenschaft geworden ist. Das nimmt zunächst ein wenig wunder, denn erstens handelt sich um eine im Grunde kleine Wissenschaft, und zweitens ist diese Wissenschaft auch keine neue. Zudem handelt es sich bei den Forschenden um nicht übermäßig viele, und gemessen daran, wie klein diese Gruppe ist, sind ihre Verlautbarungen ausgesprochen laut.

Nun kann man einwenden, auch die Psychoanalyse habe anfangs nur aus einer Handvoll Spezialisten bestanden, und auch Lernpsychologen habe es einst nur wenige gegeben. Das stimmt. Und als Hypnotherapeut wie als Lyriker kenne ich auch das Gefühl, einer kleinen Gruppe von Spezialisten anzugehören, die für ein bestimmtes Feld, für eine charakteristische Reihe von Erkentnissen steht. Nur: Macht man die dann sofort zum Leitmodell für das ganze psychosoziale Feld?

Ja, vermutlich macht man das, wenn man die Lehrstühle und die Mittel dazu hat. Und ganz gewiss hat die Neurowissenschaft hier auch Verlockungen anzubieten – Verlockungen, die in erster Linie wohl damit zu tun haben, dass hier Kontrollmöglichkeiten über Lernen und Heranbilden im Raume zu stehen scheinen, die über das Gewohnte hinausgehen. Solche Verlockungen werden immer wieder aufs Neue ins Fenster der Kultur gestellt, um dort den alten Traum vom leichten Alleskönnen zu stimulieren. Der Behaviorismus stimulierte diesen Traum ebenso, wie es in den 80er und 90er Jahren die Anhänger des „Neurolinguistischen Programmierens" (NLP taten.

8. Hirn, Kontrolle und Subversion

Um welche Verlockungen geht es? Das Wort „Kontrollmöglichkeiten" ist schon gefallen; ich will es aber noch einmal verwenden, damit es sich einprägt... Denn die Verlockungen, die von der Hirnforschung ausgehen, sind wohl in allererster Linie solche, die mit Kontrolle zu tun haben: Kontrolle über die Entwicklungen eines Kindes, Kontrolle über Fähigkeiten, die sich heranbilden, Kontrolle über Entartungsrisiken und endlich auch Kontrolle über die Vagheiten des unbewussten Selbst, das man ist. Im Gefolge aller dieser Faktoren aber endlich auch: Kontrolle über Zugehörigkeit oder nicht Zugehörigkeit einer individuellen Verfasstheit.

Es würde sich leicht zeigen lassen, dass solche Kontrollwünsche immer da bevorzugt blühen, wo ein allgemeines Klima der Unsicherheit angesichts beschleunigter sozialer, wirtschaftlicher und politischer Prozesse entsteht. Im Russland kurz nach der Revolution, in der beginnenden Agonie des Kaiserreiches bekamen Hirnforscher wie Oskar Vogt (der Mann, der später Lenins Gehirn sezierte) großen Kredit. Dass die Lernversuche der Laborpsychologen vor dem Hintergrund des Vietnam-Krieges und der gerade überstandenen Kuba-Krise ihren Aufstieg machten, verwundert gleichfalls nicht.

Und was taten die Hirninteressierten zu dieser Zeit? Man täte dem Thema unrecht, erkennte man nicht, dass zugleich mit dem vermehrten Kontrollbedürfnis auch die Subversion wuchs. In den 60er Jahren nämlich ist mit der Hirnwissenschaft beides verbunden: Einerseits der radikale psychiatrische Eingriff, die Lobotomie, die vermittels der Durchtrennung von Nervenverbindungen zum Frontalhirn der Ruhigstellung renitenter Patienten diente. Ursprünglich auch bei Depressionen anscheinend hilfreich, wurde sie rasch zu einem häufig verwendeten Mittel der Wahl wurde überall da, wo Patientinnen und Patienten sich als ungewöhnlich heikel erwiesen. Auch der Dichter Allen Ginsberg, ein ausgewiesener Feind staatlicher wie auch jeder anderen Kontrollen, gab seine Einwilligung zur Lobotomisierung seiner Mutter.

Andererseits aber ist das Hirn in dieser Zeit auch der Ort für umfassende Versuche mit der menschlichen Freiheit und mit dem *„human potencial"*. Der wohl interessanteste Vertreter dieser Versuche ist heute assoziativ mit etwas ganz anderem verbunden, mit dem LSD nämlich. Und doch war Timothy Leary, erst Harvard-Professor ür Psychologie und dann freier, radikaler Bewusstseinserweiterer, in erster Linie an den Möglichkeiten des Gehirns, an der Freisetzung von Kreativität und der Fähigkeit zur Freiheit interessiert. Hier erschienen ihm Drogen als die geeigneten Mittel zur Umprogrammierung (ein Begriff, der erst in den 8oer Jahren populär wurde, als sich die Idee vom Gehirn als Bio-Computer durchsetzte), bzw. zur Neukonditionierung und -prägung. Und Learys berühmt gewordene Formel „Turn on. Tune in. Drop out." nimmt schon das

Thema sozialer Exklusion auf, allerdings eben als freiwillige Folge außergewöhnlicher Bewusstseinserlebnisse.

Man erkennt also, wie der Wunsch nach Kontrolle sowohl die potenzialoriertierten Vertreter, als auch die auf das Hemmen Bedachten infiziert hat. Ein optimistischer Strom (leicht Kompetenzen entwickeln, frei werden, gelöst und kreativ durch gehirnliche Neuprägung) wird gekreuzt von einem eher minder optimistischen, dem die Wege der Hirnbeeinflussung in erster Linie als Möglichkeiten erscheinen, ein destruktives Potenzial in seine Schranken zu weisen. Was beide eint, ist die Idee des Machbaren, ist die Vorstellung vom manipulierbaren, dem bewussten Einfluss freigegebenen Gehirn.

Nach diesem kleinen Marsch durch ein paar psychologische Bewegungen des 20. Jahrhunderts nun zurück zur Gegenwart. Auch hier liegt durchaus beides nebeneinander, nur sind die Gewichtungen anders, und die Freude am Aufbruch erscheint kleiner. Angedacht sind Wege zur frühzeitigen Auslese von möglichen Gewalttätern (Roth 2003) ebenso diverse Varianten einer frühzeitigen Förderung von Kindkompetenzen, die dann vermutlich münden soll in einem vielfältig begabten, den globalen Erfordernissen leicht und geschmeidig angepassten Erwachsenen. Und hier nun kommt die Frage nach dem Ein- oder dem Ausgeschlossensein in einer Kultur wieder zurück; einer Kultur, die sich das Fördern auf die Fahnen geschrieben hat und dabei im Begriff steht, um des Erzeugens einiger zugegebenermaßen schöner Fähigkeiten willen einen guten Teil dessen zu opfern, was unsere Idee von Individualität ausmacht.

9. Das früh verengte Kind

Alles wirklich Böse beginnt in Unschuld. Natürlich hat niemand, der heute das frühe Erlernen von Sprachen empfiehlt, damit im Sinn, Kindern ihren Spielraum zu nehmen. Und doch sind dieselben Fachleute, die beklagen, dass es keine „richtigen" Spielzonen mehr gebe (gemeint sind vermutlich solche, wie sie die betreffenden Fachleute selber kennen gelernt haben) auch die, die nicht müde werden, das Lernpotenzial der ersten paar Lebensjahre zu betonen verbunden mit der Empfehlung, hier möglichst viele neuronale Verbindungen zu begünstigen, die später nur mit erheblich mehr Aufwand und mäßigerem Effekt zustande kämen.

Stimmt so etwas eigentlich? Ein bisschen, ja. Man lernt Sprachen früher leichter, soviel ist richtig. Andererseits verweisen, um einmal beim Beispiel „Sprache" zu bleiben, Schriftsteller wie Joseph Conrad (der polnisch aufwuchs und später einen erlesenen englischen Stil entwickelte) oder Samuel Beckett (ein Ire, der französisch schrieb) darauf, dass das nicht unbedingt ein Vorteil sein muss.

Immerhin ist es aber natürlich da ein Vorteil, wo man sich weltmännisch bewegen und global agieren muss. Und so ist die Idee hinter einem früh geförderten Sprachpotenzial zweifellos auch die, sich in einer anscheinend enger gewordenen Welt leichter multinational orientieren zu können. Auch der Vorteil des Erwerb anderer früh zu fördernder Kompetenzen leuchtet durchaus ein. Spielerisch zu rechnen und rasch zu abstrahieren, das ist in mancherlei Hinsicht ebenso hilfreich, wie beispielsweise früh „am Netz" zu sein und damit rasch und leicht (es ist ja nicht von Tennis hier die Rede) in die Welt mediengeleiteter Kommunikation hineinzufinden. Dazu noch der verständliche narzisstische Wunsch nach umfassender Könnerschaft ohne größere Mühe, den man hier auf die Kinder übertragen mag, und es stellt sich die Frage, warum und wieso es denn hier überhaupt irgendwelche Bedenken geben sollte.

Tja, warum? Beginnen wir so: Bei näherer Betrachtung jener Fähigkeiten, die uns von der Hirnforschung als förderungswürdig anempfohlen werden, fällt etwas auf. Es liegt nämlich eine auffällige Dominanz bei den kognitiven Funktionen, beim *Können* in einem praktisch verwendbaren, vorweisbaren Sinn.

Was dagegen seltsam fehlt, das sind emotional relevante Kompetenzen. Um ein paar Beispiele zu geben: Es existieren Förderprogramme für Sprachentwicklung und musikalische Instrumentenbeherrschung (wobei interessanterweise nicht das Komponieren gefördert wird, sondern das Können *am Gerät*), für das zeitige Entwickeln von Abstraktionsfähigkeit und von Selbstdarstellungsmodalitäten in sozialen Räumen. Dagegen existieren keinerlei Stützoffensiven für, sagen wir, Bindungsfähigkeit oder den konstruktiven Umgang mit Langeweile, für die Fähigkeit, zu sich selber zu stehen oder für etwas, was man „Liebesfähigkeit" nennen könnte.

Der Primat des Kognitiven gegenüber dem Emotionalen bewirkt etwas, was ich als „früh verengtes Kind" bezeichnen möchte. Denn indem der Ausbau von kognitiver Kompetenz gefördert wirkt, bewirkt er zugleich etwas, was man sich wie die Engführung eines Lebensstroms denken mag. Die Metapher vom Fluss, den man nicht schieben muss, ist eine bekannte Wendung aus der humanistischen Psychotherapie. Und mir scheint, dass Frühfördermaßnahmen auf dem kognitiven Feld genau dies versuchen: Den Lebensfluss eines Kindes zu schieben.

Man wird einwenden, so etwas gehe gar nicht, niemand könne ja einen Fluss wirklich schieben. Das stimmt aber nicht, es ist alles eine Frage der Technik. Würde man die Ufer eines noch jungen und in seiner Stromkraft schönen Flusses künstlich einander annähern, so bekäme man nämlich einen schnelleren, einen anscheinend dynamischeren Fluss, welcher unzweifelhaft „angeschoben" wäre. Dieser würde charakteristische Assoziationen hervorrufen, sportliche vielleicht, etwa die einer Rafting-Tour. Doch in seinem künstlichen

Gesteigert-Sein hätte er vieles verloren, sein Mäandern, seine Verspieltheit, sein Sich-Verströmen.

Die Frühförderpraxis der frühkindlichen Verengung nun bedingt tatsächlich genau dies: Sie trimmt, beschleunigt und steigert – um den Preis des Mäanderns, der Verspieltheit und des Sicht-Verströmens. Warum aber ist dies so? Ist denn die Fähigkeit zu lieben etwas so Überflüssiges? Braucht man das nicht, es mit der Langeweile aufzunehmen, ohne gleich Knöpfe zu drücken oder etwas zu tun, das „man kann"? Ist Bindungsfähigkeit, ist der Mut zu etwas wirklich Eigenem so verzichtbar geworden für uns, dass wir diese emotional relevanten Sphären für förderungsunwürdig halten?

Vielleicht nicht ganz, aber ein bisschen eben doch. Ich denke, dass die freundliche Fürsorge, die mit den Frühförderprogrammen nach vorn drängt, unbewusst geleitet ist von gesellschaftlichen Wünschen, die wiederum angepasst sind an die Modelle des globalen Kapitalismus. Denn im Sinne der kapitalistischen Doktrin, nach der nur das von Wert ist, was man nutzen kann, sind Bindungsfähigkeit (wenn es nicht gerade um Markenbindung geht) oder die Kompetenz, zu sich selber zu stehen (außer in einem Bewerbertraining, wo dann die Rahmenbedindungen schon wieder so vorgegeben sind, dass echte Individualität erst gar nicht erblühen kann) natürlich wertlos.

Hingegen ist es von Vorteil, mehrsprachig zu sein, wenn man global aktiv werden kann; sollte man abstrahieren können, um nicht allzu viele Fragen nach persönlichem Schicksal zu stellen; und müßte man endlich zu kanalisiertem Narzissmus geeignet sein, um diesen dann einer Unternehmensphilosophie unterzuordnen, welche ihn mit Inhalt versieht. Mit anderen Worten: Man braucht eine gewisse Herzlosigkeit und sollte zugleich den Prinzipien des auf sich selbst reflektierenden Gehirns verpflichtet sein.

10. Gehirn und Gesellschaft

Der Begriff „herzlos" mag unwissenschaftlich erscheinen, ist er doch durch Daten weit weniger zu füllen, als es die Vorgaben der Hirnkultur gebieten. Und so ist hier ein kleiner denkerischer Sprung vonnöten um zu zeigen, wie die Vernachlässigung des Emotionalen und die Förderung kognitiver Instanzen sich einhängen in ein Wertesystem, das nicht nur in seinen Forschungsinhalten vom Gehirn bestimmt wird, sondern dem das Hirn auch im symbolischen Sinn zur Orientierungsinstanz geworden ist.

Wie mag es dazu gekommen sein? Um hier Erkenntnisse zu gewinnen ist es zunächst hilfreich zu erkennen, dass moderne Kulturen das Bedürfnis zeigen, sich selbst zu etikettieren, sich zu benennen, mit Zeichen zu versehen und auf diese Weise selbst zu bestätigen. Dabei ist die Aufgabe, geeignete Benennungen zu finden, nicht zuletzt eine wesentlich Funktion der Sozialwissenschaften.

Doch nicht jede der Benennungen, die hierfür vorgeschlagen werden, gelangt zu allgemeiner Akzeptanz. Kann man – zum Beispiel – die von Beck (2003) suggerierte „Risikogesellschaft" wirklich wiederfinden? Passt der Begriff zu einer Kultur des Versicherungswesens? Und was ist mit der „Informationsgesellschaft", von der so oft die Rede geht? Ist es nicht vielleicht eine, in der Information so vielgestaltig und so vielfach manipuliert erscheint, dass Information eben gerade nicht das ist, was man bekommt? Haben wir am Ende eine „Opfer-Jammer-Kultur", wie Dörner (2003) das einigermaßen roh nennt?

Mir scheint, die Begriffe laufen sich tot an den Entwicklungen einer Gesellschaft, die doch eingebunden ist in ein weltweit agierendes kapitalistisches Netz. Und so werden die Bilder, die Zeichen, die Symbole womöglich mehr über eine Kultur aussagen können, als es die in Fülle produzierten Begriffe tun.

Jede Gesellschaft bildet Symbole. Manche dieser Symbole sind eher randständiger Art, in anderen diagnostiziert sich die Gesellschaft gewissermaßen selbst. Und ein solches Symbol, mit dem die Kultur aufwartet und über sich selbst spricht, ist gegenwärtig, wie ich glaube, das Gehirn.

11. Das Gehirn als Symbol

Das Gehirn ist gegenwärtig offenkundig mehr, als nur ein beliebter und interessanter Forschungsgegenstand. Der war es nämlich immer. Doch niemals zuvor war ein Präsident (die Rede ist von George Bush senior) darauf gekommen, eine Zeit (die 90er Jahre nämlich) zur „decade of the brain" zu erklären und damit den Startschuss zu geben für eine soziokulturelle Entwicklung, die dem Gehirn den obersten Stellenwert geben würde hinsichtlich alles dessen, was früher die Humanwissenschaften abhandelten.

Heute kann man die Folge in vielfältiger Weise spüren: Das Gehirn, das als Organ assoziiert wird mit Vernunft, Rationalität und Kontrolle, bietet sich als komplexe Chiffre dar für die Struktur kapitalistischer Gesellschaften; Gesellschaften, deren Entwicklung gegenwärtig durch einen Prozess schleichender Rationalisierung und Ent-Emotionalisierung geprägt wird.

In einem solchen Prozess nun wird das Organ, das man sich angewöhnt hat, einen „Bio-Computer" zu nennen, mehr sein können als nur ein Organ. Vielmehr wird es alle Fantasien von Umprogrammierung, von technischer Manipulation und rationeller Handhabung bedienen und damit zur Chiffre dessen werden können, was man sich unter einem Menschen vorstellt, der einer kapitalistischen Welt vollendet angepasst ist.

Zurück zur Förderpraxis, zurück zum früh verengten Kind. Wir können hier vorerst festhalten: Betrachtet man die Kompetenzen, die zur Förderung anstehen, und die Forschungsdisziplin selbst, die diese Förderungen empfiehlt, unter einem tiefenpsychologischen Blickwinkel, so könnte man versucht sein zu sagen, eine Wissenschaft, die sich mit einem Organ befasst, das symbolisch für Verstand, Analyse und kühle Rationalität steht, könne kaum anders, als eben menschliche Aspekte betonen, die mit Emotionalität wenig bis gar nichts zu tun haben.

Freilich wird es leicht geschehen können, dass eine Kultur, die sich das Hirn zur (symbolischen) Leitinstanz wählt, auch latente Ängste produziert, da sie entfremdet ist vom emotionalen Ganzen. Die Überbewertung kognitiver Funktionen erzeugt dann eine Schieflage, deren Folgen man vorerst nur erahnen kann. Wie aber kommt es überhaupt, dass wir uns über diese Folgen nicht sorgen, ja, dass wir anzunehmen scheinen, wir täten Kindern mit einer am Ideal der Multifunktionalität orientierten Förderungspraxis nur Gutes?

12. Herzlosigkeit als Folge von Angst

Wir stellten heraus, dass das, was an Frühförderungen appliziert wird, sich geradesogut als frühestmögliche Verengung der mentalen Strukturen eines Menschen anschauen läßt. Diese Verengung nun, diese Loslösung von emotionaler Kompetenz auf Geheiß von Eltern hin, die doch keineswegs herzlos sind, vielmehr das Beste wollen – diese Verengung erscheint mir als Folge eines Angstsystems, das der globalisierende Kapitalismus .mehr und mehr in seiner Mitte wachsen lässt.

Welche Angst es aber sein mag, die sich hinter den Frühförderprogrammen verbirgt? Nun, eine Angst wohl, die durchaus nicht im stillen Kämmerlein nistet – jene Angst nämlich, die seit PISA so groß ist und schon vorher latent durchschimmerte; die Angst also, im globalen Wettbewerb könne das eigene Kind zu den Verlieren zählen, wenn es nicht frühzeitig sprachgewandt, sexy und attraktiv, im Rechnen geschult, technisch versiert und an Musikinstrumenten entwickelt sei. (Wobei die musikalische Frühförderung mich sehr erinnert an das alte bürgerliche Ideal, nach dem der arbeitende oder hauswirtschaftende Mensch am Abend zur Entspannung ein wenig musizieren können soll.)

Ich gestehe, ich fürchte mich mehr vor dieser Angst, als vor dem, was den Nicht-Frühgeförderten passieren könnte. Denn ich glaube, dass hier erheblich größere Werte auf der Strecke bleiben werden – Werte freilich, deren Bedeutung in der kapitalistischen Welt so leicht nicht zu erkennen ist, weil sie nicht zu den verkäuflichen zu rechnen sind.

Wo wird es hingehen mit einer Kultur, deren Kinder so groß werden? Dass der Kapitalismus Werte mit Geldwerten verwechselt relativiert die Beziehung zu den Werten selbst. Da ist es keine seltsame Frage mehr, ob es – zum Beispiel – wirklich schlimmer sein wird, seinen Körper zu verkaufen, als, sagen wir, seine Fantasie?

Ich denke, es wird dahin kommen, dass Menschen, welche emotional kompetenter sind und sich zudem ihre Individualität bewahrt haben, die sozial Ausgeschlossenen von morgen sind. Angesichts einer Fülle von Heranwachsenden, die alle „International Management" studieren möchten und von denen ein Großteil dann bei Softdrinks im Call-Center sitzt, hat der an seinem eigenen emotionalen Strukturen geleitete Mensch kaum eine Chance, als zum Outcast zu werden.

Er hat allerdings auch etwas, was jene ihm vielleicht neiden mögen, nämlich eine weitgehende Freiheit jener Angst, die wie ein schwarzes Irrlicht durch die Diskussionen der Zeit blinkert. Angst, die durch PISA nur Futter bekam; Angst, deren hervorstechendstes Merkmal ihre Wandelbarkeit ist angesichts einer doch unterschwellig erahnbaren Grundstruktur: Angst nämlich, mit den Erfordernissen des globalen Kapitalismus nicht zurecht zu kommen; Angst vor Kindern, die nicht sprachfertig oder attraktiv genug sind; Angst vor Strukturen, die dem nicht optimal Angepassten ein Dasein im einsamen Irgendwo verheißen, aber jedenfalls kein angenehmes Leben im Hier.

13. Angsterzeugung als Bannsystem

Wie kann es dahin kommen, dass Angst zu einem Ratgeber wird, der dann Maßnahmen empfiehlt, bei denen so viel auf der Strecke bleiben kann? Warum eine Förderungspraxis, bei der der Zuwachs an Kompetenzen später mutmaßlich so viel – um mit Wolf Biermann zu sprechen – „Seelengeld" kosten wird?

Zum einen liegt dies wohl daran, dass es ein Bewusstsein über diesen zu zahlenden Preis noch nicht wirklich gibt. Zwar, man kennt das Klagen über die wenige freie Zeit, die den Kindern bleibt, um etwas zu entdecken oder aus sich selbst heraus zu entwickeln. Man kennt auch das Betonen, wie wenig man es schätze, dass die Kinder schon so früh eine solche Fülle von Terminen hätten. Und doch weisen alle Tendenzen darauf hin, dass dieselben Leute, die hier klagen und betonen, mit bester Absicht das Beklagte noch fördern werden.

So etwas ist natürlich überhaupt nicht neu. Es handelt sich ganz einfach um jenen blinden Fleck im psychischen Leben, den jeder von uns hat und der aber nur den anderen auffällt. Doch tritt in diesem Fall noch etwas hinzu. Das Erkennen des schwindenen Kinderfreiraums ist nämlich untergeordnet einem Schwinden von Freiraum überhaupt; und insofern sind Klage und Bedauern hier leer drehende Formeln angesichts einer größeren Kraft, eben der Angst, deren Motor wir nun näher beleuchten werden

Neuere Forschungen belegen etwa, dass die aufgeklärte Haltung, mit der wir Angehörigen anderer Kulturen begegnen, nur oberflächlich ist. Unsere Amygdala nämlich – eine kleine Zone in unserem Gehirn, die auch als „Mandelkern" bezeichnet und mitunter als emotionales Gedächtnis beschrieben wird

– unsere Amygdala ist immer dann sehr aktiv, wenn wir Andersfarbige erkennen. Weiß man, dass die Amygdala insbesondere für die Angst – wie auch für die Aggressionserzeugung mutmaßlich verantwortlich ist (vgl. hierzu besonders die Studien von Whalen et.al. 1998 und von LeDoux 2002), so ist dieser Befund hochbedeutsam.

Erkenntnisse wie diese nun signalisieren uns die Notwendigkeit des Achtsamseins gegenüber unserem Stamm- und Zwischenhirn. Sie machen aber auch einsehbar, wie leicht Angst in uns zu erzeugen ist, wenn Szenarien auf die Arbeitsweisen unserer tiefen Hirnregionen fokussieren. Die Amygdala spielt im Drama der Ängste eine Rolle, die dem Bewusstsein leicht entgeht. Und sie wirkt, suggestibel eingebunden, wie sie ist, auch auf jene Systeme ein, in denen unsere Erwartungen, Vorstellungen, Zukunftsmodelle entstehen.

Angst entspringt im sozialen Bereich der Erwartung verminderter Solidarität. In der Folge bewirkt sie dann für gewöhnlich das, was ihr Auslöser war, sie macht weniger solidarisch. Bei den Kindern angepasst-ängstlicher Erwachsener wird man sich diesen Prozess ungefähr so denken können: Die elterliche Erwartung, es werde weniger solidarisch zugehen, bewirkt eine Neigung, das Kind latent auf Konkurrenzfähigkeit zu trimmen. Dies wird natürlich nicht als trimmen verstanden, sondern als ein Ausstatten mit den notwendigen Mitteln, um im wirtschaftlichen Überlebenskampf durchzukommen. Zugleich wird eine Haltung vermittelt, die das solidarische Miteinander unterschwellig torpediert und dem Kind jene Faktoren, die diese Solidarität triggern – Mitgefühl, Bindungsfähigkeit, sowie eine Selbstaufmerksamkeit hinsichtlich zarterer Gefühle – verdächtig macht, da es sie in all dem Förderwahn eben *nicht* gefördert findet.

Die Hirnforschung hat uns nun Belege gegeben, nach denen nun zum Beispiel klar zu sein scheint, dass die Prägungen früher Kindheit sich in den Gehirnstrukturen niederschlagen (hierzu etwa Hüther 2001). Sie zeigt aber mit Erkenntnissen wie der eben genannten auch auf, wie leicht angesichts der Globalisierung archaische Ängste vorm Fremden, vorm potenziellen Konkurrenten wieder aufflackern können gerade da, wo man sie durch allzu bewusste Toleranz eingedämmt sah.

Was wird die Folge sein? Nahe liegend ist zweierlei, und beides hat zu tun mit den unter Punkt VIII. skizzierten Verlockungen des Kontrollierens, deren eine Variante die Frühförderung werden mag – und deren Gegenstück jene Früherkennungssysteme für eventuelle spätere Verbrecher sein werden, von denen heute schon ein renommierter Hirnforscher wie Gerhard Roth (2003) ganz unverhohlen fantasiert. Bei Modellen wie diesen aber, die eben nur einer Angst entspringen, ist anzunehmen, dass die Krankheitskreativität unserer Gehirne uns noch Entwicklungsangebote machen wird, die weit über das hinausgehen, was gegenwärtig an Möglichkeiten im Raum steht.

14. Individualität als Problem

Wenn wir hier von jenen Prägungen sprechen, in denen der Bezug zu einem Kultursystem zugleich der Bezug zu einer Wissenschaft vom Menschen – in diesem Fall vom menschlichen Gehirn – wird, dann lohnt ein Blick nach Osten. Der Sozialpsychologe Richard Nisbett (2004) hat die unterschiedlichen Denkstrategien von westlich und östlich (er meint natürlich nicht den deutschen Osten, sondern Asien) geprägten Menschen betont und dabei bei östlich Geprägten die Feldwahrnehmung und den Sinn für die Besonderheit von Situationen hervorgehoben, während er bei den westlich Geprägten vor allem die Tendenz zur Generalisierung und zur Abstraktion (zur Induktion könnte man sagen) findet. Man könnte ergänzen, dass es neben diesen Denkstilen unterschiedliche Wahrnehmungen dessen gibt, was eine Person denn sei, und damit wird eine Brücke entstehen zu dem, was uns seit der Aufklärung immer lieb und teuer war, nämlich die Wahrnehmung und Förderung des Individuellen.

Was wird aus ihm werden, dem Individuum, in einer Kultur der Frühförderung und – früher oder später – der Frühkontrolle? Der verstorbene Hirnforscher Detlef B. Linke erklärte einmal, Hirne unterschieden sich wie Gesichter (vgl. Linke (2004). Man kann sich nun fragen, ob diese Individualität auf die Dauer noch ein Segen sein wird, da wir doch den Trend zur Vereinheitlichung alle schon spüren? Oder wirft die Individualität bereits spezifische Gefahren auf, weil sie eben abhebt und so auch zur Zielscheibe machen kann?

In den vorangegangenen Passagen zur Rolle der Angst und zur Bedeutung älterer Hirnregionen für unser Miteinander wurde ersichtlich, dass es hilfreich ist, die physiologisch beigegebenen Parameter hinsichtlich der Frage nach sozialer Inklusion oder Exklusion mit zu berücksichtigen. Dies mag nun auch hier, wo es um die Frage nach dem Individuellen geht, gültig sein.

Wie der Hyänenforscher Hans Kruuk (1972) einst zeigte, werden Herdentiere, die man mit Farbe von ihren Artgenossen abgehoben hat, bei Angriffen unweigerlich getötet, während die nicht markierten Tiere eine gute Chance haben, am Leben zu bleiben. Kann das Gehirn da seiner eigenen Individualität gewachsen sein – oder vielmehr, kann es der Individualität anderer Gehirne gewachsen sein?

Die Antwort ist wohl die, dass wir mit neuen Formen des sozialen Exkludierens zu tun bekommen werden, die dann mit der Ausformung spezifischer Gehirnfunktionen zusammen hängen werden, die nicht den Erfordernissen der von Geldwerten durchströmten Warenwelt entsprechen. Die Erwartung technischen Fortschritts in den Sphären des Mentalen ist ja auf eigentümliche Weise legiert mit der Vorstellung archaischer Strukturen.

Man kann dies selbst bei jenen finden, die doch aufgrund ihres eigenen Hintergrunds anders orientiert sein müssten. Timothy Leary beispielsweise, den wir oben erwähnten, vertrat, obwohl Beschwörer von „Mehrfachwirklichkeiten", Propagierer bewusstseinserweiternder Drogen und wissenschaftlicher Outcast, doch die Ansicht, dass an die Stelle der modernen Gesellschaftsordnungen wieder die Ordnung der Stämme treten werde.

Das wird nun niemanden wirklich begeistern, dem an der Freiheit des Bewusstseins etwas liegt. Denn die paar Beispiele, die es für eine Wiederkehr des Stammhaften gibt, sind nicht allzu verlockend. Unter anderem belegen sie, dass der Individualität auch dort keine Bresche geschlagen wird – es sei denn, man verfügt über die Potenz, sich eine Schlüsselposition im Stamm zu sichern, also beispielsweise – möglicherweise Learys Fantasie – eine Art moderner Medizinmann zu werden.

Andere aber könnten herausfallen aus dem Gefüge, oder aber man versuchte, sie zurückzubringen auf das Niveau des Allgemeinen. Andere würden dauerhaft einsam bleiben, Herausgefallene: Jene etwa, die hinsichtlich von Medien eine inhaltliche Kompetenz entwickelt hätten, wobei diese ganz unabhängig sein könnt von jeder Fähigkeit, die technischen Instrumente zu bedienen. Ihre Streben nach emotionaler Stimmigkeit und Individualitätsbeharren würde von ihnen dann ein Abstandhalten fordern, dass sie zu modernen *loner* machen würde, Weiterziehenden, von denen wir zwei nun näher betrachten werden.

15. Lederstrumpf und Jack Sparrow

Es gibt immer Modelle für solche, denen der eigene Lebensentwurf wichtiger ist, als das Verharren im gesellschaftlichen Plasma. Angesichts einer sich ausbreitenden technizistischen Welt schlägt hier die Stunde des Romantikers, dessen Eigenheit dann wieder Vorbild wird für andere, die sich anhängen und seinen Geist als Ikone in die Kultur zurücktragen.

Kulturen, die auf Ausweitung und in der Folge auf Breitenanpassung setzen, produzieren in Genres, die sich dem Romantischen verpflichtet wissen, eigentümlicherweise oft Figuren, die ihre Individualität retten, indem sie zu Flüchtigen werden. Zu solchen Gestalten wird dann im Roman oder im Film gesagt, sie gehörten zu „einer aussterbenden Art". Der Lederstrumpf Natty Bumpoo ist so einer, wenn er von der Ostküste und den Wäldern um Hudson immer weiter gen Westen muss, vor der Zivilisation davon und ihr zugleich doch immer voraus; ein Konservativer, welcher dem Progress den Weg freimacht.

Auch ein Held der Blockbuster ist so einer; Piratenkapitän Jack Sparrow nämlich, gespielt von Johnny Depp in der Trilogie „Pirates of the Caribbean". Den Gesellschaften, die das Meer und den Handel beherrschen, will er als nur sich selbst verpflichteter Pirat entkommen. Versuche, ihn in Dienst zu nehmen, scheitern ebenso wie die häufigeren anderen, ihm das Lebenslicht auszublasen.

Und so sehen wir ihn am Ende von Teil III. allein sich davonmachen in seinem Dingi, die Rumflasche in Griffweite, romantisch, mannschaftslos und ein lächelndes Sehnen derer, die sich allezeit gebunden wissen.

Schließe dich aus, ehe du ausgeschlossen wirst! So in etwa könnte man das Credo des Outlaws formulieren, der sich an die Gesetze einer Kultur, die nicht die seine mehr ist, nicht zu halten gewillt ist. In gewisser Weise ist dies nichts weiter als ein psychisches Überlebensmodell, dem freilich ein Charme anhaftet, der über das hinausgeht, was wir mit Überlebensmodellen normalerweise verbinden.

Vielleicht liegt dies daran, dass man in jenen, die sich selbst auszuschließen vermögen, eine ungewöhnliche Souveränität wahrnimmt. So verfügen sie etwa über eine Kompetenz, Positionen fallen lassen zu können, ohne sie doch dem Konsens anzupassen. „Man muss starke Überzeugungen haben – und sie dann verwerfen." – so der Regisseur Peter Brook (2003), ein Mann, der mit seinen neuen Shakespeare-Spielweisen bekannt wurde und später etwa in den Inszenierungen von neurologischen Fallstudien Oliver Sacks' Grenzen überschritt.

Und vielleicht wird man auch anders fragen müssen: Welche Individualität denn? Denn wenn wir annehmen, dass aus den Maßnahmen der Frühförderung wirklich ein anderes Kompetent-Sein erwächst, und wenn wir hinzufügen, dass es Visionen gibt, nach denen diese Fördermaßnahmen massenhaft appliziert werden könnten, dann wäre in der näheren Zukunft bereits mit Menschenwesen zu rechnen, die sich vielleicht auf eine seltsame Weise zu ähneln beginnen würden. Oder?

16. Neue Psychotherapie und neue Pädagogik

Wir hätten aufmerksam sein können. Wenn vielgekaufte Zeitschriften zum Beispiel – sagen wir – „Shape" heißen, dann macht die Kultur eine Aussage über sich selbst, wie sie es auch in den 80ern tat, als es „Tempo" hieß oder in den frühern 70ern, als es den „Pflasterstrand" gab. So etwas sind kulturelle Schlaglichter, gewiss. Und doch sind sie als Marker eines gesellschaftlichen Klimas ebenso bedeutsam wie die Filme, die gesehen, die Speisen, die zu sich genommen, und die Figuren, die zur strukturbildenden Öffentlichkeit werden.

Es zählt zu den schlechten Witzen der Geschichte, dass die Feinde des Angepasst-Seins, die 68er, Wegbereiter wurden für Strukturen, in denen ohne größere Anpassung nichts mehr erreichbar zu sein scheint. Vielleicht, so könnte man meinen, ist es das eigene Anpassen und Aufgehen in der kulturellen Strömung, dass es dann den Bekannteren von ihnen – den Regierenden beispielsweise – so einfach machte, neue Strukturen des Shapens zu entwickeln.

Etwas zu shapen bedeutet, etwas auszuformen; etwas, was auch ein Verhalten sein kann. Und so lässt sich die Frühförderung auch als eine Maßnahme ansehen, die – vergleichbar der früheren Leibeserziehung der Jungen, die aufs Militär vorbereitete, das dann die „Schule der Nation" war – als eine Maßnahme also, die frühzeitig aufs kapitalistisch Vorgegebene drillt, ohne freilich Drill zu benutzen, denn wo Spaß mit Perspektive verbunden wird, da werden wir geformt, und wir merken es nicht.

Bei allem Netten und Munteren, mit dem die Frühfördermaßnahmen einhergehen: Mir scheint, Kontrolle der emotionalen Erweiterungsbedürfnisse eines Kindes dürfte niemals – auch durch die verständliche Angst der Eltern nicht, noch weniger aber durch die Profilierungswünsche der Erziehungsinstitutionen – irgendwie legitimiert werden. Denn im globalen Kapitalismus ist es leicht, hässlich leicht, Übergriffe zu rechtfertigen, da infolge der Globalisierung der Eindruck entstanden ist, wir hätten es mit so etwas wie einem Ausnahmezustand zu tun – einem Zustand, von dem der Agamben (2004) sagt, es handle sich um einen legalen Zustand dessen, wofür es keine legale Form gebe. Und in einem solchen Zustand erscheinen psychische Shapings vernünftig und realitätsorientiert und keineswegs als die emotionalen Behinderungspraktiken, die sie in Wahrheit sind.

Ich denke, dass eine Umformatierung des Begriffs „social excusion" hinsichtlich des psychischen Feldes vor diesem Hintergrund nicht nur Sinn macht, sondern notwendig ist. Für mich als Psychologen ist angesichts einer Kultur, deren leitende Forschungsdisziplin, die Hirnforschung, im Begriff ist, neue soziale Fakten zu erzeugen eine Wandlung des sozialen Feldes ohne eine Erhellung psychischer Räume und ihrer unbewussten Möblierung kaum denkbar.

Die Erfahrung und ein gewisser Überblick über die Geschichte der Psychologie lehren, dass die wesentlichen Entwicklungen des Menschenbildes und der zwischenmenschlichen Kulturen für gewöhnlich nicht an Lehrstühlen vorbereitet werden, sondern von einzelnen, selbst sehr für sich stehenden. So ist es kein Zufall, dass die Psychoanalyse ebenso wie die Montessori-Pädagogik, die Antipsychiatrie Ronald D. Laings ebenso wie die antiautoritäre Erziehungskonzeption A.S. Neills, die humanistische Psychotherapie ebenso wie die das *tâtonnement experimental* des Célestin Freinet abseits der Lehrstühle und der offiziellen Lehrmeinungen entstanden: Modelle wider den sozialen Konsens auch sie, die sowohl für verändertes Bewusstsein, als auch für Individualitätsbeharren und endlich für emotionale Stimmigkeit stehen. Also genau für jene drei Faktoren, die wir eingangs als psychisch bedeutsame Ausschlussmodalitäten erkannten, und deren Ressourcencharakter vor dem Hintergrund des ewigen Gleichschalten-Wollens der mehr oder minder offen totalitären Systeme unverzichtbar bleibt.

Es wäre ein Fehler zu übersehen, dass die Debatten über Frühförderung und ihren neuronal-politischen Begünstigungshintergrund parallel stattfinden zu jenen, in denen es um die Schaffung neuer Eliten geht. Solche Debatten stellen das Individuum und insbesondere seine Freiheit meist weit hinten an, denn allein die Idee der Elite inkludiert ja das Feld, in dem man eben Elite ist. Und so wäre es in absehbarer Frist wohl Zeit für eine neue Reformpädagogik, die, weder dem Elitegedanken verpflichtet, noch von der Angst vorm sozialen Absturz gelenkt, zeitgemäße Varianten erschlösse, emotionale Strukturen sanft reifen zu lassen, so dass dann das Eigene des Kindseins wieder in eine Eigenheit des Erwachsenenlebens zu münden vermag.

Literatur

Agamben, G.: Ausnahmezustand (Homo sacer II.1). Frankfurt am Main 2004
Beck, U.: Risikogesellschaft. Frankfurt am Main 2003
Bourdieu, P.: Ein soziologischer Selbstversuch. Frankfurt am Main 2002
Brook, P.: Zwischen zwei Schweigen. Gespräche mit Peter Brook. Herausgegeben von Dale Moffitt. Berlin 2002
Dörner, K.: Die Gesundheitsfalle. Woran unsere Medizin krankt. Zwölf Thesen zu ihrer Heilung. München 2003
Hüther, G.: Psychoanalyse und Neurowissenschaften – Die neurobiologische Verankerung von Erfahrungen. In: Psychosozial, IV, 86, 2001
Kruuk, H.: The Spotted Hyena. A Study of Predation and Social Behavior. Chicago 1972
Linke, D. B.: Gehirne unterscheiden sich wie Gesichter. In: Psychologie heute, Heft 6, 2004, S. 47
Milzner, G.: Die Poesie der Psychosen. Zur Hypnotherapie des Verrücktseins. Bonn 2001
Milzner, G.: Das nicht verwendbare Kind. Suggestionen zu AD(H)S. In: Sozialpsychiatrische Informationen, Heft 3, 2006, S. 24–32
Nisbett, R.: Der Drachen und die Mickymaus. In: Psychologie heute, Heft 2, 2004, S. 52–53
Paulus, J.: Lernrezepte aus dem Hirnlabor. In: Die Zeit, Nr. 38, 2003, S. 35–36
Roth, G.: Fühlen, Denken, Handeln. Wie das Gehirn unser Verhalten steuert. Frankfurt am Main 2003
Spitzer, M.: Vorsicht Bildschirm! Elektronische Medien, Gehirnentwicklung, Gesundheit und Gesellschaft. Stuttgart 2005
Strauss, B.: Orpheus aus der Tiefgarage. In: Der Spiegel, Heft 9, 2004, S. 164–166

„Und ich, ich mit meiner schlechten Gesellschaft"
Eine Roma-Frau erzählt ihr Leben

Kora Kaminski

Das von mir gewählte Thema resultiert aus meiner fast zehnjährigen Arbeit mit Roma-Flüchtlingen in Köln. Die Begeisterung und das starke Engagement für diese Volksgruppe entstanden schon in meiner frühen Kindheit und wurden in meiner Arbeit verstärkt. Durch meine Arbeit mit Flüchtlingen konnte ich verschiedene Roma-Gruppen aus dem ehemaligen Jugoslawien kennen lernen und Einblicke in deren verschiedene soziokulturelle Unterschiede gewinnen. Meine Mutter kommt aus Skopje, der Hauptstadt Mazedoniens, und ist in einem Wohnviertel aufgewachsen, wo neben der Mehrheitsbevölkerung der slawischen Mazedonier auch viele Albaner und Roma-Familien gemeinsam nebeneinander leben. In der Nachbarschaft schloss ich als Kind Freundschaft mit einer Romni. Dies ermöglichte mir die ersten Kontakte und Einblicke in das Leben dieser und anderer Familien. Meistens leben die Roma in Deutschland unter der Armutsgrenze, genießen keine oder nur unzureichende Schulbildungen und Romanes, ihre Sprache, existiert noch nicht lange in schriftlicher Form. Aufgrund meines oben beschriebenen unmittelbaren Zugangs ergab sich für mich die Möglichkeit, diese Arbeit nicht nur auf das ausschließliche Studium von Literatur zu stützen. Nach längerer Überlegung kam mir die Idee, eine Biografie zu schreiben, weil mir der Gedanke gefiel, authentisches Material zu verwenden. Ich wählte die Form eines offenen Interviews.

1. Roma in Deutschland

Je nach Quelle leben etwa 70 000 bis 130 000 Roma (vgl. Djuric 1996, S. 212 f) in Deutschland. Die enorme Spannweite dieser Angaben ist bezeichnend für die unsichere Faktenlage. Unter ihnen sind viele alteingesessene Roma und Sinti mit deutscher Staatsangehörigkeit, die um die Jahrhundertwende vom neunzehnten zum zwanzigsten Jahrhundert eingereist sind, und zum anderen viele Roma-Flüchtlinge unterschiedlicher Gruppenzugehörigkeit aus dem südosteuropäischen Raum (vgl. Reemtsma 1996, S. 59 f). Hinzu kommen zahlreiche Roma aus Südeuropa, darunter die meisten aus dem ehemaligen Jugoslawien, die sich im Zuge der Arbeitsmigration in den siebziger Jahren hier niedergelassen haben und ein dauerhaftes Bleiberecht besitzen. In den neunziger Jahren des zwanzigsten Jahrhunderts kamen während des Bürgerkriegs im ehemaligen Jugoslawien sehr viele Roma als Flüchtlinge nach Deutschland. Die Roma aus dem ehemaligen Jugoslawien oder anderen osteuropäischen Länder besitzen die

Staatsangehörigkeit des jeweiligen Herkunftslandes oder sie sind staatenlos. Etwa 20 000 Roma in Deutschland besitzen die deutsche Staatsangehörigkeit (vgl. Marten-Gotthold 1998, S. 20 f). Die meisten Roma in Europa leben unter viel schlechteren Lebensbedingungen als die Mehrheitsgesellschaft.

1.1 Schule und Ausbildung

Ein großer Teil der Roma sind Analphabeten. Der Anteil von Frauen liegt hier wesentlich höher als der von Männern. Ein großer Anteil von Roma Kindern, ca. 25 bis 30%, besucht die Sonderschule. Bei den Kindern der Mehrheitsgesellschaft liegt dieser Anteil nur bei etwa drei Prozent (vgl. Marten-Gotthold 1998, S. 47). Der unregelmäßige Schulbesuch und die generellen Schulprobleme lassen sich durch die Diskriminierung, welche die Kinder in der Schule durch ihre LehrerInnen und MitschülerInnen erleben, teilweise erklären. Auch die fehlende Einsicht der Roma, dass der Schulbesuch der Kinder positiv für die späteren ökonomischen Möglichkeiten ist, trägt mit dazu bei, dass Roma-Kinder nicht oder nur unregelmäßig eine Schule besuchen. Die Schulen, welche die Kinder besuchen, sind oft mit der Anwesenheit der Roma-Kinder überfordert. Sie sind zudem häufig nicht ausreichend qualifiziert, um auf die speziellen Bedürfnisse dieser Kinder einzugehen. Häufig bleiben die Kinder auch dem Schulunterricht fern, weil sie gerade auf jüngere Geschwister aufpassen müssen, oder eines der Geschwister krank ist. Auch ein Verwandtschaftsbesuch oder ein Familienfest rechtfertigt in den Augen der Eltern das Fernbleiben vom Unterricht (vgl. Liegeois 1999, S. 107). Die sprachlichen Schwierigkeiten der Roma-Kinder, sowie die oft fehlende Frühförderung und die schlechten Wohnverhältnisse, tragen zusätzlich zum schulischen Misserfolg bei.

1.2 Erziehung

Die Erziehung der Kinder in den Roma-Familien darf nicht anhand der Maßstäbe für die übliche Erziehung in der Mehrheitsgesellschaft bewertet werden. Vielmehr wird die Erziehung in den Roma-Familien nur vor ihrem kulturellen Hintergrund verständlich und ist auch nur vor diesem einzuordnen. Die wichtigsten Erziehungsprinzipien in Roma-Familien bei der Erziehung ihrer Kinder sind die Werte: Autonomie, Gemeinschaftssinn und Verantwortlichkeit: „Die Erziehung des Kindes gehört bei Sinti und Roma zu einem System, dessen verschiedene Elemente ein organisiertes Ganzes bilden und dort weder zufällig noch entbehrlich sind, wie dennoch oft behauptet wird. Im Leben der Sinti und Roma dreht sich alles um die Familie als Grundeinheit der sozialen Organisation, als ökonomische und erzieherische Einheit." (Liegeois 1999, S. 71). In den

Familien, die mehrere Generationen umfassen, werden die Kinder kollektiv erzogen. In dieser Konstellation stehen die einzelnen Familienmitglieder zu einander und nicht gegeneinander. Als fester Bestandteil kann das Erlernen sozialer Verhaltensweisen angesehen werden. Die Familienmitglieder wachsen in ein System gegenseitiger Verpflichtungen hinein und nehmen, ihrem Alters- und Erfahrungsstand gemäß, verschiedene Positionen in diesem System ein (vgl. Brombach 1995, S. 48 f). Hier findet auch ihre Sozialisation statt. Die Gruppe bietet ihnen Zusammenhalt und Sicherheit. Das Kind lernt in und von der Gemeinschaft, in der es lebt. Es lernt, die Erwachsenen zu respektieren und wird von ihnen ebenso respektiert. Kinder werden frei und ohne Pflicht zum Gehorsam erzogen, jedoch werden sie durch die Gruppe und ihre Werte einer ständigen Kontrolle ausgesetzt, die ihr Leben innerhalb der Gruppe und mit ihrer Außenwelt regelt. „Die affektive und emotionale Komponente des Lernprozesses ist wichtig, und die Scham, die ein Kind empfindet, dass sich falsch verhalten hat, ist viel wirksamer als die körperliche Züchtigung, die sehr selten angewandt wird." (Liegeois 1999, S. 71). Das Individuum definiert sich durch seine Gruppe. Niemand kann für sich etwas beanspruchen, was ihn über seine Gruppe erhebt. Eine Steigerung des Sozialprestiges kann nur durch die Gruppe erfolgen, alles Handeln ist daher auf die Gruppe und ihre Wertschätzung gerichtet. Das soziale und psychologische Dasein einer Person basiert allein durch die Bindung an die anderen (vgl. Liegeois 1999, S. 71). Der Schulbesuch eines Kindes wird als Trennung von der Gemeinschaft empfunden. Die Schule ist für das Kind und die Eltern ein Teil der fremden Außenwelt (vgl. Liegeois 1999, S. 72). Die Außenwelt ist, da sie mit der Gesellschaft der Roma weitestgehend inkompatibel ist, eine für Roma Konflikt beladene Umgebung. Es fällt Roma daher schwer, ihre Kinder dieser Umgebung auszusetzen. Nicht, dass sie es nicht schätzen würden, dass ihre Kinder Fähigkeiten wie Lesen und Schreiben sowie Wissen erwerben, aber der Konflikt zwischen der traditionellen Wertewelt der Roma und der Außenwelt bleibt bestehen. Die Angst, dass die Kinder in der Schule der Gadzos Einflüssen ausgesetzt sind, die ihr Überleben in der eigenen Gesellschaft zumindest erschweren, wenn nicht unmöglich machen, erscheint verständlich. In Ermangelung anderer Strukturen wie politischer Macht, wirtschaftlichen Gewichts oder eines eigenen Territoriums, garantiert einzig die Tradition den Zusammenhalt der Roma-Gesellschaft und damit das Überleben jedes Einzelnen. Dies erklärt das starke Festhalten der Roma an ihrer Tradition, da jede von außen aufgezwungene Änderung der Tradition von ihnen als Angriff auf den Lebensnerv der Roma-Gesellschaft angesehen werden muss. Vor dem Hintergrund derzeitiger Debatten über die Integration von Ausländern muss an dieser Stelle daran erinnert werden, dass die Roma seit Jahrhunderten Bestandteil der europäischen Kultur sind und dieses Territorium besiedeln. Eine Anspruchshaltung zur Integration der Roma in die jeweiligen Residenzgesellschaften ist daher unbegründet. Kinder lernen die beruflichen Kenntnisse in der

Gemeinschaft, dabei werden die Aspekte der allgemeinen Erziehung nicht ausgelassen. Sie begleiten ihre Eltern bei der Arbeit und fungieren zunächst als Helfer und sammeln Erfahrungen. Dies gilt gleichermaßen für Mädchen und Jungen. Hier begleiten Mädchen ihre Mütter und die Söhne ihre Väter. Es kann vorkommen, dass Eltern ihre beruflichen Aktivitäten ausweiten, um ihren Kindern ein möglichst breites Spektrum an Erfahrungen bieten zu können (vgl. Liegeois 1999, S. 72). Diese frühe Arbeit wertet die Kinder und ihr Ansehen in der Gemeinschaft auf, da sie aktive Mitglieder dieser Gruppe sind.

2. Nazifa Tamic: Ein dramatisches Leben

Das Interview mit Frau Nazifa Tamic wurde in einem Zeitraum von eineinhalb Monaten durchgeführt, nämlich von Mitte August bis Ende September 2004. Der relativ lange Zeitraum ergab sich aus den schwierigen räumlichen Bedingungen, in denen das Interview geführt wurde, und der psychischen Belastung von Frau Tamic, die die Länge der Sitzungen begrenzte. Wie bei jedem anderen, stellt das Erzählen des eigenen Lebens eine Konfrontation mit sich selbst dar, eine Form der Auseinandersetzung, die die Qualität des bloßen Nachdenkens über sich weit übersteigt. Für Frau Tamic war es das erste Mal, dass sie ihre Lebensgeschichte jemand anderem so ausführlich und detailliert schilderte. Das Interview musste daher einige Male abgebrochen werden, wenn die Belastung für Frau Tamic zu groß wurde.

2.1 Frühe Kindheit

„Als meine Eltern erfahren haben, dass ich nicht nur betteln gehe, sondern auch einbrechen..., habe ich eine Tracht Prügel gekriegt mit den Worten: „Ach so machst du das also. Ja, dann geh jetzt klauen, so, damit wir es auch wissen, damit wir wissen, wem du das Geld nach Hause bringst." Schon in ihrer frühen Kindheit musste Nazifa Tamic ihre Eltern finanzieren. Sie wurde von ihren Eltern zum Betteln gezwungen. Dieses geschah unter Androhung körperlicher Strafe, und sie wurde auch bestraft, wenn sie das festgelegte „Soll" nicht nach Hause brachte. Da es für sie sehr schwierig war, die geforderte Summe durch Betteln zu erreichen, und ihre Angst vor der elterlichen Bestrafung groß war, war für sie die Versuchung groß, ihre „Einnahmesituation" durch Einbrüche und Diebstahl zu verbessern. Durch das latent kriminelle Umfeld hatte sie hierzu auch einen erleichterten Zugang. Man kann nicht sicher davon ausgehen, dass ihr in diesem kindlichen Alter bewusst war, dass dieses kriminelle Verhalten von der Residenzgesellschaft nicht akzeptiert wird. Nazifa „erlernt" das kriminelle Verhalten von ihrer älteren Freundin. In ihrem direkten Umfeld stellt sich Diebstahl als etwas Normales dar. Als sie zum ersten Mal von der Polizei erwischt wird, erfahren ihre Eltern, die bis zu diesem Zeitpunkt glaubten, dass das täglich abgelieferte Geld vom Betteln stamme, von den Diebstählen ihrer Tochter. Doch anstelle des zu erwartenden Verhaltens seitens der Eltern, also das kriminelle Handeln zu sanktionieren und nach den Hintergründen zu fragen, geschieht etwas völlig anderes. Sie wird zwar von den Eltern bestraft, aber nicht weil sie andere bestohlen hat, sondern weil sie einen Teil des Geldes für sich behalten hat. Von ihren Eltern wird ihr kriminelles Verhalten nicht als Norm verletzend gestraft, sondern es wird sogar verlangt. In ihrem Umfeld erscheint es als normal. Ihre Sozialisation durch die Eltern und durch die Freundin stehen somit im Konflikt mit der Gesellschaft. Vor dem Hintergrund, dass Sozialisation aber bedeutet, den eigenen Willen mit den Normen der Gesellschaft abzustimmen, um Konflikte mit dieser zu vermeiden, kann man Nazifas Sozialisation als defizitär bezeichnen. „Und damals habe ich angefangen zu klauen, erst da. Ja, genau so war es. Ich wollte mehr Geld nach Hause bringen, damit mich meine Mutter nicht verprügelt." Mit diesem Geld konnte Nazifa zum ersten Mal Sachen für sich und ihre Geschwister kaufen, die ihr und ihren Geschwistern von den Eltern verwehrt wurden. Ihre Eltern erlaubten ihr den Schulbesuch nicht, da sie sonst kein Geld hätte beschaffen können. Ob das von Nazifa beschaffte Geld für das Überleben der Familie notwendig war oder nicht, kann nicht mehr geklärt werden. Glaubt man jedoch Nazifas Ausführungen, ist sie die einzige unter den Geschwistern, die zum Betteln und Klauen gezwungen wurde und die einzige, die durch ihre Eltern misshandelt und missbraucht wurde. Von ihren Eltern wurde ihr keinerlei Unrechtsbewusstsein für ihr Handeln vermittelt. Erst durch die darauf folgenden ständigen Konflikte mit den Normen der Gesellschaft und den damit einhergehenden Sanktionen durch Polizei und Justiz, die Unterbringung in Erziehungs- bzw. in Strafwohnheimen, beginnt sich bei ihr ein Unrechtsbewusstsein zu formen. „Und ich, ich mit meiner schlechten Gesellschaft, und vielleicht, wenn ich nicht solche Eltern hätte, gehabt hätte, vielleicht hätte ich es auch nicht getan." Im Rückblick versucht sie in diesem Zeitabschnitt, in dem sie noch bei den Eltern wohnt, ihr Handeln nicht durch soziale Not zu entschuldigen. Sie macht vielmehr ihre Eltern und ihre Freundin als Vermittler von falschen Leitbildern verantwortlich. Im Gegensatz hierzu versucht sie die Diebstähle, die sie im Erwachsenenalter beging, mit Geldnot zu begründen. Sie führt hierzu an, dass dies nur dann der Fall gewesen sei, wenn ihre anderen Einnahmequellen wie Gelegenheitsarbeit oder der Verkauf von Rosen oder Hausrat wie Wäscheklammern und ähnliches nicht ausreichte. „Ich habe nicht immer geklaut. Nicht immer. Manchmal, verstehst du? Wenn ich Geld gebraucht habe. Manchmal hat es mich gezogen, es zu tun. Manchmal nicht." Die Betonung darauf, dass Diebstahl nicht als normale Einnahmequelle angesehen wird, macht deutlich, dass Nazifa sich ihres Norm verletzenden Verhaltens bewusst ist. Sie versucht, es im Interview mehrmals zu entschuldigen, und sich für ihr Verhalten zu rechtfertigen. Allerdings ist ihre Haltung in diesem Punkt nicht konsequent. Es wäre sicher verständlich, wenn sie ihr kriminelles Handeln stets durch existentielle Not erklärt hätte, dem hätte man Glauben schenken können oder nicht. Sie gibt aber auch offen zu, zumindest teilweise Diebstahl und Einbruch aus Abenteuerlust oder als den einfacheren Weg der Geldbeschaffung begangen zu haben. Damit bestätigt sie, dass die Verführung für sie groß war, auf diese Weise einfach an Geld zu kommen. Bemerkenswert ist der Zwiespalt, in dem sie sich mit ihrer Einschätzung und ihrem Handeln zu diesem Thema befindet. Bei ihren eigenen Kindern achtet sie streng darauf, dass diese nicht kriminell werden. Für sich selbst und zur Geldbeschaffung für ihre Familie, erscheint ihr das kriminelle Verhalten jedoch akzeptabel. Auf den ersten Blick erscheint dieses Verhalten widersprüchlich. Allerdings findet es sich als ebenso widersprüchliches Muster in ihrer eigenen Sozialisation wieder. In ihrer Kindheit wurde sie durch die Eltern im kriminellen Verhalten zum Sichern der familiären Existenz bestärkt. Zu einem späteren Zeitpunkt gerät sie mit den Institutionen der Gesellschaft in Konflikt, die im Widerspruch zu der zunächst erfahrenen Sozialisation das kriminelle Verhalten sanktionieren. Für sie sind demnach zum gleichen Sachverhalt vollkommen konträre Erfahrungen prägend. Für die Erziehung ihrer Kinder wählt sie dabei die aus, die auf sie länger wirkte und aktueller ist. „Ich habe meine Kinder auch in Italien nicht geschickt, zum Klauen oder Betteln... Meinen Mann auch nicht, nur ich. Nur ich. Nur ich. Die sind keine Diebe. Ich habe es nicht erlaubt, dass meine Kinder Diebe werden." Insofern versucht sie, ihre Kinder so zu erziehen, dass sie keine Konflikte mit der Gesellschaft haben sollen. Die Wirkung, die ihr Verhalten auf die Sozialisation ihrer Kinder hätte, wenn sie bei ihrer Mutter kriminelles Verhalten erlebten, bedenkt sie allerdings nicht. Sie ist allerdings nicht in der Lage, diese Vorgänge zu reflektieren und ihr Handeln danach auszurichten. Wenn sie begründet, weshalb sie keine Diebstähle oder Einbrüche mehr begeht, ist nicht ihre Vorbildfunktion für die Kinder maßgebend, sondern sind es praktische Erwägungen über die Konsequenzen, die ihre Kinder erleiden würden, wenn sie in Haft käme. „Warum gehe ich nicht mehr klauen? Willst Du wissen warum? Ha, deshalb. Ich habe hier nirgendwo keinen Menschen. Ich habe Angst, dass meine Kinder in die Kinderheime kommen. Man muss ja auch daran denken, was mit den Kindern wird. Es ist leicht, was zu klauen und jemanden anderes auszunutzen, und nachher? Was machen deine Kinder?" Nazifas Angst vor den Konsequenzen, die auf ihr kriminelles Handeln folgen könnten, sind so groß, dass sie damit ihr „nicht mehr Tun" begründet. Für sie wäre die schlimmste Folge die Trennung der Kinder und zwar nicht von ihr, sondern der Kinder untereinander. Die Abwesenheit des erweiterten Familienkreises und der mangelnde Familienzusammenhalt lassen sie wissen, dass im Falle einer Verhaftung ihrerseits ihre Kinder in Kinderheimen untergebracht würden. Da sie fünf Kinder hat, geht sie davon aus, dass nicht alle an einem Ort untergebracht werden können und sie somit voneinander getrennt werden müssten. Sie weist auch darauf hin, dass das Handeln überdacht werden muss und dass die darauf folgenden Konsequenzen mit bedacht und abgewogen werden müssen. Bemerkenswerterweise spielt bei diesen Überlegungen ihr Mann keine Rolle. Nazifa geht nicht mehr klauen aus Angst, sie könnte dadurch ihre Familie zerstören, gibt aber später zu, dass, wenn sie wüsste, dass sie durch einen Einbruch so viel Geld bekommen würde, dass es ausreichen würde, ihrer Familie eine finanzielle Zukunft zu sichern, sie dieses Risiko eingehen würde. „Wenn mir jemand sagen würde, da oder da ist großes Geld zu finden, glaub es mir, ich würde gehen. Ich würde es machen. Ich muss... Damit, wenn meine Kinder groß werden, damit sie eine Bleibe haben. Ich brauche nichts mehr... Heute, morgen bin ich weg (sie meint hier ihren eigenen Tod) und dann? Ich möchte gerne, dass meine Kinder was haben, damit sie nicht auf der Strasse sein müssen." Diese Aussage sollte man allerdings vor dem Hintergrund ständiger Existenzangst relativieren. Sie beschreibt wohl eher eine Phantasie diese Sorge und die Sorge um die Zukunft ihrer Kinder ein für alle Mal los zu sein, als eine tatsächliche, zukünftige Handlungsoption. Nazifa begründet ihr „nichts mehr tun" auch mit ihrer für sie erstmals positiv veränderten Situation: eine Unterkunft, regelmäßiges Einkommen (Sozialhilfe) und die Möglichkeit, ihre Kinder in die Schule zu schicken. „Als ich gesehen habe, dass ich eine Unterkunft gekriegt habe, Geld bekommen habe. Ich habe keine unrechten Sachen mehr getan. Ich wollte mir selber keine Probleme mache." In ihren Ausführungen zur wirtschaftlichen Existenz der Familie macht sie deutlich, dass ihr Mann in der Aufgabe als Ernährer gescheitert ist. Hierbei sieht sie es durchaus positiv, dass ihr Mann nie kriminell geworden ist, andererseits richtet sie an ihn den Vorwurf, dass sie aufgrund des nicht ausreichenden Familieneinkommens kriminelle Handlungen begehen musste. In der Zeit als sie mit ihrem Ehemann bei seiner Familie in Bosnien und Italien lebt, geht sie teils alleine, teils mit seinen Brüdern klauen. Mehrere Geschwister und Cousins ihres Mannes sind kriminell und haben oder verbüßen immer noch lange Haftstrafen. Das nicht delinquente Verhalten ihres Mannes begründet sie im Interview später mit seiner Heimsozialisation. Die Schuld an ihrer eigenen kriminellen Karriere gibt sie eindeutig ihrem Stiefvater. Ihrer Mutter, obwohl sie von dieser ebenfalls misshandelt wurde und sich diese dem Stiefvater auch nicht entgegen stellte, lastet sie nicht so viel Schuld an, was wohl in der traditionellen Rollenverteilung begründet ist.

2.2 Leistungsdifferenzen und abweichende Sozialisation in der Familie

Nazifas Eltern sind ihrem Rollenverhalten starr verhaftet. Wie stark Nazifa dieses Rollenverhalten übernommen hat, sieht man daran, dass sie ihrer Mutter für die erlittenen Misshandlungen eine geringere Schuld zuweist als ihrem Stiefvater. Obwohl faktisch die Schuld beide zu gleichen Teilen treffen müsste, reicht der Mutter zur Entschuldung aus, dass sie ihr Handeln dem des Mannes unterzuordnen habe. Aufgrund der an ihr zahlreich begangenen Misshandlungen, dem „Problemlösungsverhalten" der Eltern untereinander, lässt sich ausschließen, dass es sachorientierte Kommunikation überhaupt gab. Ebenso lässt sich ausschließen, dass ihr die Eltern in Bezug auf zukunftsorientiertes Handeln ein Vorbild sein konnten. Trotz dieser schlechten eigenen Voraussetzungen ist sie sehr bemüht, ihren eigenen Kindern eine bessere Umgebung zu schaffen. Hierbei scheitert sie teilweise an den realen schlechten wirtschaftlichen Verhältnissen, in denen ihre Familie lebt, teilweise aber auch an der mangelnden Fähigkeit, die individuellen Bedürfnisse nach Zuneigung, Anerkennung und Förderung ihrer Kinder zu erkennen und zu befriedigen. Eine Leistungserziehung, wie sie in der Mittelschichterziehung der Residenzgesellschaft angestrebt wird, kann man von ihr nicht erwarten. Nazifas Lebenssituation kann man derzeit als am unteren Rand der Unterschicht beschreiben, weite Bereiche ihres Lebens fanden jedoch in noch instabileren Verhältnissen statt. Man findet daher bei ihr auch alle bei Gerd Iben aufgezählten Punkte wieder, die eine Motivation zur Leistung eher hemmen. Tatsächlich wiegt der auf den Familien der Unterschicht lastende wirtschaftliche Druck schwer und wer täglich um die nackte Existenz kämpft, hat nicht viel Freiraum, seine eigene Situation „auszugestalten", um in eine für ihn positivere Richtung gehen. Wer für seinen bloßen Lebensunterhalt seine gesamte Arbeitskraft zur Verfügung stellen muss, für den bleibt jedes Bildungsangebot theoretisch. Darüber hinaus kann man jedoch auch eine mangelnde Fähigkeit beschreiben, die eigene Situation zu erkennen, Handlungskonzepte zu entwerfen und zu verfolgen. Nazifa liefert hierzu ein Beispiel, in dem die Widersprüchlichkeit zwischen dem, was sie für sich als erstrebenswert erkennt und ihrem Handeln offenbar wird: „Daran ist Italien Schuld. Ich hatte keinen stabilen Platz für mich. Sonst hätte ich auch nicht so viele Kinder gehabt. Meine Mutter hatte ja auch nicht so viele." Auf den ersten Blick scheint diese Aussage ein Widerspruch in sich zu sein. Unserem Verständnis nach setzt die Erziehung von Kindern stabile wirtschaftliche Verhältnisse voraus. Wir erklären sogar unsere zu niedrige Geburtenrate mit dem negativen Einfluss, den der Unterhalt von Kindern auf das Familieneinkommen hat. Nazifa Tamic hat insgesamt neun Kinder. Die ersten bekam sie, als sie selbst noch ein Kind war. Ein Grund hierfür liegt darin, dass eine sexuelle Aufklärung in Roma-Familien aus Scham den Kindern gegenüber nicht stattfindet und andererseits frühes Kinderkriegen als eher normal gilt, da sie ja auch sehr früh heiraten. Zum Thema Verhütung und Aufklärung bei ihren eigenen Kindern erklärt Nazifa, dass sie diese Themen mit ihren Kindern nicht bespricht, weil sie sich ihrem Sohn gegenüber schämt. Sexualität ist also einerseits ein Tabuthema, andererseits ist sie selbst nicht durch ihre Eltern aufgeklärt worden und kann daher auch nicht auf eine solche Erfahrung zurückgreifen. Ihr Mann würde mit ihrem Sohn über dieses Thema reden, aber nicht darüber wie man eine ungewollte Schwangerschaft verhindern kann, sondern über die Verantwortung, die er im Falle seiner Vaterschaft dann zu tragen hätte. Da insbesondere männliche Jugendliche ihre Sexualität eher konsumtiv ausleben, stellt sich die Frage, ob diese Art der Aufklärung in einer akuten Situation wirklich erfolgreich wirken kann. Ihre Tochter versucht sie vor einer Schwangerschaft zu schützen, indem sie ihr den unbeaufsichtigten Umgang mit älteren Jungen untersagt. Da dies wohl kaum lückenlos gelingen kann und sicher auch kein zukunftsfähiges Konzept ist, sind die Folgen auch hier schon absehbar. Es war ihr zusammen mit ihrem Mann nicht möglich zu erkennen, dass sich ihre finanzielle Not mit der steigenden Kinderzahl erhöhen würde, obwohl sie genau aus diesen Gründen schon mehrere Kinder zeitweise abgeben mussten. Wir wissen aus dem Interview von Nazifa, dass ihre Lebensbedingungen in Italien sehr schlecht waren, sie dort zum Teil auch ohne Aufenthaltsgenehmigung gelebt haben und damit auch der Zugang zu einem Arzt nicht möglich war. Konventionelle Verhütungsmethoden werden meistens, wenn sie überhaupt Anwendung finden, den Frauen überlassen. Wenn sie diese nicht in Anspruch nehmen können, werden häufig weitere Schwangerschaften in Kauf genommen. Frauen aus einer gehobenen Mittelschicht oder mit einer höheren Schulausbildung würden sich wahrscheinlich in einer solchen Situation eher gegen Kinder entscheiden. Für Nazifa war es offensichtlich nicht möglich, das von ihr selbst formulierte Ziel, wenige Kinder zu haben auch tatsächlich umzusetzen. Die Gründe hierfür liegen einerseits an dem oben beschrieben Defizit im Erkennen der eigenen Situation, sowie daraus folgenden Fehleinschätzungen des eigenen Handelns, aber auch an der real miserablen Lebenssituation. Man braucht nicht notwendigerweise auf die eingeschränkten Zugangsmöglichkeiten zu medizinischer Versorgung hinzuweisen, um zu begründen, dass die große Kinderzahl tatsächlich den Lebensumständen entspringt. Wenn der Alltag einer Familie in völliger sozialer Unsicherheit, vom Kampf um das tägliche Überleben geprägt ist, richten sich automatisch alle Gedanken auf das hier und jetzt. Gedanken an längerfristige Planungen erscheinen hier als unsinnige und überflüssige Zeitverschwendung, bestenfalls als Träumerei. In einer solchen Lebenssituation, die ständig spontane Handlungen erfordert, um zu überleben, erscheint die Idee einer Familienplanung geradezu exotisch. Als einen weiteren Beleg dafür, wie die Lebensumstände eine ohnmächtig resignative Haltung gegenüber dem eigenen Schicksal befördern können, mag dieses Zitat gelten: „Er hat ja kein Recht auf Arbeit. Das Sozialamt erlaubt ihm das ja nicht. Verstehst du? Vielleicht würde er arbeiten, wenn sie ihm das erlauben würden. Ich würde als Erste arbeiten gehen, wenn ich dürfte." Nazifa und ihre Familien sind mit ihrer jetzigen Wohn- und Lebenssituation sehr unzufrieden. Ihr Status als geduldete Flüchtlinge ermöglicht ihnen nur ein sehr bescheidenes Dasein. Als Flüchtlinge bekommen sie keine Arbeitserlaubnis und sind auf die staatliche Unterstützung angewiesen. Sie bekommen gekürzte Sozialhilfe nach dem Asylbewerberleistungsgesetz. Dies schränkt sie in ihrer Lebensweise und ihren Möglichkeiten sehr ein. Vor allem leiden ihre Kinder sehr darunter, dass ihren Eltern nicht so viel Geld zu Verfügung steht und sie deshalb auf viele Dinge, die ihre Klassenkameraden haben, verzichten müssen. Nazifa verspricht sich ein besseres Leben und mehr Möglichkeiten für sich und ihre Kinder, wenn sie selber für ihren Unterhalt sorgen könnte. Durch eine selbständige Arbeit könnte sie in eine private Wohnung ziehen, mit mehr Platz für sich selbst und die Kinder. Sie könnte sich mehr leisten und mehr am gesellschaftlichen Leben teilhaben. „Und siehst du wie ich heute aussehe? Ich habe die Lust danach verloren, mich zurecht zu machen. Ich habe keine Lust mehr." Die schlechte Wohnsituation, ständige Geldknappheit und die erzwungene Arbeitslosigkeit lassen Nazifa und ihren Ehemann resignieren. Nazifa hat kein Interesse mehr, ihr Äußeres zu pflegen, sie vernachlässigt sich. Sie verlässt das Haus nur, um Lebensmittel für die Familie zu besorgen oder ihrer Pflicht auf den Ämtern nachzugehen. Sie und ihr Mann arbeiten zwei Stunden am Tag im Wohnheim (sie reinigen das Außengelände), wofür sie neben der Sozialhilfe hundert Euro je Monat dazuverdienen dürfen. Den übrigen Tag verbringen sie mit der Versorgung der Kinder und Haushaltsarbeiten. Auf diese Einschränkungen reagieren die Eheleute depressiv, denn sie sind daran gehindert, für ihr eigenes Leben die Verantwortung zu übernehmen und zu tragen. Insbesondere die Alimentierung durch den Staat im Verbund mit dem Verbot, eigene Erwerbsquellen zu erschließen, untergräbt ihr Selbstwertgefühl. Mehrfach äußert Nazifa die Sorge um die Zukunft ihrer Kinder. Hierbei spielen für sie Fragen um deren wirtschaftliche Existenz und die Sorge, dass sie kriminell oder drogenabhängig werden könnten, die Hauptrolle. Man muss aber auch darüber besorgt sein, welche Wirkung das Bild der Eltern auf die Kinder hat, und wie sie selbst ihre Umwelt erleben. Ein fremd bestimmteres Dasein als das der Familie Nazifas erscheint in Mitteleuropa schwer vorstellbar, wenn man vom Strafvollzug einmal absieht. Woher sollten die Kinder also den Gedanken beziehen „jeder ist seines Glückes Schmied"? Es ist dies leider auch der Nährboden dafür, dass Nazifa mit ihren Bemühungen, die Kinder von der Kriminalität fernzuhalten, scheitern kann. Die Verführung, falschen, kriminellen Vorbildern nachzueifern, die erfolgreich sind (und Erfolg definiert sich in einem Klima des Mangels nur in Geld), ist vielleicht all zu groß.

2.3 Familistische statt individualistische Orientierung

„Wenn ich wahre Eltern gehabt hätte. Vielleicht würde es mir heute besser gehen. Verstehst du? Siehst du, es ist einfach in mein Blut gekommen. In mein Blut. Und dieses herumziehen. Von Welt zu Welt." In ihrem Elternhaus hat Nazifa nur Gewalt und sexuellen Missbrauch erfahren. Von ihrer Mutter hat sie keine Liebe und Zuneigung bekommen. Sie war schon sehr früh auf sich selbst gestellt und musste ihre jüngeren Geschwister betreuen und versorgen. Nazifa reagiert auf die Situation in der Familie mit mehrmaligem Weglaufen von zu Hause, kehrt aber bis zum Tod ihrer Mutter auch immer wieder dorthin zurück. Mit ihrer Eheschließung schließt sie sich zwangsweise der Familie ihres Ehemannes an. Diese ist, obwohl ihr gegenüber nicht sehr respektvoll, ihr neues Zuhause. Mit ihnen lebt und reist sie zwangsweise mit. Die Trennung von ihnen wäre ihr nur bei gleichzeitiger Trennung von ihrem Ehemann gelungen. Dies war für sie vermutlich gleichermaßen unvorstellbar wie undurchführbar. Gemeinsam mit der Familie ihres Ehemannes durchlebt sie viele Situationen und Stationen, die selten für ihre eigene Familie und Lebenslage von Vorteil waren. Da aber die familiäre Orientierung größer ist als die individuelle Orientierung, nahm sie dieses stets in Kauf. Erst durch den Zerfall der Großfamilie, der Trennung der einzelnen Familienmitglieder in der Familie ihres Mannes, ist ihrer Familie ein eigenes, nicht von der Familie ihres Mannes diktiertes Leben möglich. Sie weiß um die Defizite, die sich für ihre Kinder aus der Lebenssituation des ständigen Reisens ergaben, eine Lebenssituation, die sie aus diesem Grund nicht selbst gewählt hätte. Dennoch war es ihr nicht möglich, diese Situation aufzulösen. „Die Kinder konnten nicht lesen, nicht schreiben. Sie sind immer hin- und her gereist. Hierhin und dorthin und da hin. Nirgendwo hatten sie mal Ruhe."

2.4 Anerkennung und Strafen

„In meiner Familie gab es keine große Liebe. Mich hat auch keiner geliebt und keiner hat mir Streicheleinheiten gegeben. Und keiner hat mich gestreichelt und es war auch nie so, dass ich von denen..., dass ich sie um irgendwas gebeten habe oder irgendwas verlangt habe, so wie es meine Kinder mit mir machen... Soweit ich mich daran erinnern kann, haben sie mir nie etwas gegeben. Alles was ich brauchte, habe ich mir selbst besorgt. Ich habe mich selbst angezogen, d. h., ich habe mir die Sachen selber besorgt. Ich habe selber gebadet." Nazifa vergleicht erneut das Verhältnis zu ihren Eltern mit dem Verhältnis ihrer Kinder zu ihr. Sie betont wieder, dass das Verhältnis zu ihren Kindern anders ist als sie es erlebt hatte. Sie zeigt deutlich, dass sie in der Lage ist, das Verhalten und ihre Erziehung und Versorgung, die sie von ihren Eltern bekommen hat, zu reflektieren und einige Dinge besser und anders zu machen. Es wird außerdem deutlich, dass sie von ihren Eltern vernachlässigt worden ist und in ihrem Elternhaus keinen Halt und keine Zuwendung erfahren hat. Man kann allerdings anhand der Schilderung ihrer Lebensverhältnisse zu dieser Zeit annehmen, dass sie wohl kaum für erfolgreiche Handlungen belohnt wurde. Das „Erziehungskonzept" beinhaltete wohl eher Bestrafungen bis hin zu Misshandlungen. Nazifa bemüht sich, ihren Kindern eine bessere Mutter zu sein. Sie versorgt ihre Kinder mit

Kleidung, es wird jeden Tag frisch gekocht, sie werden gebadet und zwischendurch versucht sie, jeden Wunsch ihrer Kinder zu erfüllen. Wozu Nazifa aufgrund ihrer eigenen Vergangenheit und der derzeitigen Überforderung nicht in der Lage ist, ist ihren Kindern die Liebe zu zeigen und zu geben, die sie selbst in ihrer Kindheit so vermisst hat. Gleichzeitig steht sie unter einer dauernden Anspannung, was zu einer Gereiztheit ihrerseits den Kindern gegenüber führt. Hier kann man häufiger erleben, dass die Kinder bei Erfolg wenig Anerkennung seitens der Eltern bekommen, jedoch bei Misserfolgen bestraft werden. Insofern setzt sie das bei ihr von ihren Eltern geprägte Erziehungsmuster, wenn auch in stark abgeschwächter Form, bei ihren eigenen Kindern fort.

2.5 Autorität des Vaters

„Mein Stiefvater hat mich geprügelt... Er hat uns immer malträtiert. Auch meine Mutter... Sie musste immer das tun, was er wollte. Sie hat zwanzig Narben von Messerstichen, die mein Stiefvater ihr zugefügt hat. Er trug immer ein Messer bei sich." Hier wird ganz stark deutlich, wie autoritär und gewalttätig der Stiefvater nicht nur gegenüber Nazifa, sondern auch gegenüber seiner Frau war. Dies hatte zu Folge, dass Nazifas Mutter aus Angst vor ihrem Ehemann nie zu ihrer Tochter halten konnte, auch dann nicht, als sie mit ansehen musste, wie sich ihr Ehemann an ihrer Tochter sexuell verging. Völlig eingeschüchtert von ihrem Mann, konnte sie sich gegenüber seinen Übergriffen nicht wehren und auch ihre Tochter nicht vor ihm schützen. Diese schlimmen Erfahrungen in der Kindheit, die sie durch ihren Stiefvater erleben musste, prägen sie bis heute. Noch immer hat sie Angst vor ihm und hat bis heute keinen Kontakt zu ihrem jüngeren Bruder, da dieser immer noch bei seinem Vater lebt. Hinzu kommt, dass Nazifa diese Erlebnisse nie wirklich verarbeiten konnte, da sie keine professionelle Hilfe in Anspruch genommen hat beziehungsweise in Anspruch nehmen konnte. Zu einem glaubt sie nicht daran, dass diese ihr helfen könnte und ist überzeugt, sie könne dieses Problem selber bewältigen, und zum anderen gibt es in der Stadt zu wenig Therapeuten, die sich mit ihr verständigen könnten. Nazifa hat in ihrer Familie erfahren und gelernt, das man sich als Frau dem Mann unterzuordnen hat. Dies tut sie auch bei ihrem Ehemann, der zwischenzeitlich auch Gewalt gegen sie und die Kinder ausübt. Ihre Kinder erzieht sie ebenfalls nach der klassischen Rollenverteilung, die Töchter werden auf das spätere Leben mit ihren   Ehemännern und ihre Rolle als Mütter und Hausfrauen vorbereitet. Von ihr wird der absolute Gehorsam ihrem Stiefvater gegenüber verlangt und bei Missachtung wurde sie hart bestraft. Nazifa setzt dieses Verhalten ihren Kindern gegenüber nicht in gleicher Weise fort. Aber es ist zu beobachten, dass sie immer nur kritisiert werden, wenn sie etwas falsch machen oder ungehorsam sind. Gute Leistungen in der Schule, Hilfe im Haushalt oder andere positive Eigenschaften der Kinder hingegen werden oft nicht beachtet. Sie fallen auch bei der Beurteilung der Kinder durch sie nicht ins Gewicht. Ein weiteres Kennzeichen defizitärer Sozialisation ist die Weitergabe von Repression. Neidhardt führt hierzu aus, dass „je weniger der Mann in seinem Arbeitsbereich andere kontrollieren kann, je mehr er durch Anweisungen anderer bestimmt ist, je mehr seine Arbeitseinteilung vorgegeben und nicht mehr verhandelt oder selbst bestimmt werden kann, umso häufiger setzt er sich über den Willen der Frau hinweg. Repression wird ... weitergegeben" (Neidhardt 1973, S. 13 f) und weiter: „anzunehmen ist im übrigen, dass sich das Maß an Repressivität, das zwischen den Eheleuten gegeben ist, auch im Eltern-Kind-System ausdrückt" (Neidhardt 1973, S. 13 f). „Als ich klein war hat meine Mutter mir eine Zigarette an meiner Nase ausgedrückt. Das sind alles Narben von Zigaretten." Nazifas Mutter gibt deutlich das Leid, dass sie durch ihren Ehemann erfahren hat, an ihre Tochter weiter. In Nazifas Familie konnte ich häufiger erleben, dass sich das Verhalten ihren Kindern gegenüber deutlich verschlechterte, wenn sie sich gerade mit ihrem Mann gestritten hatte. Sie schrie die Kinder dann an, war überreizt und drohte ihnen Prügel an. Dies ging bis zur Drohung, sie würde sie in einem Kinderheim unterbringen oder sie werde sich selbst umbringen. Hess und Mechler konnten in einer Armutssiedlung eine Beziehung zwischen dem autoritären Verhalten in der Familie und dem Druck am Arbeitsplatz nachweisen (vgl. Hess/Mechler 1973). In der Familie meiner Interviewpartnerin ist autoritäres Verhalten eher auf die Sorge um das Bleiberecht und die Wohnsituation zurückzuführen. Natürlich tragen die Arbeitslosigkeit und ihre Folgen auch verstärkend dazu bei. So sind nach Hess und Mechler die außerfamiliär bedingte Repression und die daraus folgende mangelnde Entwicklung der Leistungsmotivation nicht alle Folgen einer Erziehungsuntüchtigkeit, sondern als feststellbare gesellschaftliche Bedingungen anzusehen. Auch sehen sie die schwache Leistungsmotivation der Kinder in der Überforderung der Mütter in kinderreichen Familien.

2.6 Abweichendes Sprachverhalten

Bei Ausländern, sofern sie nicht die Sprache der Residenzgesellschaft gut beherrschen, kommt zu den Missverständnissen in der Informationsübermittlung hinzu, dass sie, selbst wenn sie sich äußerlich nicht von den Mitgliedern der Residenzgesellschaft unterscheiden, über ihren Sprachgebrauch sofort als Ausländer identifiziert werden, und sich danach mit Vorurteilen konfrontiert sehen. In Roma-Familien kommt es häufig vor, dass die Erwachsenen und die Kinder neben Romanes auch noch die Sprache der Residenzgesellschaft sprechen. Hinzu kommt je nach Wanderung auch noch eine dritte oder vierte Sprache. Bei den Kindern sind die Aufenthaltsdauer und das Alter entscheidend wie gut sie die jeweilige Sprache beherrschen. In der Familie von Nazifa Tamic wird zum Teil eine Mischung aus vier Sprachen gesprochen. In welcher Sprache gesprochen wird ist immer davon abhängig, in welcher Personenkonstellation sich die einzelnen Mitglieder gerade befinden, und von ihren jeweiligen Sprachkenntnissen. Es wird untereinander Romanes gesprochen, gemischt mit serbokroatisch, oder sie wechseln einfach gerade in die Sprache, die ihnen im Moment vertraut er scheint. Die Kinder sprechen untereinander Deutsch oder Romanes, da nicht mehr alle Kinder ausreichend serbokroatisch sprechen. Die Kinder waren noch nie in dem Herkunftsland der Eltern und die Sprachkenntnisse in serbokroatisch haben sie von ihren Eltern oder anderen Heimbewohnern erworben. Durch ihren langen Aufenthalt in Italien sprechen einige aus der Familie, vor allem der Vater, recht gut Italienisch. Man muss dazu erwähnen, dass bis auf Romanes keine der anderen Sprachen perfekt gesprochen wird. „Meine Kinder sprechen mittlerweile besser Deutsch als die eigene Sprache. Hast du gehört wie meine Kinder sprechen? Entweder Romanes oder Deutsch. Und Jugoslawisch können sie gar nicht mehr. Jugoslawisch sprechen sie kaum, mehr Deutsch." Nazifa macht sich große Sorgen über die Sprachkenntnisse ihrer Kinder. Die nicht ausreichenden Deutschkenntnisse ihre Kinder bereiten ihnen auch noch immer Schwierigkeiten hier in der Schule. Die Familie weiß nicht, ob sie in Deutschland bleiben kann, und ohne kroatische Sprachkenntnisse nach Kroatien zurückzukehren hätte für die Kinder schlimme Folgen. Nicht nur, dass sie Schwierigkeiten hätten, sich anfangs dort in die Gesellschaft einzugliedern, darüber hinaus müssten sie auch alle mindestens für ein Jahr in der Schule zurückgestuft werden. Ob die Eingliederung in das dortige Schulsystem gelingen würde, ist unter den gegebenen Umständen sehr fraglich. Hinzu träten erneut existenzielle Sorgen wie Unterkunft und finanzielle Sicherheit. Gerd Iben hat in seinen Untersuchungen eine Reihe von Nachteilen gegenüber der Sprache der Mittelschicht in der Sprache der Unterschicht herausgefunden. Er kommt zu dem Ergebnis, dass in der Verarbeitung und Vermittlung komplexer Informationen die Unterschichtsprache weniger effektiv ist als die der Mittelschicht. „Aber ich hatte solche Dokumente, kolonschifiskale, so nennt sich das auf Italienisch. Na ja und auf jugoslawisch heißt das, na ja, das ist so ein Dokument, damit hast du die Berechtigung ein Auto oder irgendwas zu kaufen. Na ja, ich habe alles über einen Arzt gekriegt, diesen Zurschorno. Dieses Dokument... Das ist so ein Dokument, was man übers Ausländeramt kriegt. Nicht zum Anmelden. Irgendwas von der Polizei. So eine Art Aufenthaltsberechtigung." Dagegen werden einfache und emotional getönte Informationen direkter und unverstellter übermittelt. „Nizo, sei bloß still, während du Blätterteig mit Fleisch gegessen hast, haben wir nur Blätterteig mit Käse gegessen... Ihr wisst genau, wie viel Geld ihr von uns genommen habt. Anstatt dass du deinen Sohn und deine Schwiegertochter rettest." Eine weitere These, die Gerd Iben aufstellt, ist, dass die Unterschichtsprache nicht alogisch ist, doch dass ihre enge Verknüpfung mit dem sozialen

Kontext einen Konkretismus bewirkt, der abstrakte Denkleistungen hemmt. Iben geht also davon aus, dass die Ausgestaltung der Unterschichtsprache in ihrem Wortschatz und ihrer Grammatik das Formulieren abstrakter Sachverhalte erschwert. Weiterhin stellt er fest, dass die kommunikative Funktion der Unterschichtsprache weniger an der Weitergabe komplexer Informationen orientiert ist als an der Bestätigung von Gruppenzugehörigkeit. Die starke Rollenfixierung schränkt die Kommunikation der Eltern und Kinder ein sowie die der Geschlechter und prägt sie spezifisch. Die Kommunikation in der Unterschicht wird von Milieukonformität, Solidarität und gemeinsamen Erfahrungen und Emotionen bestimmt (vgl. Iben, S. 137 f). Wie man am obigen Zitat erkennen kann, fällt es Nazifa schwer, komplexere Zusammenhänge selbst in der Sprache darzustellen, die ihr neben Romanes noch am weitesten vertraut ist. Im Vergleich zu ihren Kindern hat Nazifa eine weitgehend homogene Sprachentwicklung erleben können, da sie bis zu ihrem neunten Lebensjahr in Kroatien lebte. Ihre Eltern sprachen Romanes und Kroatisch. Dennoch spricht sie ein einfaches Unterschichtkroatisch, dass es ihr beispielsweise erschwert, kroatisch verfasste Dokumente zu verstehen. Hinzu kommt, dass ihr jegliche Schulbildung fehlt, somit auch eine differenzierte Ausformung der Muttersprache, wie sie die Schule vielleicht hätte leisten können. Wenn man also den Sprachgebrauch Nazifas als defizitär bezeichnen kann, so gilt dies sicher auch für ihre Kinder. Diese müssen sich hier in Deutsch verständigen können, einer Sprache, die Dritt- oder Viertsprache ist, die sie daher nur unzureichend beherrschen, die aber für ihren schulischen Erfolg essentiell ist.

2.7 Kultur der Armut

Die Kultur der Armut wird sehr stark von den wirtschaftlichen Grundzügen charakterisiert. Familien, die in großer Armut leben, müssen ihre Lebensweise danach ausrichten, das tägliche Überleben zu sichern. In den Armutsfamilien sind Arbeitslosigkeit und unzureichende Schulausbildungen die Regel. „Habe ich irgendeine Schule? Habe ich nicht." Nazifa wünschte sich, sie hätte die Möglichkeit gehabt, zur Schule zu gehen. Ihr Ehemann hat die Grundschule in Bosnien abgeschlossen. Die Grundschule in Bosnien umfasst acht Schuljahre. Seit die Familie in Deutschland lebt, bemühen sich die Eheleute, ihren Kindern eine Schulausbildung zu ermöglichen. Durch den größtenteils illegalen Aufenthalt in Italien und die stetigen Ortswechsel war es bis zur Ankunft in Deutschland nicht möglich, die Kinder in eine Schule zu schicken. Dadurch sind die zwei ältesten Kinder erst recht spät eingeschult worden, was zu Folge hatte, vor allem für den ältesten Sohn, dass die schulischen Defizite sehr groß waren. Typisch für die „Kultur der Armut" ist außerdem das Arbeiten in ungelernten Berufen. Wir wissen, dass in unserer Gesellschaft das Ausüben eines Berufes nicht nur ausschließlich die Funktion des Gelderwerbs hat. Der ausgeübte Beruf definiert weit über die Höhe des Einkommens, das er einbringt, hinaus den sozialen Rang, den die Gesellschaft dem Individuum zuspricht. Einen Beruf zu haben, verschafft dem Individuum damit nicht nur die Möglichkeit zur Teilhabe am Erwerbsleben, er ist ebenso Bestandteil des Selbstwertgefühls. Berufe und Berufsausbildung sind in unserer Gesellschaft als Ergebnis einer historischen Entwicklung streng reguliert und an formale Bedingungen geknüpft. Es ist logisch, dass Roma an diesem System nicht teilnehmen konnten, da dies außer Sesshaftigkeit auch das Integriert sein in die Gesellschaft voraussetzt. Die von Roma ausgeübten „Berufe" standen daher in einem engen Zusammenhang mit ihrer Nicht-Sesshaftigkeit. Industrielle Massenproduktion und der Transport dieser Güter zerstörten die traditionelle ökonomische Basis der Roma nachhaltig. Da sie anders als Handwerker und Arbeiter über keine Interessensvertretung in den Residenzgesellschaften verfügen, bleiben sie von der Weiterentwicklung des ökonomischen Systems vollständig abgekoppelt. Die zwangsläufige Verelendung ist die Folge. „Mein Stiefvater hat mit altem Eisen gehandelt." So wie ihr Stiefvater hat auch Nazifa in ihrer Jugend als ungelernte Arbeiterin in verschieden Bereichen gearbeitet. In der Landwirtschaft hat sie auf dem Feld bei der Ernte geholfen, in Restaurants hat sie gekellnert oder sie hat verschiedene Waren auf dem Markt oder auf der Straße verkauft. Zur Zeit verdient ihr Ehemann ein kleines Zubrot, wie viele andere Roma der Siedlung auch, indem er Sachen vom Sperrmüll einsammelt und sie dann zum Teil weiterverkauft. Nazifas Ehemann hat großes Geschick im Reparieren von auf dem Müll gefundenen Elektrogeräten. Die Familienmitglieder tragen meistens nur alte Kleidungsstücke und die Hausratsgegenstände sind ebenfalls alt und gebraucht. „Manchmal geht er auch zum Sperrmüll und bringt Sachen mit... Und wenn Eso nicht immer was vom Sperrmüll nach Hause bringen würde, auch Spielzeug, dann würden meine Kinder gar nichts haben... Siehst du Kora, es gibt manche Leute die schmeißen die Sachen weg. Neue Sachen, und ich?" Die Kleidung für ihre Familie und sich holt Nazifa aus der Kleiderkammer. Ganz selten werden für die kleineren Kinder Sachen neu gekauft. Meistens handelt es sich dabei um Socken oder Unterwäsche, die stark reduziert in Kaufhäusern oder billig bei Discountern angeboten werden. Bei den älteren Kindern wird dies schon schwieriger, da sie durch Werbung und Freunde schon stark markenorientiert sind und ihre genauen Vorstellungen von dem haben, was sie tragen möchten. Sie folgen hier dem Sozialisationsprozess der Residenzgesellschaft, in dem Jugendliche ihre Identität, Gruppenzugehörigkeit und ihr Selbstwertgefühl wesentlich über äußere Merkmale definieren. Sie zeigen daher wenig Verständnis dafür, dass nicht so viel Geld für solche „Luxusartikel" zur Verfügung steht. Aber genau für diese Zielgruppe hat sich ein großer Markt entwickelt. So kann man auf einigen Kölner Wochenmärkten billige Imitationen bekannter Marken für wenig Geld erwerben. Leider sind diese Artikel von so schlechter Qualität, dass ihre Lebensdauer erschreckend kurz ist. Die billigen Turnschuhe zerfallen meistens schon nach wenigen Monaten, was zur Folge hat, dass die Ersatzbeschaffung erneut das Familienbudget belastet.

2.8 Wohnen

„Am meisten stört mich, dass ich hier in einem Wohnheim lebe. Du hast gar keine Komodität. Du darfst ja noch nicht einmal eine Katze halten.... Ich darf hier nichts haben." Die ganze Familie Tamic leidet unter den engen Wohnverhältnissen. Sie leben mit acht Personen in zwei Räumen, die auf Wohnküche und Schlafzimmer aufgeteilt sind. Da sie in einem städtischen Wohnheim leben, müssen sie sich an die dortige Hausordnung halten, die aus verständlichen Gründen unter anderem die Haltung von Haustieren untersagt. In den meisten Kölner Wohnheimen leben zwischen 100 und 200 Personen zum Teil unterschiedlicher Nationalitäten. Diese Wohnheime befinden sich häufig in unmittelbarer Nachbarschaft zu der übrigen Bevölkerung und die Hausordnung soll zu einem möglichst friedlichen Miteinander oder zumindest Nebeneinander beitragen. Diese Art von Zusammenleben erlaubt keinem das Recht auf Alleinsein und Wahrung der Intimsphäre. „Guck doch mal an, wie wir schlafen. Wo schlafe ich? In der Küche, wenn ich da schlafe. Und? Habe ich da Platz?... Meine Kinder haben keinen Platz zum spielen. Ich muss sie immer rausschicken, zum spielen." Da sich das Leben in zwei Zimmern abspielt, ist es kaum möglich, für sich eine ruhige Minute zu finden. Die Kinder haben keinen Platz, ungestört zu spielen und die Erwachsen können sich keine Auszeit von den Kindern geben. Rechts, links und gegenüber von Nazifas Zimmern leben andere Familien. Aufgrund der räumlichen Nähe und schlechten Schallisolierung bleibt nichts vor dem anderen verborgen. Tagsüber im Wohnheim, wenn viele Familienmitglieder aus verschiedenen Gründen abwesend sind, ist die Geräuschkulisse, die viele Menschen und Kinder verursachen, noch hinnehmbar. Abends jedoch, wenn alle wieder versammelt sind, ist es ein unerträglicher Zustand, der häufig noch bis spät in die Nacht andauert. Es ist nicht verwunderlich, dass die Kinder nicht ausreichend Schlaf finden, morgens nur sehr schlecht aufstehen können und in der Schule fast einschlafen. Da alle Familien so eng wohnen, führt dies in den Sommermonaten dazu, dass sich die meisten Familien mit ihren Kindern im Freien aufhalten. Diese Lebensumstände können zur Flucht in den Alkoholismus führen, und die permanente Überreizung führt allgemein zu Gewaltausbrüchen, die sich auch gegen die Kinder richten können. Wegen dieser Wohn-, und Lebenssituation herrscht in der Familie häufig ein gereizter und angespannter Ton. Das angespannte Verhältnis zwischen den Eltern wird auf die Kinder übertragen. Wut und Enttäuschung bei Nazifas Ehemann in Kombination mit Alkohol schlägt bei ihm in Gewalt um, häufig auch den Kindern gegenüber. Gerd

Iben verbindet mit der Kultur der Armut auch folgende psychologischen Erscheinungen: eine starke, auf die Gegenwart gerichtete Orientierung mit nur geringer Bereitschaft, sich einen augenblicklichen Wunsch zu versagen und für die Zukunft zu planen; ein Gefühl der Resignation und des Fatalismus, das in der eigenen schweren Lebenslage seine Begründung hat und den Glauben an die männliche Überlegenheit (vg. Lewis 1967, S. 27 ff). „Ich wollte wegen Frederiko freiwillig zurückkehren… Und dann war ich ja bei einem Anwalt und er hat gesagt, ihr könnt so nicht gehen… Ich will nur, dass Frederiko endlich mit den Drogen aufhört… Was soll ich machen?... In Kroatien gibt es keine Drogen. Ich habe in Kroatien noch nie Drogen gesehen. Bei uns raucht keiner Drogen." Hier kann man deutlich erkennen, in welcher Weise Nazifa mit dem Drogenproblem ihres Sohnes umgeht und wie naiv und völlig realitätsfremd sie an die Sache herangeht. Im Interview betont sie mehrmals, dass sie sich aus diesen Gründen große Sorgen um ihren Sohn Frederiko macht, vor allem, die Angst davor, er könnte wie seine Onkel anfangen, Heroin zu konsumieren, beschäftigt sie. Die Kontakte innerhalb einer Siedlung oder Wohnheims sind meistens sporadisch, da sie oft durch Selbstbestätigung durch Herabsetzung anderer gekennzeichnet sind (vgl. Lewis 1967, S. 48). „Ich habe hier im Haus zwei Familien sehr geholfen. Selbst wenn ich selber hier nicht viel habe, aber trotzdem habe ich ihnen geholfen. Das, was ich im Moment zu viel habe, gebe ich der Kirche oder den Russen. Selten den Zigeunern, diesen Cergari. Glaub es mir. Heute gibst du ihnen was und morgen wirst du von ihnen beschimpft." Eine Zeitlang waren Nazifa und ihre Familie ganz gut mit zwei Aussiedlerfamilien befreundet. Sie halfen und besuchten sich gegenseitig, obwohl sich in dem Wohnheim viele Aussiedler von den Roma distanzieren. Hierzu tragen die üblichen Vorurteile bei sowie der unterschiedliche Status, den sie in Deutschland genießen. Der Aufenthalt in einem Wohnheim ist bei Aussiedlern eher von begrenzter Dauer, da sie mit einer Arbeitserlaubnis ausgestattet eher in der Lage sind, ihre wirtschaftliche Situation zu verbessern. Nazifa war sehr stolz darauf, dass sie von den Aussiedlern so gut akzeptiert worden ist und betonte ständig, dass obwohl die Verständigung aufgrund von Sprachschwierigkeiten zwischen ihnen nicht so gut war, sie mit ihnen besser zurecht gekommen sei, als mit ihrem Volk. Da Nazifa eine Reinlichkeitsfanatikerin ist, ist dieses Thema ein häufiger Konfliktpunkt zwischen ihr und den übrigen im Wohnheim lebenden Familien. Über dieses Thema geriet sie auch mit den befreundeten Aussiedlernfamilien in Streit, was dazu führte, dass diese „Freundschaft" auseinander brach. Nazifa wirft ihnen in ihrer Enttäuschung Undankbarkeit vor, weil diese Familien nicht schätzen würden, was sie alles für sie getan habe.

2.9 Polizei und Behörden

Nach Lewis zeigen unterdrückte Völker ein Misstrauen gegenüber Institutionen der herrschenden Klasse wie Polizei und Behörden (vgl. Lewis 1967, S. 30). „Dann haben sie uns gesagt, dass wir wieder nach Deutschland gehen müssen... Und dann sagten sie uns, wenn ihr nicht freiwillig geht, werden wir euch zwangsweise zurückbringen... und ich habe Angst gekriegt, verstehst du? Und dann bin ich, habe ich Holland verlassen und bin alleine zurück nach Deutschland gefahren." Nachdem die holländischen Behörden festgestellt haben, dass Familie Tamic zuvor einen Asylantrag in Deutschland gestellt hat, fordern sie sie auf, das Land freiwillig Richtung Deutschland zu verlassen, und drohen ihnen andernfalls mit einer Abschiebung. Für alle Flüchtlinge ist der Vorgang der Abschiebung eine schreckliche Vorstellung, wenn nicht gar Erfahrung. Klar ist, dass insbesondere politisch Verfolgte die Abschiebung und die damit verbundenen Repressalien in ihren Herkunftsländern fürchten. Darüber hinaus stellt jedoch allein der formale Akt der Abschiebung für viele ein traumatisches Ereignis dar. Abschiebungen werden meistens nachts oder in den frühen Morgenstunden durchgeführt, da man bei den im Schlaf überraschten mit weniger Gegenwehr rechnet. Die Abzuschiebenden werden also mitten in der Nacht vor den Augen der Nachbarn, Verwandten und der Kinder in Handschellen abgeführt. Viele Flüchtlinge, so auch Nazifa, wurden schon Augenzeugen einer Abschiebung und um dieser zu entgehen, gehen sie häufig lieber freiwillig oder tauchen unter. Nazifas Mann, obwohl er nach ihren Aussagen nie kriminell war, lebt in ständiger Angst vor der Polizei und den Behörden. Aus dieser Angst heraus hat er ein Vermeidungsverhalten entwickelt. Bestandteil dieses Vermeidungsverhaltens ist, dass alle Behördengänge von seiner Frau wahrgenommen werden müssen. „Er hat nie im Leben was getan. Er hat große Angst vor der Polizei. Wenn er sie einfach nur sieht, hat er schon Angst. Er würde am liebsten weglaufen, auch wenn er nichts getan hat." Die negativen und ängstlichen Einstellungen, die viele Roma gegenüber der Polizei haben, können zum Teil auch mit negativen Erfahrungen erklärt werden. Die Residenzgesellschaft und ihre Organe begegnen den Roma mit Misstrauen. Die Roma sehen daher in der Polizei keinen „Freund und Helfer", sondern eine Institution der Residenzgesellschaft, von der sie aus den oben genannten Gründen nichts Positives zu erwarten haben. Hinzu kommen die Verständigungsprobleme und beide Fronten sind verhärtet. Hoffstätter ist der Meinung, je höher der äußere Druck und je geringer die Außenkontakte der Familien sind, umso stärker und intensiver werden die Binnenkontakte (vgl. Hoffstätter 1963, S. 315 ff, 449 ff). „So eine große Baracke haben wir uns gebaut, auf dem Camp-Platz, wo auch seine Schwester lebte... Wenn die anderen Kinder aus dem Camp irgendwas geklaut haben..." Nachdem sich Nazifa und ihr Mann von seiner Familie trennen, bauen die beiden für sich eine Baracke, in der sie mit ihren Kindern leben wollen. Sie separieren sich aber nicht ganz von der Familie des Mannes, sondern sie bauen auf einem Platz, wo seine Schwester mit vielen anderen Familien lebt. Die Familien leben zwar in unterschiedlichen Behausungen und für sich, bilden jedoch nach außen eine abgeschlossene Gruppe, die ihnen ein Gefühl von Schutz gibt. Dies bedeutet aber nicht, dass mit der steigenden Diskriminierung und Repression von außen auch die Solidarität untereinander steigt. Das enge Miteinanderleben schafft häufig neue Konfliktstoffe. „Und ihre Kinder haben immer Unordnung gemacht. Und dass du das entschuldigst. Sie haben auf den Wiesen gekackt. Die haben Konservendosen rum geworfen und liegengelassen, Müll gemacht... Mein Mann hat immer geputzt, und das war die einzige Nachbarin, mit der ich mich gestritten hab, weil sie immer so einen Dreck gemacht hatte." Nazifa grenzt sich und ihre Familie deutlich von der anderen ab, in dem sie eigene positive Eigenschaften deutlich hervorhebt. Von außen wirkenden Repressionsmechanismen werden durch die Unterdrückten übernommen und zur Repression ihrer Schicksalsgenossen eingesetzt. Dieses Verhalten mag einerseits daran liegen, dass sich hierin ein einfaches Mittel findet, den erlebten Druck unmittelbar an andere weiterzugeben. „Manche Zigeuner kann ich überhaupt nicht ab und andere mag ich sehr gerne. Cergari hasse ich auf jeden Fall. Das ist ein ganz anderes Volk." Diese eindeutige Diskriminierung der Gruppe der Cergari, die Nazifa äußert, entstammt teils eigenen Erfahrungen mit dieser Gruppe und teils handelt es sich um überlieferte Vorurteile und Erzählungen. Cergari leben im Nomadentum und sind meistens muslimischen Glaubens. Das sind die zwei Hauptmerkmale, in denen sie sich von Nazifas Familie unterscheiden. Ihnen wird von Nazifa und anderen Roma-Familien nachgesagt, sie seien schmutzig, sie würden klauen, sie missachteten die Bräuche und Regeln der Familien anderer Gruppen. Am stärksten werden sie jedoch für die Diskriminierung aller Roma durch die Mehrheitsbevölkerung verantwortlich gemacht. Als Einzelmerkmale einer Ghetto und Armutskultur lassen sich noch folgende erwähnen: Das Ghettodasein schränkt den sozialen Erfahrungshorizont ein, da das Leben in Ghettos keine Einblicke in andere sozialen und kulturellen Standards erlaubt. „Ich hatte ja keine richtigen Eltern gehabt. Ich hatte keinen Herrn im Haus gehabt. Das hängt alles vom Stiefvater ab... Ich kann ihr ja das nicht mit Wörtern nicht klar machen. Sie begreift es nicht. Dies nervt mich am meisten...Wenn ich es ihr dreimal erkläre und sie immer noch nicht hört, dann muss ich ihr doch eine hauen." Nazifa hat kaum Kontakte zu Personen oder Familien, die keine Roma sind. Die wenigen, die sie hat, beschränken sich auf das Wohnheim oder es sind Personen, die in und mit ihrer Familie arbeiten. Bei den Kindern verhält sich dies ähnlich. Natürlich haben sie mehr Kontakte zu anderen Kinder, die keine Roma sind, allein schon durch Schule, Kindergarten, Jugendzentrum oder Fußballvereine. Diese Kontakte finden aber nur innerhalb der genannten Institutionen statt. Die wenigen Kinder, die zu Besuch bei Familie Tamic sind, um mit ihren Kindern zu spielen, sind Kinder die ebenfalls im gleichen Wohnheim leben. Da spielen sicherlich Berührungsängste seitens der Mehrheitsgesellschaft oder der übrigen ausländischen Bevölkerung mit eine Rolle und andererseits der Scham, den die Familie Tamic empfindet, Fremde zu sich einzuladen und so ihre wirkliche Situation preiszugeben.

2.10 Krankheiten

Symptome sich anbahnender Erkrankungen werden selbst von den Betroffenen unterdrückt und von der Umgebung nicht ernst genommen. Wer sich in ärztliche Behandlung begibt, obwohl er scheinbar noch arbeiten kann, wird leicht als fauler Simulant abgestempelt. „Und drei Monate habe ich geblutet. Und ich hatte solche Schmerzen gehabt. Und ich bin trotzdem ins Dorf gegangen, um Sachen zu besorgen...Und dann bin ich, meine Kora, eines Morgens aufgestanden und bin zur Toilette gegangen, damit du mir verzeihst, so bin ich geblieben, ich konnte nicht mehr aufstehen... Sie haben mich in ein Krankenhaus gebracht. Da war ich zum Heilen." Nach einer Fehlgeburt leidet Nazifa unter starken Blutungen. Diese nimmt sie nicht ernst, in der Hoffnung sie würden von alleine weggehen. In dieser Zeit geht sie nicht zum Arzt oder in ein Krankenhaus, da sie weiter ihre Familie versorgen muss. Obwohl ihre Familie zu diesem Zeitpunkt nicht alleine lebt, sondern mit mehreren Mitgliedern aus der Familie ihres Mannes, wird ihr keine Hilfe zuteil, stattdessen sorgt sie sich darum, dass in ihrer Abwesenheit ihre Kinder nicht versorgt sein würden. Wahrscheinlich spricht sie auch aus Scham gegenüber den anderen Familienmitgliedern nicht über ihr Leiden. Das Verhältnis der Roma zum Gesundheitssystem der Residenzgesellschaften ist über die oben dargestellten Aspekte der Armut noch durch folgende Besonderheiten geprägt: Präventive Maßnahmen werden wegen Informationsmangel und oder aus Angst und Scheu vor den Behörden und Institutionen häufig nicht angenommen. Da Krankenhäuser und das System der medizinischen Versorgung nicht verstanden werden, werden sie von den Familien gefürchtet und damit auch vermieden. Als Alternative wenden sich Roma an Nachbarn, Wunderheiler und Schamanen. So kommt es unter ihnen häufiger zu gesundheitlichen Dauerschäden und einer höheren Sterblichkeitsrate. „Ich habe gesehen, dass sie mir nicht wirklich helfen. Sie haben mir auch kaum Medikamente gegeben. Ich habe es im Krankenhaus nicht mehr ausgehalten... Auch wegen der Kinder... Und dann bin ich auf eigene Verantwortung..., habe ich dann das Krankenhaus verlassen und dann bin ich auf meine eigene Verantwortung, meine Kora, wieder nach Hause." Nazifa hat ein ganz eigenes Verständnis vom Krankenhaus und der dortigen medizinischen Versorgung. Dass jemand erst einmal zur Beobachtung stationär aufgenommen wird und dass bis zur Feststellung einer Diagnose viele Untersuchungen von Nöten sind, kann sie nicht verstehen. Von einer „richtigen" Behandlung erwartet sie einen sofortigen Heilungserfolg. Bestandteil einer solchen „richtigen" Behandlung ist ihrer Meinung nach auch ein gewisser Aufwand, der sich zum Beispiel in der Zahl der Medikamente ausdrückt. Heute leidet Nazifa an Depressionen, häufigen Kopfschmerzen und Schlaflosigkeit. Sie besucht einen Arzt, um sich immer wieder neue Medikamente verschreiben zu lassen. Zu einem Psychotherapeuten will sie nicht, da sie nicht verstehen kann, dass ihr Gespräche helfen könnten. Auch würde ihr eine Therapie zu lange dauern, da sie nicht die erhoffte schnelle Heilung brächte. Die Medikamente, die sie regelmäßig und im Übermaß einnimmt, lindern zwar für den Moment die Symptome, tragen aber zu einer Heilung nicht bei. Die für gewöhnlich früh aufgenommenen sexuellen Beziehungen führen in Verbindung mit mangelnder Aufklärung und der daraus resultierenden nicht stattfindenden Verhütung zu ungewollten Schwangerschaften noch jugendlicher Frauen. „Im Erziehungsheim haben sie mich alle junge Mutter genannt." Als Nazifa 1984 mit 21 Jahren ihren Ehemann Eso geheiratet hat, war sie mit dem vierten Kind schwanger. Insgesamt hat sie neun noch lebende Kinder. Sie hat mehrere Male abgetrieben und sie hatte Fehlgeburten. Im Interview erzählt Nazifa, dass unter ihren Schwestern nur sie so frühe sexuelle Kontakte gehabt hat. Dies erklärt sie sich durch den Missbrauch durch ihren Stiefvater. Ihre Geschwister, also seine eigenen Kinder, hat er nicht missbraucht. Seit Nazifa wieder in Deutschland ist, verhütet sie, um so weiteren ungewollten Schwangerschaften vorzubeugen.

2.11 Sozialer Aufstieg

Mütter in Obdachlosensiedlungen legen Wert auf Reinlichkeit, Gehorsam und Verträglichkeit. Die Siedlungsmütter wünschen sich zwar für ihre Kinder einen sozialen Aufstieg und eine bessere Schulausbildung, haben aber keine Vorstellung davon, wie sie diesen realisieren können. Der Schulerfolg wird nicht in direktem Zusammenhang mit einem sozialen Aufstieg wahrgenommen. Eltern aus der Mittelschicht sehen zu 80% das Abitur als Abschlussziel für ihre Kinder an, während die Eltern aus der Unterschicht diesen Abschluss noch nicht einmal in Erwähnung ziehen, sondern sich mit einem Sonderschulabschluss zufrieden geben. Die Ergebnisse bei der Berufswahl fallen ähnlich aus (vgl. Hoffstätter 1963, S. 151). „Dass du dich nicht schämst, dass deine Mutter dir sagen muss, wann du baden gehen sollst."/„ Ich sag der Sanela immer, tu dies nicht, mach jenes nicht. Sie geht häufig raus und hört nicht wirklich auf mich. Deshalb kriegt sie manchmal auch eine Tracht Prügel von mir." In den beiden zitierten Sätzen aus dem Interview mit Nazifa und meinen eigenen Beobachtungen in der Familie kann ich die oben zitierten Thesen bestätigen. Nazifa ist sehr darauf bedacht, dass ihre Kinder nach außen hin einen guten Eindruck machen. In erster Linie sollen sie, trotz der geringen finanziellen Mittel die für Kleidung zur Verfügung stehen, gut und sauber gekleidet und immer frisch gebadet sein. Ebenso legt sie viel Wert auf die Zahnpflege ihrer Kinder. Die Gehorsamkeit ihrer Kinder ist ihr ebenfalls wichtig. Bei den oben genannten Punkten handelt es sich um Attribute, die nach außen hin sichtbar werden. Für Nazifa spielt es in fast jeder Situation eine sehr große Rolle, was die Nachbarn denken oder sagen würden. Durch die schon erwähnte beengte Wohnsituation werden diese Dinge schnell sichtbar und man läuft Gefahr, sogar noch innerhalb der schon von außen stigmatisierten Gruppe der Wohnheimbewohner isoliert und diskriminiert zu werden. So erklärt sich zum Teil auch das inkonsequente Verhalten Nazifas ihren Kindern gegenüber. Fordern die Kinder etwas von ihren Eltern, was diese ihnen nicht erfüllen wollen, so laufen die Kinder, vor allem die kleineren, oft schreiend aus der Wohnung auf den Flur, um so ihre Eltern zu erpressen, was ihnen bedauerlicherweise dadurch auch oft gelingt. Die Schule erkennt Nazifa schon als die Möglichkeit für ihre Kinder später einen Beruf zu erlernen und somit den sozialen Aufstieg zu schaffen. Sie wünscht es sich sehr, dass ihre Kinder einen Schulabschluss machen. Entsprechend der oben beschriebenen Einschätzung von Bildung der in der Obdachlosensiedlung wohnenden Mütter, würde sie sich mit einem niedrigen Schulabschluss zufrieden geben. Aus ihrer Sicht wäre dies schon viel mehr als sie jemals erreicht hat. Die Vorstellung, dass ihre Kinder begabt genug sein könnten, ein Hochschulstudium zu absolvieren, ist ihr völlig fremd. Aufgrund ihrer Sozialisation und den daraus entstehenden Defiziten ist es auch eher unwahrscheinlich, dass sie ein derartiges Ziel erreichen. Gleichzeitig sieht Nazifa einen Schulabschluss für ihre Kinder gekoppelt mit einem dauernden Bleiberecht in Deutschland. „Das ist auch gut, aber das wichtigste ist mir, dass meine Kinder die Schule zu Ende machen. Dass sie eine Ausbildung haben. Ich möchte nicht, dass sie so einen Weg haben, wie ich ihn hatte." Ihre Kinder besuchen regelmäßig eine Hausaufgabenhilfe, die im Wohnheim von der nahe gelegenen Kirchengemeinde angeboten wird, da die Eltern ihren Kindern bei der Hausaufgabenbetreuung nicht helfen können. Die Jüngeren nehmen diese Hilfe gerne und ohne Druck durch die Eltern in Anspruch. Der älteste Sohn Frederico besucht wie schon erwähnt eine Sonderschule. Im Laufe des letzten Jahres geschieht dies aber immer unregelmäßiger, zur Enttäuschung seiner Eltern, die aber nicht in der Lage sind, ihn weiterhin zu einem Schulbesuch zu ermuntern oder dies mit Autorität durchzusetzen. „Das einzige, wenn ich länger in Deutschland bleiben könnte, dass die Kinder eine Möglichkeit haben, die Schule zu Ende zu machen, vielleicht würde er dann (ältester Sohn Frederiko)…, weil er älter ist und klüger ist, hier irgendwas erreichen." Nazifa hat es weitgehend geschafft, ihre Kinder so zu erziehen, dass sie bisher polizeilich kaum aufgefallen sind. Das Interesse der Polizei an den Roma erwähnt Nazifa auch an einer anderen Stelle des Interviews: „Für die Roma hat sich keiner interessiert. Nur die Polizei kam ab und zu mal."

3. Schlussbetrachtung

Nazifa ist in ihrer Kindheit sexuell missbraucht worden, sie wurde misshandelt, man verwehrte ihr den Schulbesuch und hielt sie zu kriminellen Handlungen an. Ihr weiterer Lebensweg war nicht dazu geeignet, die in ihrer Kindheit erlebten Erfahrungen in einer positiven Art zu relativieren. Trotz dieser Erlebnisse versucht sie in der Erziehung ihrer eigenen Kinder, diese von Kriminalität fernzuhalten und ihnen eine Schulbildung zu ermöglichen. Im Umgang mit ihren Kindern sind Defizite, insbesondere in der Vermittlung von Anerkennung und Zuneigung, festzustellen. Dies lässt sich aufgrund ihrer eigenen Sozialisationserfahrung leicht erklären. Vergleicht man die Sozialisationserfahrung Nazifas mit der Erziehung ihrer Kinder muss man aber feststellen, dass eine enorme persönliche Entwicklung Nazifa dazu befähigt, mit ihren Kindern anders umzugehen, als dies ihre eigenen Erfahrungen vorgaben. Es hätte wohl niemanden besonders verwundert, wenn Nazifa ihre Kinder misshandelt hätte, den Schulbesuch nicht unterstützen würde und kriminellen Handlungen ihrer Kinder mit Gleichgültigkeit begegnete. Man muss also die Frage stellen, welche Impulse bei Nazifa dazu führten, ihre Persönlichkeit für sich und ihre Kinder in so positiver Weise zu entwickeln. Diese Frage lässt sich anhand der von ihr erzählten Lebensgeschichte nur schwer beantworten, da die Zahl der negativen Erlebnisse so überwiegend ist. Als einen Ansatz mag man ihre positiven Erfahrungen in den Kinder- und Erziehungsheimen heranziehen. Hier erfuhr sie zum ersten Mal Lob und Anerkennung. Woher sie allerdings das Leitbild für die Erziehung ihrer Kinder bezogen hat, konnte anhand des Interviews nicht geklärt werden. Trotz dieser großen persönlichen Leistung Nazifas, haben ihre Kinder mit Defiziten zu kämpfen. Diese sind allerdings zum größten Teil in den Lebensumständen der Familie begründet. Die Entwicklungschancen der Kinder könnten sich entscheidend verbessern, wenn sich die Lebensumstände der Familie verbesserten. Hierzu zählen die Verbesserung der Wohnsituation und die Gewährung eines dauernden Bleiberechts, wie auch die Erlaubnis, am Erwerbsleben teilzunehmen. Insbesondere die Gewährung eines dauernden Aufenthaltsrechts und einer Arbeitserlaubnis würde die Eltern aus ihrer Perspektivlosigkeit erlösen und ihnen zumindest teilweise ermöglichen, ein selbst bestimmtes Leben zu führen.

Literatur

Brombach, H.: Roma in der modernen Gesellschaft. In: Hohmann, J. S. (Hrsg.): Sinti und Roma in Deutschland, Frankfurt/Main 1995
Djuric, R., Becken, B.: Ohne Heim und Grab – die Geschichte der Roma und Sinti, Berlin 1996

Liegeois, J. P.: Die schulische Betreuung ethnischer Minderheiten: Das Beispiel der Sinti und Roma, Berlin 1999

Marten-Gotthold, D.: Der Schutz der Sinti und Roma in der Bundesrepublik Deutschland als ethnischer Minderheit gemäß Artikel 3, Absatz 3 GG, Frankfurt/Main 1998

Neidhardt, F.: Frühkindliche Sozialisation, Theorien und Analysen, Stuttgart 1975

Reemtsma, K.: Sinti und Roma, Geschichte, Kultur und Gegenwart, München 1996

Sozialer Umgang mit kultureller Diversität

Elisabeth Furch, Siegfried Gettinger

Menschen kommen im unterschiedlichsten Kontext mit „Fremden" und Fremdheit in Kontakt und werden im Alltag immer öfter mit kultureller Diversität konfrontiert, weshalb solche Begegnungen im sozialen Umgang bewältigt werden müssen. In Gedanken zu den Begriffen „Fremde", „fremd sein", werden unter Einbeziehung psychologischer Aspekte und einer soziologischen Betrachtungsweise des Begriffes „Fremd" Ansätze zu einer differenzierteren, vielschichtigeren Auseinandersetzung mit dem Thema aufgezeigt. Die Sprache als Transportmedium von Wissen um kulturelle Diversität und ihre Besonderheiten werden kurz dargestellt. Zuletzt schließen einige Grundsätze zum Umgang mit „Fremdheit" in einer immer pluralistischeren Welt die Gedanken, die in dieser Arbeit dargestellt werden, ab.

1. Einleitende Gedanken

Während *Schütz* seine Gedanken über „den Fremden" in den 50er-Jahren niederschreibt, wird aktuell immer häufiger der Begriff „kulturelle Diversität" verwendet, der sich offenbar in einem zusammenwachsenden, sich ständig erweiternden Europa aus einer dialogischen Dialektik mit interdisziplinären Ansätzen entwickelt hat, um die Begegnung unterschiedlicher Kulturkreise mehrperspektivisch zu bewältigen. Unter „Diversität" werden Themenkreise, wie z. B. die Gender-Diskussion, Mehrsprachigkeit, kulturelle Unterschiedlichkeiten ebenso wie die Bewältigung des Umgangs mit Menschen mit besonderen Bedürfnissen oder der interreligiöse Dialog, verstanden. Dazu ein Statement des Council of Europe:

> No society is fully cohesive. Social cohesion is an ideal to be striven for rather than a goal capable of being fully achieved. It constantly needs to be nurtured, improved and adapted. Each generation has to find afresh a manageable equilibrium of forces. This is a constantly shifting equilibrium which has to adapt to changes in the social and economic environment, in technology and in national and international political systems. (European Committee for Social Cohesion – CDCS, 2004, S. 3)

In unserem Alltag werden wir immer öfter mit kultureller Diversität konfrontiert. Die Auseinandersetzung damit findet in unterschiedlichen Betreuungseinrichtungen, z. B. in Flüchtlingsheimen, Kinderbetreuungseinrichtungen, Frau-

enhäusern, im Strafvollzug, in den Medien, in den Aus- und Fortbildungsein-
richtungen für LehrerInnen und in der Schule, statt. Beschäftigte in diesen Einrichtungen werden mit „Fremden" und dem „Fremden" direkt konfrontiert. Sie
kommen schon seit den frühen 70er-Jahren mit Menschen in Kontakt, die auf
Grund von religiösen, rassistischen, politischen, persönlichen und/oder ökonomischen Konflikten aus ihren Heimatländern flüchten mussten und häufig aus
anderen Kulturkreisen stammen.

Vor einem Jahr, erst nach Beginn des Schuljahres, kamen tschetschenische Flüchtlingskinder in ein Wiener Klassenzimmer. Dadurch wurden Schüler-
Innen, DirektorInnen und LehrerInnen eines Schulstandortes plötzlich und unmittelbar mit den Auswirkungen von kriegerischen, ethischen, religiösen, wirtschaftlichen und politischen Konflikten konfrontiert. Diese Begegnung spiegelte
innerhalb eines kleinen Raums das Weltgeschehen, die Flüchtlingspolitik, die
Probleme, den Zustand und die momentane Situation geflohener fremder Menschen mitten in einem Wiener Klassenzimmer.

1.1 Wie können nun solche Begegnungen im sozialen Kontext bewältigt werden?

Nicht als direkte Antwort auf diese Frage gedacht – die wird u. E. in jeder Si-
tuation anders lauten müssen –, wird nun eine Schulsituation wieder gegeben.
Es handelt sich dabei um einen Auszug aus einem Fallbeispiel (vgl. Mayer in
Furch, Eichelberger 2007, in Druck):

Werner Mayer, ehemaliger Grundschullehrer und langjähriger Grund-
schuldirektor in Wien, setzte sich von Beginn seiner Lehrerkarriere an mit den
Bedürfnissen und der Situation von Migrantenkindern in seinen Klassen und
später in seiner Schule intensiv auseinander und schildert seine Sicht der Schul-
realität als Schulleiter:

*Immerhin stellte bei meinem Amtsantritt die Gruppe der Kinder mit Migrations-
hintergrund schon seit mehr als einem Jahrzehnt die Mehrheit in dieser Schule.
Es waren gerade einmal 20 Kinder von 350 Schüler/innen ‚Wiener Kinder',
worunter man damals die monolingual deutsch sprechenden Kinder verstand.
Das waren fast 95% Anteil für die anderen. Es gab 14 prall gefüllte Klassen
und davon zwei Vorschulklassen.*

*Das Umfeld der Schule ließ sich so beschreiben: Der Bezirk mit der
höchsten Dichte von Migrant/innen in der Wohnbevölkerung in Österreich –
etwa 45%. Das bedeutete aber auch, dass fast die Hälfte der Erwachsenen nicht
wahlberechtigt war und die Wahlberechtigten bei Wahlen überdurchschnittlich
dem rechten Rand des politischen Spektrums zuneigten. [...] Es waren ‚Wiener
Kinder' in der Gegend zuhause, ich habe sie gesehen. Ich traf auf meinem Weg*

von der U-Bahn zur Schule während der Schulweg-Rushhour jede Menge auf-
wändig gekleidete Kinder mit prächtigen Schultaschen in Richtung U-Bahn ei-
len. Ich hatte damals auch nicht die nötigen Kontakte zu den ,Wiener' Eltern,
dass sie mir erklären hätten können, warum sie ihre Kinder nicht in unsere
Schule schickten. [...]

Einen Schritt kam ich der Lösung näher, als mir eine Lehrerin, die da-
mals in der Nähe der Schule wohnte, erklärte, worunter sie am meisten zu lei-
den hätte: Sie könne ihre eigenen Kinder nicht mehr in den Park schicken, weil
dort nur ,Ausländer' seien. [...] Es sind nur mehr ,Ausländer' im Park, weil
keine ,Wiener' hingehen (können), nicht weil die anderen so massenhaft auftre-
ten. Und für die Schule könnte das ähnlich zu erklären sein.

Vorher lieferte mir eine andere Lehrerin noch eine andere Erklärung:
Wenn der Direktor bei der Schuleinschreibung alle ,Ausländer' aufnimmt, muss
er ja dann, wenn die ,österreichischen' Eltern einschreiben kommen, sagen,
dass kein Platz mehr ist. Eine bestechende Logik, da diese Erklärung tatsäch-
lich ernst gemeint war. [...]

Manchmal überlegte ich mir, wie diese unglückliche Verteilung von 95%
: 5% oder 19 : 1 von Deutsch als Zweitsprache zu Deutsch als Muttersprache in
der Schule zu verbessern wäre. Noch dazu wenn alle möglichen politischen
Mandatare die magische Grenze von 30% ,Ausländerkindern' in Wiener Klas-
sen beschworen. Die Milchmädchenrechnung hätte ergeben: Entweder wir
schicken 320 ,Ausländerkinder' wo anders hin und es bleibt eine Klasse über.
Oder wir tauschen 245 ,Ausländerkinder' gegen ,Wiener Kinder' aus den Au-
ßenregionen Wiens aus. Keine Idee ist irrwitzig genug, dass sie nicht immer
wieder als politische Ansage auftaucht. [...]

Der Austausch mit den Eltern lief aber insgesamt eher stockend. Vor al-
lem die Unterschriften in den Mitteilungs- und Schularbeitsheften waren höchst
rar. Einmal, als es wirklich dringend war die Eltern zu sprechen, wollte ich den
Herrn Schulwart eine offizielle Einladung zustellen lassen. ,Da', meinte er, ,ge-
he ich nicht hin. Und mit der Post brauchen Sie es auch nicht zu versuchen, da
traut sich kein Briefträger hinein!'

Offensichtlich fehlt es nach ca. 50 Jahren (!) Einwanderungsgeschichte in mitteleuropäischen Staaten v. a. in pädagogischen Kreisen, wie soeben geschildert,
immer noch an differenzierter Sichtweise im Umgang mit dem Fremden und in
der Folge an adäquatem Umgang mit den Betroffenen. Zwar haben gesell-
schafts- und geisteswissenschaftliche Disziplinen durch Etablierung spezieller
Fachrichtungen (wie z. B. Interkulturelle Pädagogik, Interkulturelle Philosophie, Migrationssoziologie, Interkulturelle Theologie, die Sprachwissenschaft
mit dem Fachbereich Deutsch als Zweitsprache) relativ schnell und in unterschiedlicher Weise auf gesellschaftliche Veränderungen reagiert (vgl. Krüger-
Potratz 2007, S. 32), die LehrerInnenausbildung und –fortbildung hinkt jedoch

u. E. noch wesentlich nach (siehe u. a. die neuen Curricula der Pädagogischen Hochschulen in Österreich, Start: 1.10.2007). Bis also die von Einwanderung betroffenen PädagogInnen Verständnis und reflektierten, der Situation entsprechenden Umgang mit den Fremden, ob mit Schulkindern oder deren Eltern, zeigen, könnte in einigen Fällen noch einige Zeit dauern.

Die nun folgende Tabelle (Tabelle 1) über die *Zuwanderung im europäischen Vergleich* (Migrationsbericht 2005, S. 169) war ein weiterer Gedankenanstoß für unsere dann folgenden Ausführungen:

Tabelle 1:

http://www.bundesregierung.de/Content/DE/Publikation/IB/Anlagen/migrations bericht-2005,property=publicationFile.pdf

Zielland	1991	1992	1993	1994	1995	1996	1997
Belgien	67.460	66.763	63.749	66.147	62.950	61.522	58.849
Dänemark	43.567	43.377	43.400	44.961	63.187	54.445	50.105
Deutsch-land	1.182.927	1.502.198	1.277.408	1.082.553	1.096.048	959.691	840.633
Estland							
Finnland	19.001	14.554	14.975	11.611	12.222	13.294	13.564
Frankreich[2]	102.109	110.667	116.161	82.770	77.000	73.983	102.417
Griechen-land	24.436	32.132	27.129	18.287	20.859	22.214	22.078
Irland[3]	33.300	40.704	34.702	30.112	31.207	39.162	44.500
Italien	126.935	113.916	100.401	99.105	96.710	171.967	162.857
Lettland							
Litauen							
Luxemburg	10.913	10.696	9.857	10.030	10.325	10.027	10.423
Malta[1]							
Niederlande	120.249	116.926	110.559	92.142	96.099	108.749	109.860
Österreich	k.A.	k.A.	k.A.	95.193	k.A.	69.930	70.122
Polen							
Portugal[2]	k.A.	13.735	9.852	5.653	5.025	3.644	3.298
Schweden	49.731	45.419	61.872	83.598	45.887	39.895	44.818
Schweiz	164.773	157.190	144.537	130.188	113.967	97.591	91.687
Slowakische Rep.							
Slowenien							
Spanien	24.320	38.882	33.026	34.123	36.092	29.895	57.877
Tschechi-sche Rep.						7.408	9.949
Ungarn							
Ver. Königreich	267.000	267.600	265.100	314.400	311.900	317.800	326.100
Zypern							

Zielland	1998	1999	2000	2001	2002	2003	2004
Belgien	61.522	68.466	68.616	77.584	82.655	81.913	
Dänemark	51.372	50.236	52.915	55.984	52.778	49.754	49.860
Deutsch-land	802.456	874.023	841.158	879.217	842.543	768.975	780.175
Estland	1.219	1.198				1.480	1.759
Finnland	14.192	14.744	16.895	18.955	18.113	17.838	20.333
Frankreich[2]	138.388	104.398	119.250	140.953	156.243	173.100	
Griechen-land	12.630	k.A.	k.A.	k.A.	k.A.	k.A.	
Irland[3]	46.000	48.900	52.600	59.000	66.900	50.500	50.100
Italien	156.885	189.876	226.968	185.052	222.801	470.491	444.566
Lettland	3.123	1.813	1.627	1.443	1.428	1.364	
Litauen	2.706	2.679	1.510	4.694	5.110	4.728	5.553
Luxemburg	11.630	12.794	11.765	12.135	12.101	12.613	
Malta[1]		708	965	1.002	915	1.239	
Niederlande	122.395	119.151	132.850	133.404	121.250	104.514	89.700
Österreich	72.723	86.710	79.278	89.928	113.165	113.554	127.399
Polen	8.916	7.525	7.331	6.625	6.587	7.048	
Portugal[2]	6.485	14.476	18.412	19.028	17.041		
Schweden	49.391	49.839	58.659	60.795	64.087	63.795	62.028
Schweiz	95.955	107.953	110.302	124.077	127.340	119.783	120.188
Slowakische Rep.			2.300	2.023	2.300	2.603	4.460
Slowenien	4.603	4.941	6.185	7.803	9.134	9.279	
Spanien	81.227	127.365	362.468	414.772	483.260	470.010	684.561
Tschechi-sche Rep.	7.943	6.810	4.227	11.323	43.647	57.438	50.804
Ungarn	16.052	20.151	20.184	19.462	15.675		
Ver. Königreich	390.300	453.800	483.400	479.600	512.800	512.600	
Zypern			12.764	17.485	14.370	27.132	

Quelle: Eurostat, Council of Europe, nationale statistische Ämter

1) Summer der in der Statistik Maltas getrennt aufgeführte Kategorien
   „retourning emigrants" und „non-Maltese nationals settling in the Maltese Islands"
2) nur ausländische Staatsangehörige
3) Schätzzahlen.

Wie unterschiedlich groß die Migrantenpopulation (in absoluten Zahlen) in den verschiedenen Ländern Europas ist, ist der Entwicklung zwischen 1991 und 2004 in Ländern wie z. B. Deutschland, Österreich, Italien und Spanien zu entnehmen (siehe obige Tabelle). Spanien und Italien sind derzeit viel stärker von Migration betroffen als noch vor wenigen Jahren. In Spanien sind die Migrantenzahlen zwischen 1991 und 2004 um das 28-fache, in Italien um das 3-fache, in Österreich um das 1,8-fache gestiegen. In Deutschland sind die Zahlen der Zuwanderer in diesem Zeitraum etwas gesunken. Deutschland hat jedoch in diesem Zeitraum alleine mehr MigrantInnen aufgenommen als der Rest der Europäischen Union zusammen.

2. Einige Gedanken zum Begriff „fremd"

2.1 Definitionen von „Fremde/r":

- „Eine *Fremde*, ein *Fremder* ist ein Mensch unserer Zeit und Zivilisation, der von der Gruppe, welcher er sich nähert, dauerhaft akzeptiert oder zumindest geduldet werden möchte." (Schütz 1972, S. 59)
- „Das altgerm. Adjektiv *fremd*, mhd. vrem[e]de, ahd. fremidi, got. framapeis, niederl. vreemd, aengl. fremede ist eine Ableitung von dem im Nhd. untergegangenen gemeingerm. Adverb fram >>vorwärts, weiter; von – weg<< (mhd. vram, ahd. fram, got. fram, engl. from, aisl. fram; vgl. ver...) bedeutete ursprünglich >>entfernt<<, dann >>unbekannt, unvertraut<<.
Abl.: 1 Fremde >>Person, die aus einem anderen Land stammt; Unbekannte[r]<< (mhd. vremde; noch in neuerer Zeit oft mit Gast gleichgesetzt, beachte Zusammensetzungen wie >>Fremdenbuch, -heim, -verkehr<<);
2 Fremde >>Land fern der Heimat<< (mhd. vrem[e]de >>Entfernung, Trennung, Feindschaft; fremdes Land<<)." (Duden (a), 2001, 235)
- „*Fremde* bedeuten das Fehlen von Klarheit, man kann nicht sicher sein, was sie tun werden, wie sie auf die eigenen Handlungen reagieren würden; man kann nicht sagen, ob sie Freunde oder Feinde sind und daher kann man nicht umhin, sie mit Argwohn zu betrachten." (Bauman 2000, S. 39)

2.2 Definition von „Fremdsein"

„Auf befremdliche Weise ist der Fremde in uns selbst: Er ist die verborgene Seite unserer Identität [...]. Wenn wir ihn in uns erkennen, verhindern wir, dass wir ihn selbst verabscheuen." (Kristeva 1988, S. 11)

Manchmal wird uns auf unangenehme Weise bewusst, wie fremd wir uns selbst sind. Diese Erfahrung kann in einigen wenigen Augenblicken zu einer Erweiterung des Bewusstseins führen. Leider bleibt es oft bei diesen kurzen Impulsen, die dann aus dem Bewusstsein wieder verdrängt werden. Eine Auseinandersetzung mit diesem Phänomen – in einem gesunden Ausmaß – würde unser Selbstverständnis von uns Selbst und von den Menschen, denen wir begegnen, positiv beeinflussen. Nur was wir an uns selbst kennen, können wir auch in anderen erkennen. Dieser Gedanke ermöglicht erst einen emphatischen, verständnisvollen Diskurs miteinander.

2.3 Psychologische Aspekte in der Begegnung mit dem „Fremden"

Die Kontinuität in der Auseinandersetzung mit dem Anderen erfordert ein Wissen um eigene Fähigkeiten und Grenzen. Nur ausgehend vom Wissen um die eigene Person kann ich andere kennen lernen. Verständnis beginnt beim Verstehen der eigenen Gefühle (z. B. Freude, Angst, Schmerz, Einsamkeit) und Handlungsmuster. Verständnis setzt Introspektionsfähigkeit voraus, dadurch wird es möglich, sich selbst und andere kennen zulernen und ein hohes Maß an Bewusstheit im Umgang mit sich selbst und anderen zu erlangen, beispielsweise wird durch Stimmlage und Sprechweise angezeigt, dass man das Erleben der anderen Person nachvollzieht. Die Äußerungen sind den Gefühlen des anderen angemessen.

Getroffene Maßnahmen (z. B. im Unterricht) zeigen das, was von der inneren Welt des anderen verstanden wird. Mit entsprechender Einfühlung ist nachvollziehbar, wie unangenehm es sein kann, z. B. eine Anleitung nicht verstanden zu haben. Es ist für die je eigene Selbstachtung ungünstig, wenn sich eine Person plötzlich in einer Situation wieder findet, in der sie im Mittelpunkt steht und durch Unverständnis von anderer Seite gekränkt werden könnte. Empathische Menschen verhindern solche Situationen.

Wenn Leistungsgrenzen von Personen spürbar sind oder bereits bekannt sind, dann sollten sie nicht überschritten werden und diese Personen nicht zusätzlich in eine unangenehme Situation gebracht werden. Leistungsüberprüfungen z. B. könnten auch in einem anderen Setting, das den verschiedenen Niveaus individuell angepasst ist, durchgeführt werden.

Wenn etwas sprachlich sehr schwer verständlich ist, sollte der Gegenstand mehrmals und mit unterschiedlichen Vokabeln erklärt werden. Durch die vielschichtigeren Bedingungen kann auf die unterschiedlichen Lernertypen und –niveaus Rücksicht genommen werden (vgl. Rogers 1983, S. 211 f).

2.4 Kulturzentrismus

„Kulturzentrismus" bezeichnet hier v. a. pauschale, undifferenzierte und abwertende Aussagen von Menschen über die „fremde" Kultur anderer, in unserem Fall besonders die von MigrantInnen. Diese verdecken die diffizile Vielschichtigkeit anderer Kulturen, die dadurch erst gar nicht einer breiten Öffentlichkeit zugänglich gemacht wird (Schütz 1972, S. 67 f).

Hier sei eine kurze Kritik am Kulturzentrismus in unserer mitteleuropäischen Gesellschaft angebracht, in der das gesellschaftliche Verständnis von „Kulturzentrismus" auf sogenannter „Toleranz" als ausreichende Etikette im Umgang mit fremden Kulturen basiert. Der Begriff „Toleranz" kommt vom lat. tolerantia und bedeutet Ertragen, Geduld. Das Tolerantsein steht für Entgegenkommen; Duldung, Duldsamkeit (Duden (b) 1994, S. 1370). Duldung alleine ist aber keine wertschätzende Haltung. Vielmehr angebracht wäre „Respekt". Der Begriff beinhaltet eine auf Anerkennung beruhende gegenseitige Achtung (Duden (b) 1994, S. 1189) und birgt einen adäquateren Umgang mit kultureller Diversität.

3. Umgang mit kultureller Diversität: „Rezeptwissen" als Grundlage für gegenseitiges „Kennenlernen"

Als „Rezeptwissen" wird ein für eine Gesellschaft allgemein gültiger grundlegender, oberflächlich vorhandener Wissensvorrat verstanden. Dieser spiegelt ein Wissen, das eine Gesellschaft von einer anderen hat. Der Unterschied zu profundem, tiefgründigem Wissen besteht in der Information, die diese Gesellschaft durch ihre Anschauungen, Medien, Politik und Bildung gewonnen hat, und darin dass diese Information nicht in ihrer Beschränktheit hinterfragt wird (vgl. Schütz 1972, S. 57 f).

Durch dieses sog. „Rezeptwissen" entwickeln Menschen eine gewisse Sicherheit, da sie ja anscheinend um die Gefahren durch und im Umgang mit „fremden", neuen Dingen, Personen und Ländern wissen. Dieses Wissen lässt uns entsprechend unserem Kulturkreis, unseren Traditionen und persönlichen Erfahrungen handeln, unabhängig davon, wo wir uns befinden. Dieses „Rezeptwissen" beinhaltet ebenso Vorurteile als auch Informationen basierend auf tatsächlichem Wissen, nur ist uns das nicht immer bewusst.

Folgendes Beispiel soll aufzeigen, dass das Wissen unseres täglichen Lebens nicht homogen ist:

Ein *Haus* – davon hat jeder Mensch eine bestimmte Vorstellung, die jedoch nicht thematisiert und näher hinterfragt wird. Beim Begriff „Haus" taucht bei uns eine bestimmte Architektur, Raumaufteilung, vielleicht ein Ort im Grünen, mit Blick auf einen See usw. auf. Konkret entsteht ein Bild „Haus" als ein Gebäude mit Mauern, Fenstern, Türen, Zimmern und einem Dach als wesentlichen Elementen in unserer Vorstellung. Aber wie viele Menschen dieser Welt haben ein völlig anderes Bild von einem „Haus" im Kopf?

Im übertragenen Sinne wird in unausgesprochenen, ungeklärten, kulturell gewohnten Kategorien gedacht. Wir stellen also in unserer Alltagskommunikation kaum bis gar nicht fest, wie „fremd" uns das Wissen bzw. die vorhandenen „Bilder im Kopf" des Anderen sind.

Gegenseitiges tatsächliches „Kennenlernen" bedingt in diesem Zusammenhang ein Aussprechen und Diskutieren von Alltäglichkeiten, den sozialen, kulturellen und emotionalen Austausch mit dem Anderen, denn nur auf diesem Weg kann das Leben eines anderen Menschen verstanden und es in seinen Parallelen und Unterschieden erfahren werden (vgl. Schütz 1972, S. 57 f).

Kulturelle Diversität kann bereits im frühen Kindesalter durch Eltern, KindergartenpädagogInnen und/oder andere Bezugspersonen erfahren werden, indem diese ihr „Wissen" um andere Kulturen und ihre damit verbundenen Gefühle weitergeben. Diese erste „Interkulturelle Bildung" findet ihre Fortsetzung in der Schuleingangsphase. Um mögliche Ängste, die die neue Situation mit all ihren Facetten für die Kinder erzeugt, zu beseitigen, ist eine Auseinandersetzung mit der neuen Umgebung und allen darin handelnden Personen notwendig.

Das Kennenlernen der eigenen Person mit den damit verbundenen Fähigkeiten und Fertigkeiten beginnt bereits vor dem Schulleben und ist durch die Entwicklung des Selbstbewusstseins eine Voraussetzung für die Auseinandersetzung mit einer anderen Person und deren Kultur. „Kennenlernen" bezeichnet vornehmlich einen dualen Prozess, der primär aus dem Kennenlernen der eigenen Person in ihrer Gesamtheit besteht und andererseits aus dem Kennenlernen der uns umgebenden Umwelt und der darin handelnden Personen (vgl. Schütz 1972, S. 57 f).

Ein erstes gegenseitiges Kennenlernen ist der einleitende Prozess in dieser dualen Auseinandersetzung. Mit Spielen und durch Erforschen und Erleben des Umfeldes lernen z. B. Kinder die Namen aller in diesem Prozess mitbeteiligten und handelnden Personen und deren Umfeld kennen.

3.1 Kontinuität als wesentliches Merkmal der Begegnung und Auseinandersetzung

Die Personen des Prozesses des gegenseitigen Kennenlernens sind miteinander in einem regelmäßigen Prozess verbunden. Dies ermöglicht eine immer tiefer gehende Auseinandersetzung mit dem Anderen und führt zu einer sicheren Position, einem Fundament, von dem aus weitere Erfahrungen im Umgang mit dem/den Anderen gemacht werden können. Darüber hinaus findet ein gegenseitiges „Erkunden" statt. Damit dieser Prozess gefördert wird, bietet das Wissen um kulturelle Diversität vielfältige Möglichkeiten (vgl. Schütz 1972, S. 54 f).

Kontinuität bedeutet hier, dass sich alle Personen in einem regelmäßigen, von allen akzeptierten und anerkannten bestimmten zeitlichen Umfang begegnen. Um diese Begegnung auch in einem annehmbaren Rahmen zu gestalten, bedarf es der Mitarbeit aller Beteiligten. Die Kontinuität zwingt damit alle, sich mit der Situation des Miteinanders auseinanderzusetzen. Diese Auseinandersetzung findet z. B. in der Schule auf einer persönlichen und methodisch-didaktischen Ebene statt.

4. Soziologische Betrachtungsweise des Begriffs „Fremd"

Die Sozialisation, der jeder Mensch in mehr oder weniger unterschiedlicher Form ausgeliefert ist, dient im Wesentlichen dazu, vorhandene Normen, ethische Grundsätze, also einer Gesellschaft angepasste Verhaltensmuster und Normen, zu verinnerlichen. Sozialisation vermittelt uns in der Folge auch eine gewisse Sicherheit im Umgang mit anderen Personen und ein „Rezeptwissen", mit dem wir unser Leben in einer von der Gesellschaft akzeptierten Form gestalten sollen. *Simmel* beschreibt in seinen Untersuchungen über die Formen der Vergesellschaftung treffend die Phänomene, denen Menschen, die sich einer anderen Kultur nähern, begegnen. Auf seinen Ansatz, der in Richtung Assimilation angedacht wird, soll nicht näher eingegangen werden, da der Grad der Assimilation eine intraindividuelle Ausprägung hat. Diese kann nicht nur an einem konkreten Beispiel abgehandelt werden, da dies keine allgemein gültige Aussage haben würde. Vielmehr sind die für eine repräsentative Anzahl von Menschen gültigen Phänomene im Erleben des „Fremdseins" interessant. *Simmel* meint bereits 1908 in seinem „Exkurs über den Fremden" Folgendes:

„Der Fremde ist ein Element der Gruppe selbst, nicht anders als die Armen und die mannigfachen »inneren Feinde« – ein Element, dessen immanente und Gliedstellung zugleich ein Außerhalb und Gegenüber einschließt [...]Diese Position des Fremden verschärft sich für das Bewußtsein, wenn er, statt den Ort seiner Tätigkeit wieder zu verlassen, sich an ihm fixiert. [...] **Der Fremde ist**

uns nah, insofern wir Gleichheiten nationaler oder sozialer, berufsmäßiger oder allgemein menschlicher Art zwischen ihm und uns fühlen; er ist uns fern, insofern diese Gleichheiten über ihn und uns hinausreichen und uns beide nur verbinden, weil sie überhaupt sehr Viele verbinden. In diesem Sinne kommt leicht auch in die engsten Verhältnisse ein Zug von Fremdheit. [...] Dies ist aber im Falle des Land-, Stadt-, Rassefremden usw. auch wieder nichts Individuelles, sondern eine fremde Herkunft, die vielen Fremden gemeinsam ist oder sein könnte (Simmel 1908, S. 509 f).“

5. Die Konstruktion des „Fremden", eine sozialpsychologische Analyse

Der Begriff „Fremde" bezieht sich hier auf erwachsene Personen, die versuchen, sich dauerhaft einer anderen Gruppe („Gruppe" bezeichnet hier im allgemeinen Sinne mehrere Personen, die z. B. in einem Mietshaus aufeinander treffen und einen mehr oder weniger umfassenden Modus der Begegnung pflegen) zu nähern und von dieser akzeptiert oder zumindest geduldet zu werden.

Das Hauptaugenmerk legt *Schütz* auf ImmigrantInnen, aber keinesfalls ausschließlich. Unabhängig davon,

- ob sich jemand in einem Club um Mitgliedschaft bewirbt oder
- ob sie/er in die Familie ihres Freundes/seiner Freundin aufgenommen werden möchte oder
- ob jemand in einer fremden Stadt im Ausland ein Studium beginnt oder
- nur in einen anderen Bezirk einer Großstadt übersiedelt,
sind Personen in veränderten Situationen Fremde, entsprechend der oben gegebenen Definition. In vielen Fällen verläuft jedoch die Krise im Vergleich zu Personen, die immigrierten, leichter oder sie kann auch ganz ausbleiben. *Schütz* schließt in seiner Untersuchung bestimmte Fälle aus, da sie die Definition verändern würden:
1) den Besucher oder Gast, da er nur einen vorübergehenden Kontakt mit der Gruppe sucht;
2) Kinder [oder Primitive (vgl. Schütz 1972, S. 61 f)], da diese erst in einem sehr beschränkten, verinnerlichten Umfang an Sozialisation sowie eigener und überlieferter Geschichte verfügen;
3) die Beziehungen zwischen Individuen und Gruppen äußerst verschiedener Zivilisationsstufen.

Die Mitglieder, die in einer bestimmten Gruppe geboren oder erzogen werden, akzeptieren standardisierte Schemata kultureller und zivilisatorischer Muster, die die Vorfahren, LehrerInnen und Autoritäten als eine unbefragte und unbefragbare Anleitung für alle Situationen übermittelt haben, die normalerweise in der sozialen Welt vorkommen. Dieses Wissen, das den zivilisatorischen und kulturellen Mustern entspricht, wird zunächst fraglos hingenommen oder es wird vielmehr aus Mangel anderer Erfahrungen unhinterfragt hingenommen. Es ist ein vertrautes Wissen, mit dem die soziale Welt ausgelegt und mit dem mit Dingen und Menschen so umgegangen werden kann, dass damit die besten Resultate in jeder Situation mit einem Minimum an Anstrengung und bei Vermeidung unerwünschter Konsequenzen erreicht werden kann. Es ist daher die Funktion der Kultur- und Zivilisationsmuster, ermüdende Untersuchungen auszuschließen. Fertige Gebrauchsanweisungen werden angeboten, um die schwer zu erreichende Wahrheit durch bequeme Wahrheiten zu ersetzen und um Selbstverständliches mit Fragwürdigem zu vertauschen. *Schütz* bezeichnet diese Haltung als „Denken-wie-üblich" (vgl. Schütz 1972, S. 58), was so lange bestehen kann, wie seine Grundannahmen Gültigkeit besitzen. Das bedeutet:

1. Das Leben, insbesondere das soziale Leben, wird immer so sein, wie es gewesen ist, folglich werden dieselben Probleme die gleichen Lösungen verlangen und aus diesem wiederkehrenden Gedanken heraus genügen frühere Erfahrungen, um zukünftige Situationen zu meistern.

2. Wir können uns auf das Wissen, das uns unsere Eltern, LehrerInnen, Regierungen, Traditionen, Gewohnheiten usw. überliefern, verlassen, selbst wenn wir deren Ursprung und deren reale Bedeutung nicht kennen.

3. Im normalen Ablauf der Dinge genügt es, etwas über den allgemeinen Typus oder Stil der Ereignisse zu wissen, die uns in unserer Lebenswelt begegnen, um sie zu handhaben und zu kontrollieren.

4. Weder die Auslegungs- noch die Anweisungsschemata noch die zugrunde liegenden Grundannahmen, die gerade erwähnt wurden, sind unsere Privatangelegenheit, sondern sie werden auch in gleicher Weise von unseren Mitmenschen akzeptiert und angewandt.

Bewährt sich nur eine dieser Annahmen nicht, dann entsteht eine „Krisis" (= eine enorme psychische Anspannung, die auf einer scheinbar unbewältigbaren Aufgabenstellung, bedingt durch eine fremde, neuartige Lebenssituation, basiert) (vgl. Schütz 1972, S. 57 f), die die aktuellen Ordnungssysteme umstürzt. Erst dadurch wird die Anwendung in ihrer Beschränktheit auf eine nicht mehr gültige historische Situation sichtbar.

Aufgrund ihrer persönlichen Krisis teilen besonders Fremde die oben erwähnten Grundannahmen nicht. Fremde stellen alle wesentlichen Grundannahmen der Gruppe, der sie sich nähern, in Frage, da die Zivilisations- und Kultur-muster für Fremde nicht die Autorität eines erprobten Systems von Rezepten haben. Durch das Fehlen der lebendigen geschichtlichen Tradition, durch die diese Muster gebildet werden, hat der Standpunkt von Fremden eine besondere Geschichte. Diese Geschichte ist lediglich der fremden Gruppe zugänglich, sie wird niemals ein integraler Bestandteil der eigenen (= unserer) Biographie. Nur der Lebensstil der eigenen Gruppe und die Tradition der eigenen Eltern werden zu wesentlichen Elementen des eigenen Lebens. Fremde sind bestenfalls willig und fähig, die Gegenwart und die Zukunft der Gruppe, der sie sich nähern, in lebendiger und unmittelbarer Erfahrung zu teilen, sie bleiben in jedem Fall aber von den Erfahrungen der Vergangenheit ausgeschlossen. Fremde sind aus der Sicht der Gruppe Menschen ohne eine gemeinsame Geschichte mit eben dieser Gruppe.

Bei der Annäherung an eine neue Gruppe benutzen Fremde und wir die Zivilisations- und Kulturmuster unserer Heimatgruppe. Fremde bewerten ihre neue Umwelt wie üblich, was sich sehr bald als ungeeignet erweist.

Damit es zu einer Annäherung von zwei Gruppen kommen kann, benöti-gen sie nun einen neuen Wissenstyp. Beide Gruppen treten als Partner in neue soziale Beziehungen. Aus der dabei erlebten neuen Erfahrung verändern sie ihre ursprünglichen Bezugsnormen. So wird ein Konzept entwickelt, das sich in den neuen Zivilisationsmustern und dem Lebensstil bewährt. Aber selbst unter die-sen Umständen kann die Auslegung der neuen Zivilisations- und Kulturmuster nicht mit denjenigen Mustern zusammenfallen, die in beiden Gruppen ge-bräuchlich sind.

Erst nachdem beide Gruppen auf diese Weise ein Wissen über die neuen, bis dato unbekannten Zivilisations- und Kulturmuster erworben haben, können sie ihr eigenes, neues Ausdrucksschema verwenden (vgl. Schütz 1972, S. 58 f).

5. Sprache als Transportmedium von Wissen um kulturelle Di-versität

Da die Angehörigen beider Gruppen sich meistens der Sprache als primäres Ausdrucksmittel bedienen, soll noch kurz auf einige Besonderheiten im Zweit-spracherwerb eingegangen werden, da sie wesentlich für die Auseinanderset-zung mit kultureller Diversität sind.

Hier geht es um den Unterschied zwischen dem passiven Verstehen einer Sprache und dem aktiven Beherrschen als einem Mittel, eigene Handlungen und Gedanken zu erfassen. Sprache besteht nicht nur aus linguistischen Symbolen, die in einem Lexikon nachgeschlagen werden können, sie besteht auch aus syn-taktischen Regeln und aus Sinninhalten. Diese Sinninhalte wiederum ihrerseits sind mit emotionalen und irrationalen Inhalten verknüpft. Jede soziale Gruppe hat ihre eigenen typischen Sprachcodes, die sich laufend verändern und die beim methodisch-didaktischen Aufbau des Zweitspracherwerbs nicht außer Acht gelassen werden sollten.

Sprechen können und Sprachverstehen werden auch als wesentliche Bausteine beim Aufbau von Selbstbewusstsein und Selbstvertrauen verstanden. Selbstbewusstsein als Basis für die nötige Sicherheit im Umgang miteinander setzt voraus, dass jede Person von ihrem Gegenüber erwarten kann, dass es auf zu erwartende Weise handelt oder reagiert, vorausgesetzt, dass die Person selbst typisch handelt. Ein für diesen Dialog notwendiges Wissen vom Anderen setzt eine entsprechende Bildung voraus, v. a. allem aber auch sprachliche Kompetenz.

Nur durch die Auseinandersetzung mit anderen Zivilisations- und Kulturmustern, dazu gehört u. a. auch die Sprache, kann es gelingen, neue Handlungsmuster zu verstehen, zu respektieren und letztendlich miteinander leben zu können.

6. Umgang mit Menschen in einer pluralistischen Gesellschaft

Unsere Zivilisations- und Kulturmuster unterliegen keinen konsistenten, klar definierten Mustern, vielmehr sorgt der Pluralismus für eine Vielzahl von Gruppen mit unterschiedlicher Auslegung einiger relevanten Begriffe wie „Ethik", „Normalität" oder „Moral". Weiter soll angemerkt werden, dass Fremdheit und Vertrautheit sich natürlich nicht auf das soziale Feld beschränken, sondern ganz allgemeine Kategorien sind, in unserer Auslegung der Welt (vgl. Bourdieu 1998, S. 17).

Jeder Neuankömmling erhält immer noch seine spezielle Position als Außenseiter. Es soll nicht unerwähnt bleiben, dass jede Person, die unsere eigenen pluralistischen Zivilisationsmuster nicht in den „Griff" bekommt, auch innerhalb ihrer „eigenen Gesellschaft" eine Außenseiterposition zugewiesen bekommen kann und sich dies in vielen Fällen in einer Verhaltensunsicherheit äußert (vgl. Schütz 1972, S. 67).

Der Prozess der Integration ist ein Spezialfall dieses Prinzips. Die Annäherung an und von Fremden ist ein kontinuierlicher Prozess, in der eine gegenseitige Untersuchung stattfindet. Erst danach entwickelt sich eine Basis des gegenseitigen Respekts und Vertrauens, die dafür sorgt, dass wir uns gegenseitig annähern (wollen).

7. Abschließende Gedanken, Forderungen und Grundsätze zu „Fremdheit"

Abschließend einige Gedanken als Bedingung für eine erfolgreiche Begegnung oder Arbeit mit Menschen mit Migrationshintergrund, die evtl. Ansätze sein könnten für ein zukünftiges „Diversity Management" in Krisenfällen:

1. Zulassen können von Andersartigkeit auf beiden Seiten;
2. Abbauen von Vorurteilen die aus dem eigenen Ethno- und Kulturzentrismus entstehen;
3. Herausarbeiten von Gemeinsamkeiten und nicht das Herausfinden der trennenden Elemente forcieren;
4. Entwickeln einer dialogischen Diskursfähigkeit über trennende Elemente in einer differenzierten, reflexiven und in einer die Würde jedes am Diskurs beteiligten Menschen achtenden Art und Weise;
5. Erkennen der Vielschichtigkeit anderer Menschen jenseits von sozialisierter und medialer Reduktion des jeweils anderen Kulturkreises;
6. Perspektivenwechsel vollziehen: Was hat sich durch den Umgang mit Diversität in unserer Gesellschaft zu unser aller Vorteil verändert?
7. Wo sind die eigenen persönlichen Entwicklungsmöglichkeiten und die der Anderen und wie können all diese Möglichkeiten als Ressource für einen Entwicklungsprozess genutzt werden?

7.1 Grundsätze im Umgang mit „Fremdheit"

Klingler stellt einige Grundsätze im Umgang mit „Fremdheit" zusammen, die wir an den Schluss dieses Artikels stellen wollen (vgl. Klingler 2007, S. 6 ff):

- Das Erleben von Fremdheit macht Angst, was völlig natürlich ist, besonders gut bei Kleinkindern zu beobachten. Nur durch Erfahrungen und oftmaligem Umgang mit dem „Fremden" lässt sich die anfängliche Beklemmung überwinden. Aktive Neugier stellt sich ein und lässt sich auf alle neuen Erfahrungen übertragen.
- Erkennen von und Lernen über „Fremdheit" macht mit ihr vertraut und erhöht das Selbstvertrauen in Begegnungssituationen. Neugierige Zuwendung ist zumeist die Folge.
- *„Die ängstliche Aggressivität gegenüber dem Fremden nährt sich von der distanzierten Unkenntnis des Eigenen, und die Bereitschaft zur Annäherung an Fremdes wächst mit dem vielseitigen Erkennen des Vertrauten einschließlich der*

Mängel und Schwächen. Ein zentraler Schritt liegt in der Be-
nennung der umgebenden Menschen und Dinge. Sie ist ein
Machtakt, der Zuwendung erfordert oder Distanz überwin-
det, zugleich aber auch das bisher völlig Fremde in die eige-
ne Verfügungsgewalt hineinholt. " (Klingler 2007, S. 8)

- Verschiedene Aspekte und Sichtweisen von Fremdheit sollen beachtet werden, wie etwa Sprache, Region, Weltanschauung, Politik, Historie, Emotionen, globale Zusammenhänge u. a.
- Zu einem umfassenden Verständnis von „Fremdheit" wird eine größere Zeitspanne benötigt, hastige Eile lässt keinen Raum für aktive persönliche Annäherung.
- Im Zusammenhang mit „Fremdheit" begegnen uns immer wieder Verbote, Drohungen und Strafen. Diese Tendenz sollte kritisch überlegt werden, denn damit gehen Demütigung und Entmutigung einher. Realisierbare Empfehlungen oder Verbesserungsvorschläge zu geben bzw. die Ursachen für Vergehen oder Fehlverhalten zu suchen, sind u. E. sinnvoller.
- Ein Unterschätzen der Kompetenzen und Begabungen von fremden Menschen findet häufig statt.
- Kulturelle Missverständnisse sind anfangs völlig normal. Es sollte jedoch im Anschluss an ein Missverständnis ein Bemühen um Aufdeckung und Aufklärung dessen geben. Besonders deutlich werden Missverständnisse in Unkenntnis der Landessprache. Hier wird schnell klar, dass Übertragungsfehler (d. h. Regeln der eigenen Muttersprache werden in der neuen Sprache gleichermaßen angewendet und führen in den meisten Fällen zu Fehlern) zu Ungereimtheiten führen.

Literatur

Baumann, Zygmunt (2000): Vereint in Verschiedenheit. In: J. Berghold/E. Menasse/K. Ottomeyer (Hg.): Trennlinien. Drava: Klagenfurt

Bourdieu, Pierre: Praktische Vernunft; Zur Theorie des Handelns. Suhrkamp Verlag, Frankfurt am Main 1998

Bundesamt für Migration und Flüchtlinge: Migrationsbericht im Auftrag der Bundesregierung, Deutschland, 2005

Council of Europe: A new strategy for Social Cohesion. – European Committee for Social Cohesion (CDCS). – March 2004

Duden (a): Herkunftswörterbuch, Etymologie der deutschen Sprache, 3., völlig neu bearbeitete und erweiterte Auflage, Dudenverlag, Mannheim, Leipzig, Wien, Zürich, 2001, S. 235

Duden (b): Das Große Fremdwörterbuch. Herkunft und Bedeutung der Fremdwörter. Dudenverlag: Leipzig, Wien, Zürich, 1994

Furch, Elisabeth & Eichelberger, Harald: Kulturen – Sprachen – Welten. – Neuauflage. StudienVerlag Innsbruck, 2007 (in Druck)

Klingler, Josef: Fremdheit. In: bifie / Bundesinstitut für Bildungsforschung, Innovation und Entwicklung des Bildungswesens (Hg.), Graz-Klagenfurt, 1/2007, S. 3–16

Kristeva, Julia: Fremde sind wir uns selbst. - Suhrkamp Verlag, Frankfurt am Main 1990

Krüger-Potratz, Marianne: Interkulturelles Lernen aus Sicht der Erziehungswissenschaft. – In: Bertels, Ursula u. a. (Hg.): Fremdes Lernen. Aspekte interkulturellen Lernens im internationalen Diskurs. - 3 Praxis Ethnologie, Hg. von Ethnologie in Schule und Erwachsenenbildung (ESE) e. V., Waxmann, Münster, 2007, S. 31–44

Mayer, Werner: Zwölf Jahre Babylon. – In: Furch, Elisabeth & Eichelberger, Harald: Kulturen – Sprachen – Welten. – Neuauflage, StudienVerlag Innsbruck, 2007 (in Druck)

Rogers, Carl: Therapeut und Klient. Grundlagen der Gesprächspsychotherapie. Geist und Psyche. Fischer, Frankfurt am Main 1983. (Auflage 30–31. Tausend: Oktober 1995)

Schütz, Alfred: Der Fremde. In: Ders. (Hg.), Gesammelte Aufsätze, Bd. 2, Studien zur soziologischen Theorie. XXXX

Nachhilfeunterricht – Wem nützt er?
Dem Nachhilfelehrer und/oder auch dem Nachhilfeschüler?

Ludwig Haag

Neben einem staatlich organisierten und kontrollierten Schulwesen ist heute ein Nachhilfemarkt von kommerziellen Anbietern fest etabliert – ein Milliardengeschäft am Nachmittag, und das weltweit. Neben dem eher privaten Einzelunterricht offerieren Nachhilfeinstitute preiswerteren Kleingruppenunterricht. In diesem Beitrag wird die Befundlage über Motive und Gründe für das Nehmen von Nachhilfeunterricht referiert, ebenso inwieweit er wirksam ist. Erklärungen hierfür werden aufgezeigt. Weiterhin wird die Sinnhaftigkeit von Nachhilfe diskutiert, und es werden Überlegungen angestellt, wie mit dem Phänomen Nachhilfe umgegangen werden könnte.

1. Einleitung

Im Folgenden wird ein Auszug aus „Studis Online" Forum wiedergegeben:

---

12. Oktober 2006
„Hallo Studis,
brauche dringend Mathe Nachhilfe und würde gerne wissen wie teuer sowas ist pro Stunde 45 min). Wieviel bezahlt bzw bekommt ihr?
Ich habe so an 6-8 € pro Stunde gedacht... Was meint ihr? Danke für die Hilfe!"

13. Oktober 2006
„15€ wäre ein regulärer Preis, da ein Nachhilfelehrer eigentlich nicht nur mit dir 45 min absitzt und fertig ist. Er macht sich zuvor auch Gedanken wie er dir best. Dinge vermittelt und legt gegebenenfalls Strukturen fest. Deshalb kann die Arbeitszeit sich für eine Nachhilfestunde a 45 min schon auf 1 1/2h ausweiten. 15€ ist dabei dann für einen Studenten angemessen. Ich weiß aber auch von einer Freundin, die sich Dozenten als Nachhilfe genommen hat, dass sie dafür eine h 45€ zahlte.
Viel Erfolg
Yvonn"

Im Stern 22/07 ist die Überschrift zu lesen: „Das Riesengeschäft am Nachmittag"

Die Situation wird klar beschrieben: Kinder versagen, Eltern verzweifeln – Lehrer verteilen Fünfen. Jetzt bleibt nur noch Nachhilfe. Die Branche boomt und wird immer professioneller.

Jeder vierte Schüler erhält während seiner Schullaufbahn Nachhilfe. Die meisten in Mathematik, Deutsch und Englisch: ein Drittel der Gymnasiasten, knapp 30 Prozent der Real- und Hauptschüler, sogar schon 5 Prozent der Grundschüler. In Deutschland gibt es mehr als 3000 Nachhilfe-Institute. Ein Riesengeschäft wird da jeden Nachmittag gemacht: Laut der Umfrage von Stiftung Warentest investieren die Eltern dafür im Schnitt 1550 Euro jährlich. Bis zu fünf Milliarden Euro geben Eltern jährlich für Nachhilfe und Lernmittel aus, schätzt das Statistische Bundesamt. Tendenz steigend. Ähnlich die Überschrift im Focus Spezial „Schule", Herbst 2004: „Nachhilfe – das Milliardengeschäft am Nachmittag".

Man kann davon ausgehen, dass eine wesentliche Aufgabe der Schule in die Privatwirtschaft verlagert wird. Manche sehen in privater Nachhilfe die Kapitulation, den Offenbarungseid des jetzigen Schulsystems. Andere gehen so weit zu sagen, dass man in Deutschland flächendeckend Ganztagsangebote braucht, um in der Schule individualisierte Lernförderung zu ermöglichen. Denn, so die Argumentation, der Nachhilfemarkt hat zur Folge, dass die Chancenunterschiede wachsen, eben deshalb, weil Nachhilfe Geld kostet und sich nicht alle Eltern diese Extra-Ausgabe leisten können.

In diesem Beitrag soll der Begriff Nachhilfe umfassend reflektiert werden, um auch mit allzu schnell verbreiteten Meinungen zu brechen, die gerade um Nachhilfe kreisen. Denn beispielsweise die Meinung, dass eine andere Schulstruktur automatisch weniger Nachhilfe bedeutete, mag zwar populär sein, doch entbehrt jeder empirischen Basis.

Nach einer Begriffsklärung (1) wird die Geschichte des Nachhilfewesens kurz skizziert. Dabei soll der Frage nachgegangen werden, ob das Phänomen Nachhilfe heute im Vergleich zu früher zugenommen hat (2). Im nächsten Punkt (3) geht es um die Frage, welche Organisationsformen bestehen. Im Folgenden werden Befunde zu zentralen Forschungsfragen wiedergegeben. Die Basis gesicherter und empirisch fundierter Ergebnisse über Motive und Gründe (4), Wirksamkeit (5) und mögliche Erklärungen (6) ist relativ schmal. Das Zitat von Krüger aus dem Jahre 1977 trifft auch heute noch zu: „Nachhilfeunterricht gehört zu den vernachlässigten Gegenständen der erziehungswissenschaftlichen Diskussion" (S. 545).

Dann soll ausgehend von zwei Fallbeispielen aufgezeigt werden, wann Nachhilfe sinnvoll ist (7). Ausführlich soll diskutiert werden, wie ein Umgang mit dem Phänomen Nachhilfe aussehen könnte (8).

2. Begriff Nachhilfe

Unter Nachhilfeunterricht (engl. „tutoring") versteht man einen außerhalb des regulären Schulunterrichts und zusätzlich zu ihm stattfindenden, mehr oder weniger regelmäßigen und häufig vorübergehenden Einzel- oder Gruppenunterricht durch Lehrer, Studenten, Schüler und Laien zum Zwecke einer dem Schulunterricht nachfolgenden Erfolgssicherung in bestimmten Unterrichtsfächern. Unter den Begriff fallen also nicht innerschulische Formen, wie z.b. besondere Stütz- und Förderkurse oder die Einrichtung von Silentien, Schülertutorien oder ähnliches. Weiterhin ist ein Nachhilfeunterricht, der durch Familienmitglieder oder Freunden unentgeltlich geleistet wird, von einem außer Haus bezahlten zu unterscheiden.

3. Geschichtliche Entwicklung und heutiger Stand

Mit der schrittweisen Installierung eines öffentlichen Schulwesens im 19. Jahrhundert wurde der eigentliche Grundstein für das Entstehen eines Nachhilfeunterrichts im heutigen Verständnis gelegt. Der private Hauslehrer büßte seine einst privilegierte Stellung ein, da selbst die reichsten Eltern ihre Kinder zur Erlangung des Abiturs auf das Gymnasium schickten. Nicht mehr Schulbesuch und Herkunft an sich garantierten den gesellschaftlichen Aufstieg, zunehmend spielten der Schulerfolg und die Qualifikation eine Rolle. Wer es sich nun leisten konnte, ließ seinem Sohn Privatstunden erteilen, die neben dem regulären Unterricht hergingen. So sollen an den Knabenschulen bis zu 90 (!) % der Schüler Nachhilfestunden in Anspruch genommen haben (vgl. Weegen 1986).

Im 19. Jahrhundert und noch zu Beginn des 20. Jahrhunderts war Nachhilfeunterricht eine öffentliche Angelegenheit: Jeder Nachhilfelehrer bedurfte eines staatlichen Erlaubnisscheins, die Eltern hatten jede Form von Nachhilfeunterricht in der Schule anzuzeigen, beamtete Lehrkräfte mussten die Genehmigung des Schuldirektors einholen und erhielten zeitweise ein Kontingent von vier bis sechs Stunden.

Erst im 20. Jahrhundert wurde Nachhilfeunterricht nun zur reinen Privatangelegenheit. Qualitativ hat Nachhilfeunterricht seit den 70er Jahren des letzten Jahrhunderts eine neue Dimension erreicht. Neben dem üblichen individuell erteilten Nachhilfeunterricht beginnt ein organisiertes Nachhilfewesen zu florieren, der institutionalisierte private Nachhilfeunterricht. Diese Entwicklung fällt mit dem Zeitpunkt zusammen, als die gewaltigste Bildungsexpansion im deutschen Schulwesen eingeleitet wurde. Die sprunghaft angestiegene Zahl der Übertritte auf die weiterführenden Schulen bewirkte eine stärkere Durchlässigkeit vor allem für Kinder aus der Mittel- und auch Unterschicht. So wurde und wird teilweise eine Hilfe durch die Eltern bei der Bewältigung von Schularbeiten immer weniger möglich, sei es, dass Eltern selbst aufgrund ihrer Bildungsvoraussetzungen nicht mehr in der Lage sind, ihre Kinder bei den Hausaufgaben zu unterstützen, sei es, dass die zunehmende Berufstätigkeit beider Eltern weniger Zeit für häusliche Betreuung übrig lässt. Diese Gründe für Nachhilfeboom kommen vor allem den kommerziellen Nachhilfeinstitutionen zugute. Die Inanspruchnahme von Nachhilfeunterricht wurde durch die Einführung regelrechter „Nachhilfeschulen" mit Nachhilfegruppen Kindern aller Gesellschaftsschichten ermöglicht. Anstelle des Einzelunterrichts erfolgt das Lernen in Gruppen – somit eine kostengünstigere Variante.

Folgendes Fazit lässt sich ziehen. Nachhilfe hat in Deutschland eine lange Geschichte und darf mittlerweile als etabliert gelten. Dass Nachhilfe nicht allein ein Phänomen der Halbtagsschule ist, zeigen die Ergebnisse in anderen Ländern und Schulsystemen. Da weltweit die Schule als Institution für die Zuweisung von Berufs- und Lebenschancen begriffen wird und damit viele Eltern versuchen, ihren Kindern einen erfolgreichen Schulabschluss zu ermöglichen, scheint Nachhilfeunterricht ein weltweit verbreitetes Phänomen zu sein.

Aus den vorliegenden Daten zur Verbreitung lässt sich folgern, dass Nachhilfe ein „normales Phänomen" zu sein scheint, und zwar weltweit (vgl. Haag, 2006).

4. Organisationsformen

Generell lässt sich Einzelunterricht und Unterricht in einer Kleingruppe unterscheiden (vgl. Haag 2006).

Einzelunterricht

Es gibt gute Gründe, bei denen der Einzelunterricht die einzig sinnvolle Methode sein kann, nämlich dann, wenn es gilt, auf einen ganz bestimmten Punkt hin kurzfristig lernen zu müssen. Diese Situation haben wir in 'lebensnotwendigen' Schulaufgaben oder Proben, bei Aufnahmeprüfungen und natürlich in der Schulabschlusssituation bei Hauptschul-, Realschul- und Gymnasialabschluss. Hier geht es um Kurzfristigkeit und nicht um mittelfristige Kontinuität. Doch neben den sehr hohen Kosten gibt es einige Überlegungen, die gegen einen Einzelunterricht sprechen.
– Die Schüler befinden sich hier in einer Ausnahmesituation, die sie in Sicherheit wiegen kann, da sie in der Schule diese Situation nicht mehr antreffen werden.
– Dabei besteht die Gefahr, dass die Schüler zu sehr auf den Einzelnachhilfelehrer fixiert sind und sich auch auf ihn verlassen. Es wurden schon Situationen er-

lebt, wonach Schüler durch die Erteilung von Nachhilfeunterricht in ihren Leistungen schwächer wurden, da sie sich ausschließlich darauf verließen.

Unterricht in einer Kleingruppe/in Nachhilfeinstitutionen

Allgemein lässt sich sagen, dass Nachhilfe in kleinen Gruppen nicht nur preiswerter, sondern meist auch pädagogisch sinnvoller ist. Nervosität und Prüfungsangst, häufig Begleiter von schlechten Noten, können in einer Gruppenarbeitssituation effektiver abgebaut werden. Auch macht gemeinsames Lernen, gerade am Nachmittag, mehr Spaß. Unterricht in einer Kleingruppe ist die Domäne der Nachhilfeinstitute. Denn Nachhilfeinstitute sind natürlich Wirtschaftsunternehmen, die sowohl ihre Kosten erwirtschaften als auch Gewinne erzielen müssen. Sie haben Kosten für Werbung, Verwaltung und Miete. Sie können eigentlich nur dadurch mit privater Nachhilfe konkurrieren, dass sie Nachhilfeschüler in Gruppen zusammenfassen. Das Angebot an Nachhilfe-Instituten ist in Deutschland nahezu flächendeckend.

Nachhilfeinstitute sollte man auf folgende Prüfsteine hin abklopfen:

– Wie sind die Verträge gestaltet (Fristen, Rücktritts- und Kündigungsmöglichkeiten)? Auf eine kostenlose Schnupperstunde, Probestunde oder Probezeit sollte sich ein seriöses Institut einlassen.
– Wie wird mit längerer Krankheit der Kinder umgegangen?
– Wie groß sind maximal die Gruppen?
– Wie sind die Unterrichtsräume gestaltet?
– Wie ist der Ausbildungsstand der Nachhilfelehrer?
– Gibt es eine Evaluation der bisherigen Kunden?

Eine viel und kontrovers diskutierte Frage betrifft die Zusammensetzung der Gruppen. Inwieweit sind die Gruppen homogen bezüglich Jahrgangsstufe, Schulart, Schulfach? Diese Frage lässt sich empirisch leider nicht so eindeutig beantworten wie es die Ratgeberliteratur gerne sähe. So ist beispielsweise immer wieder zu hören und wird gefordert, dass die Kinder möglichst derselben Altersstufe angehören sowie dieselbe Schulform besuchen sollten. Die Mischung von verschiedenen Fächern in einer Gruppe sei aus pädagogischen Gründen wenig ratsam. Diese Aussage kann man so nicht stehen lassen. Denn es kommt nämlich darauf an, welches Konzept mit Nachhilfe verfolgt wird. So lässt sich Nachhilfeunterricht sehr gut mit Hausaufgaben verbinden. Denn ein effektiv organisierter außerschulischer Förderunterricht wie Nachhilfe muss am aktuellen Stoff des Schülers ansetzen. So erscheint es günstig, an den täglichen

Hausaufgaben anzusetzen, zumal man voraussetzen kann, dass diese von einem Schüler mit schulischen Problemen eben nicht richtig und selbstständig erledigt werden kann? In einem solchen Fall sind homogen zusammengesetzte Gruppen möglicherweise sogar eher hinderlich, selbstständig an den Hausaufgaben zu arbeiten.

Auch die immer wieder vorgebrachte Argumentation, dass das Lernen in der Gruppe mit anderen, die ähnliche Probleme haben wie man selbst, ganz einfach mehr Spaß mache, überzeugt keineswegs. Vollständige Gruppenhomogenität ist jedoch eine Fiktion, die nur näherungsweise angestrebt werden kann.

Meines Erachtens ist bei der Bewertung und Entscheidung für ein Nachhilfeinstitut weniger die plakative Argumentation für ein bestimmtes Konzept entscheidend als vielmehr das, was dann tatsächlich vor Ort passiert. Und da ist der Besuch von Schnupperstunden möglicherweise ein sinnvolles Vorgehen.

PC-gesteuertes Nachilfewesen

Neben dem traditionellen Einzelunterricht durch einen Nachhilfelehrer und dem Gruppenunterricht in einem Nachhilfeinstitut kommt nun heute mit der Verbreitung des world wide web als dritte Variante ein PC-gesteuertes Nachhilfewesen hinzu, das im angelsächsischen Sprachraum bereits weit verbreitet ist. So werden mit Anbietern per online Verträge abgeschlossen, die beispielsweise Länge und Häufigkeit wöchentlicher informal e-mail consultations regeln. Es bleibt abzuwarten, inwieweit diese Form in Deutschland akzeptiert wird und sich etablieren kann. Vor- und Nachteil liegen auf der Hand: Auf der einen Seite entfällt ein persönlicher Kontakt mit einem Nachhilfelehrer, auf der anderen Seite kann Nachhilfeunterricht nun ohne feste Terminierung zeitlich und räumlich variabel abgerufen werden. Doch hierzu liegen im Augenblick noch keine Evaluierungsergebnisse oder Erfahrungsberichte vor, um diese Form von Nachhilfe beurteilen zu können.

5. Motive und Gründe

Hier sind die beiden „klassischen" Nachhilfemotive zu nennen, die Verbesserung der Schulleistung und der Ausgleich von Leistungsschwächen, wie z. B. Lese-Rechtschreib-Schwäche oder Rechenschwäche. Interessant erscheint ein Blick in die Literatur, nach der man je nach Adressaten völlig andere Antworten erhält.

Die Lehrkräfte sehen ebenso wie die Eltern die Ursachen für die Notwendigkeit von Nachhilfeunterricht zumeist bei den Schülern. Sie hätten zeitweilig nicht genügend gearbeitet und/oder nur mangelndes Interesse gezeigt.

Dazu kämen Entwicklungsstörungen. Dabei liegt es auf der Hand, dass Eltern eine Überforderung ihres Kindes durch eine falsche Schulwahl eher ausschließen. Dann erst machen sie schulische Gründe, wie Stundenausfall, häufigen Lehrerwechsel oder didaktische Defizite der Lehrkräfte verantwortlich. Lehrer führen Nachhilfeunterricht bei ihren Schülern auf mangelnde Leistungsbereitschaft, Unkonzentriertheit, Begabungsschwächen und Angewiesensein auf Druck von außen zurück. Dabei seien treibendes Element durchwegs die Eltern. Man vermutet übertriebenen Ehrgeiz der Eltern. Nachhilfe erscheint also eine Maßnahme, die den Schüler zum Gegenstand eines Reparaturprozesses degradiert, der Leistungshinderungsgründe auf die individuelle Ebene des Schülerversagens transportiert.

Weitaus die meisten Nachhilfeschüler machen die Schule für Nachhilfe verantwortlich. Sie meinen, dass Nichtverstandenes im Unterricht häufiger erklärt werden müsste. Damit steht in inhaltlichem Zusammenhang ihr Wunsch, mehr Rücksicht gegenüber den so genannten langsamen Schülern zu erfahren. Ein Problem scheinen die Hausaufgaben zu sein, die ohne Nachhilfeunterricht offensichtlich von vielen nicht bewältigt werden können. Auch die elterliche Hilfe scheint hier nicht immer zu genügen.

6. Wirksamkeit

Während die Verbreitung von Nachhilfe vergleichsweise gut dokumentiert ist und teilweise im Zentrum der öffentlich-medialen Diskussion liegt, ist die Frage der Effektivität in der Forschungsliteratur ein weitgehend vernachlässigtes Thema. Die wenigen Studien, in denen die Effektivität von Nachhilfe untersucht worden ist, sind unter methodischen Gesichtspunkten problematisch. So stützen sich die meisten der vorliegenden Studien auf Selbstbefragungen von Schülern und/oder deren Eltern, wobei die Daten im Rahmen von Querschnitt-Designs während oder unmittelbar nach erteilter Nachhilfe erhoben wurden. Inhaltlich wurde in diesen Befragungen pauschal nach einer Notenverbesserung oder nach einer Bewertung des Nachhilfeunterrichts gefragt.

So bieten die vorliegenden Studien (vgl. Übersicht in Haag, 2006) einige Trends: Es ist dabei nicht sonderlich überraschend, dass positive Bewertungen überwiegen und positive Folgen wie Motivationssteigerung, verstärkte Lernfreude oder erhöhter Arbeitseinsatz genannt werden. Nachhilfe wird von den Beteiligten also mehrheitlich als effektiv angesehen. Hinsichtlich der Schulnoten wird durchschnittlich eine Verbesserung um eine Notenstufe angegeben. Allerdings wird die Interpretation dieser Ergebnisse durch die Subjektivität der Einschätzungen sowie das Fehlen eines Referenzmaßstabes bei den angegebenen Notenverbesserungen erheblich erschwert.

In einer eigenen Studie des Verfassers (Haag 2001) wurde in einem Prä-Post-Kontrollgruppen-Design die Frage nach der Effektivität von Nachhilfe untersucht. Als das zentrale Ergebnis dieser Studie zeigte sich im Vergleich zur parallelisierten Kontrollgruppe eine statistisch bedeutsame Verbesserung der Nachhilfe-Schüler hinsichtlich der Schulleistungen und hinsichtlich motivational-affektiver Variablen.

Insgesamt gibt es gute Gründe zu sagen, dass Nachhilfe besser sein dürfte als ihr Ruf. Das macht auch in der Weise Sinn, dass Eltern wohl nicht umsonst riesige Summen hier investieren würden.

7. Mögliche Erklärungen für die Wirksamkeit

Unter Rückgriff auf Befunde der empirischen Unterrichtsforschung (Helmke & Schrader 2006) haben Mischo und van Kessel (2005) und Thomas u. a. (2006) Wirkungen von Nachhilfeunterricht herausgearbeitet; wohl wissend, dass die Frage nach den Wirkungen von Unterricht „zu den ältesten und schwierigsten Problemen der Pädagogischen Psychologie" (Helmke & Schrader 2001, S. 81) gehört, weil hier keine monokausalen Determinanten wirken.

Kognitive Faktoren: Vorwissen und Lernstrategien

Das Schließen von Wissenslücken bzw. die Sicherung des Vorwissens dürfte ein Hauptziel des Nachhilfeunterrichts darstellen. Vorwissen lässt sich auch als Folge früherer (mehr oder weniger effektiver) Lern- und Kontrollstrategien interpretieren. Der Zusammenhang zwischen Vorwissen und dem effektiven Einsatz von Lernstrategien ist dabei nicht auf Schüler durchschnittlicher Leistungsstärke beschränkt, sondern gilt auch und vor allen Dingen für diejenigen Schüler, die als Zielgruppe des Nachhilfeunterrichts angesehen werden können, nämlich die eher lernschwachen Schüler.

Die Wirksamkeit des Nachhilfeunterrichts könnte daher davon abhängen, inwieweit das Vorwissen der Nachhilfeschüler für weitere Lerninhalte durch den Nachhilfeunterricht verbessert wird, und inwieweit ein effektiver Einsatz von Lern- und Kontrollstrategien durch den Nachhilfeunterricht gefördert wird.

Motivationale Faktoren: individuelle Bezugsnormorientierung

Zwischen kognitiven und motivationalen Prozessen besteht eine enge Verbindung: Leistungsschwache Schüler erleben häufiger Misserfolge, was sich negativ auf motivational bedeutsame Faktoren wie das Selbstkonzept der eigenen

Begabung, die Ursachenzuschreibungen für Leistungen, Anspruchsniveausetzungen und Ergebniserwartungen auswirken kann. Hinsichtlich der Lernmotivation des Schülers ist auf Lehrerseite vor allem dessen Bezugsnormorientierung von Bedeutung. Als eine motivational förderliche Maßnahme hat sich beispielsweise die Berücksichtigung der individuellen Bezugsnorm bei der Leistungsbewertung erwiesen. Diese Zielsetzung ist eher im Nachhilfeunterricht als im normalen Klassenverband möglich. Ein Nachhilfelehrer kann sich individuell um den Leistungsstand, Leistungsfortschritt und die Leistungsrückmeldung jedes Einzelnen kümmern. Indem dabei der Zusammenhang zwischen Anstrengung und dem erzielten Lernresultat deutlich gemacht werden kann, ermöglicht dieses Vorgehen das Anlegen einer individuellen Bezugsnorm. Als Erklärung der nachgewiesenen positiven motivationalen Effekte des Nachhilfeunterrichts kommt daher insbesondere die individuelle Bezugsnormorientierung des Nachhilfelehrers in Frage.

Instruktionsquantität („time on task")

Die zur Verfügung gestellte bzw. effektiv genutzte Lernzeit stellt eine entscheidende Bedingung für den Schulerfolg dar. Hierunter fallen auch die Hausaufgabenzeiten, die als Grund für deren Effektivität angeführt werden. Von der Erhöhung des absoluten Ausmaßes der Lernzeit und deren effektiver Nutzung abgesehen dürfte der Nachhilfeunterricht auch deshalb wirksam sein, weil die zusätzliche Lernzeit regelmäßig, d. h. in verteilter und nicht in massierter Form in Anspruch genommen wird. So konnte für den Bereich von Hausaufgaben sowie für studentisches häusliches Arbeiten beispielsweise gezeigt werden, dass vor allem die Regelmäßigkeit des täglichen Arbeitens einen positiven Lerneffekt hat.

Selbstkontrolliertes Lernen

Selbstkontrolliertes Lernen ist dadurch charakterisiert, dass der Lernende eigenständig den eigenen Lernbedarf feststellt, sich selbst motiviert, das Lernen steuert, kontrolliert, überwacht und bewertet. Selbstreguliertes Lernen ist damit ein zielorientierter Prozess des aktiven und konstruktiven Wissenserwerbs, der auf dem reflektierten und gesteuerten Zusammenspiel kognitiver und motivational-emotionaler Ressourcen einer Person beruht. Im Rahmen des Nachhilfeunterrichts hat der Schüler – natürlich nur in gewissen Grenzen – die Möglichkeit, die Lerninhalte (beispielsweise durch die Angabe eigener Wissenslücken) selbst zu bestimmen. Unter der Annahme, dass mit dem Nachhilfeunterricht auch das eigenständige Anwenden des Wissens angestrebt wird, ist dieses im Rahmen von Nachhilfe durch die in der Regel geringere Gruppengröße und die dadurch mögliche höhere Konzentration auf die Lernprozesse besser zu fördern als im Rahmen des Regel-Schulunterrichts.

8. Sinnvolle Nachhilfe

Meine Ratschläge leiten sich einerseits aus den wissenschaftlichen Ergebnissen ab, andererseits auch gewonnen aus Einzelfällen, wie sie im Beratungsalltag begegnen. Vorneweg zwei Fallbeispiele, die zeigen sollen, wie schillernd Einzelfälle gelagert sein können. Also, es ist Vorsicht geboten mit Ratschlägen von der Qualität „nur so und nicht anders"! Von sinnvoller Nachhilfe kann man natürlich nur sprechen, inwieweit auch qualifiziertes Personal zur Verfügung steht. Das soll abschließend in diesem Unterpunkt thematisiert werden.

Fallbeispiel 1

Bei Maria, die in der siebten Klasse Latein als zweite Fremdsprache erlernt, gehen die ersten beiden Schulaufgaben voll daneben. Die Eltern nehmen dies zunächst gar nicht ernst, haben sie doch miterlebt, wie schon zwei Söhne eine erfolgreiche Gymnasiallaufbahn bis zum Abitur durchlaufen haben, so dass sie erst zum Halbjahreszeugnis den Kontakt mit dem Fachlehrer suchen. Sehr schnell kam man auf die Gymnasialtauglichkeit zu sprechen, ob Maria langfristig überhaupt mindestens zwei Fremdsprachen erfolgreich packen kann. Der zuständige Schulpsychologe (damals der Autor) wird eingeschaltet und führt u. a. einen Intelligenztest durch. Im mathematisch-naturwissenschaftlichen Bereich kann Maria eine sehr gute Intelligenz bescheinigt werden, doch im sprachlichen Bereich wird aufgrund der Testwerte von einem weiteren Besuch des Gymnasiums abgeraten. Bei vorliegendem Intelligenzprofil erscheint für den Schulpsychologen die Laufbahn der Realschule mit mathematischem Zweig als ideal, so dass er für einen sofortigen Schulartwechsel auf die Realschule rät. Die Eltern zeigen sich mit dieser Lösung durchaus einverstanden, doch Maria sträubt sich mit aller Macht gegen diesen Vorschlag. Sie möchte auf dem Gymnasium bleiben und auch wie ihre älteren Geschwister das Abitur machen. Die Eltern, die auf den Wunsch ihrer Tochter eingehen, suchen zusammen mit dem Schulpsychologen nach einer weiteren möglichen Varianten. Schnell kommt man auf Nachhilfe zu sprechen, wogegen der Schulpsychologe begründete Zweifel, was die mittel- bis langfristige Wirksamkeit betrifft, anmeldet. Doch die Eltern freunden sich mit diesem Gedanken an. Bei der Suche nach einer geeigneten Nachhilfe wird der Lateinlehrer hinzugezogen, der einen sehr guten Kollegiaten mit Leistungskurs Latein empfehlen kann. Das Ende dieses Falles ist schnell erzählt: Maria erreicht gerade noch eine Fünf Ende der siebten Klasse und macht sechs Jahre später ein glänzendes Abitur mit den beiden Leistungskursfächern Mathematik und Physik. In Latein erhält sie bis Ende der 11. Jahrgangsstufe regelmäßig von einem Kollegiaten Nachhilfe, so dass sie dieses Fach Ende der 11. Jahrgangsstufe mit einer schwachen Vier ablegen kann – und dem Latinum in der Tasche.

Dieser Fall macht deutlich, dass auch nach einem verpatzten Start mit einer neuen Fremdsprache ein Schuljahr noch nicht abgeschrieben zu werden braucht. Der Fall zeigt weiterhin, dass Intelligenzgrenzen, was die Gymnasialtauglichkeit betrifft, sich nicht scharf ziehen lassen. Guter Fleiß und in diesem Fall eine unterrichtsbegleitende Nachhilfe können bescheiden sprachliche Fähigkeiten kompensieren. Man muss davon ausgehen, dass Maria, ein typischer Overachiever, also ein Kind, das mehr leistet als es aufgrund seiner Intelligenz allein zu leisten imstande wäre, ohne systematische Nachhilfe die siebte Klasse nicht erreicht hätte, geschweige denn jemals in die Kollegstufe hätte aufsteigen können. Damit ist freilich nicht gesagt, dass es immer so laufen muss, damit ist nicht gesagt, dass dieses Vorgehen immer gutzuheißen ist. Der Fall soll nur aufzeigen, was in Schule möglich ist und was durch schulbegleitenden Unterricht unter Umständen erreicht werden kann.

Fallbeispiel 2

Im Dezember erscheint eine Mutter zur Beratung im Büro einer Nachhilfeeinrichtung. Nach einigem Zögern teilt sie mit, dass ihr Sohn Max bereits seit drei Monaten nicht mehr schlafen könne, da er in der vierten Klasse Grundschule Schulangst habe und die Leistungen seit der dritten Klasse rapide abgesunken seien. Die Lehrerin sagte, er und womöglich die Mutter würden sich wegen des Übertritts zu sehr reinstressen. Die Mutter fühlte sich seitens der Schule nicht ernst genommen, da sie diesen von der Lehrerin ihr gegenüber geäußerten Eindruck überhaupt nicht teilen könne. Die Mutter hat das Anliegen, dass Max bestens gefördert werden solle und meldet ihn für den Kleingruppenunterricht an. Nachdem im persönlichen Gespräch der Nachhilfekraft mit dem Jungen grobe Vorurteile, die er gegen das Vorhaben an dieser Nachhilfe hat, ausgeräumt sind, wird beschlossen, dass Max dreimal wöchentlich für eine Doppelstunde den Unterricht nachmittags besuchen wird. Nach einigen Wochen wird festgestellt, dass der Junge sich leistungsmäßig stark verbessert. Es kommt der Verdacht auf, dass dieser Junge an der Grundschule ganz spezielle persönliche Probleme in dem Beziehungsgeflecht Lehrerin und Schüler gehabt haben könnte. Max hat das Übertrittszeugnis nicht erhalten, doch mit der Mutter wird in der Nachhilfeeinrichtung vereinbart, dass Max für den Probeunterricht am Gymnasium angemeldet und darauf vorbereitet wird. Diesen besteht Max mit Bravour und hat auch sein Abitur geschafft.

Was zeigt dieses Fallbeispiel? Der Fall soll nicht zeigen, dass unser Schulsystem nicht fähig ist, Gymnasialtauglichkeit zu erkennen. Vielmehr wird hier das Vertrauensverhältnis von Eltern zu Schule angesprochen. Die Mutter wandte sich offenbar nicht an eine der staatlichen schulischen Beratungsstellen, sondern sie suchte eine individuelle Beratung außerhalb des staatlichen Schulsystems auf. Hören wir denn nicht gerade von den abgebenden und aufnehmenden weiterführenden Schulen den leisen Vorwurf, dass so manche Kinder nur mit Nachhilfe den Übertritt schafften und deshalb dieser Übertritt sehr bedenklich sei? Und wenn es so wäre, zumindest haben wir Beispiele genug, wie auch das erste Fallbeispiel gezeigt hat, dass eine Förderung ja nicht mit dem Ende des geschafften Übertritts zu Ende sein muss.

Es gibt keine Gewähr, Ratschläge für oder gegen Nachhilfe treffsicher zu geben. So können und wollen folgende Empfehlungen eine Pauschalbewertung sein im Bewusstsein, dass jeder individuelle Fall jeweils eigens zu prüfen ist.

Prüfkriterien für Nachhilfe: + sinnvoll; – eher nicht sinnvoll

Gründe beim Schüler	Mangelnde Begabung	-
	fehlende Motivation, fehlendes Interesse	+/-
	Krankheit	+
	Entwicklungsstörungen	+
	Mangelnde Lerntechnik	+
	Problemfach	+
	Beziehungsprobleme mit Lehrer	+
	Prüfungsvorbereitung	+
Gründe in der Schule	falsche Schulart	-
	zu häufiger Lehrer-Wechsel	+
	Schul-Wechsel (anderes Bundesland)	+
Gründe in der Familie	Fehlender stützender Ordnungsrahmen	+
	übertriebener Ehrgeiz	-
	zeitlich begrenzte Probleme	+

Qualifikation der Nachhilfelehrer

– in Nachhilfeinstituten

Um die Qualität in Nachhilfeeinrichtungen sowie die Durchführung der Nachhilfe zu vereinheitlichen und zu optimieren, gehen die Branchenführer dazu über, sich zertifizieren zu lassen, um ein TÜV geprüftes Gütesiegel zu erhalten. Mit dem TÜV-Zertifikat wollen die Institute Orientierung und Transparenz nach außen schaffen. Die überprüfte Kriterienliste, in der die entwickelten Standards dokumentiert vorliegen, ist sehr umfangreich und umfasst sowohl äußere Kennzeichen, wie z. B. die Lage und örtliche Gegebenheiten, als auch pädagogische Aspekte, wie z. B. das Unterrichtsmaterial, die fachliche und pädagogische Eignung der Nachhilfelehrer. Wenn man sich genauer die geforderten Standards, was die Qualifikation des Personals betrifft, anschaut, dann wird deutlich, dass vom Personal keinerlei pädagogische Ausbildung verlangt wird. Für die formulierten Standards wie beispielsweise „fachliche und pädagogische Eignung" oder „Gruppenmanagementfähigkeiten" gibt es keinerlei nachweisbare Zertifikate. Für die Qualifizierung werden Unterrichtskonzepte bereitgestellt sowie die Teilnahme an hausinternen Fortbildungsveranstaltungen verpflichtend. Wenn auch keine Zertifikate bei der Einstellung bindend sind, so fällt doch auf, dass regelmäßige Fortbildung Pflicht ist, eine Forderung, die für das Lehrpersonal im öffentlichen Schulwesen auch wünschenswert wäre.

– von privater Seite (vor allem ältere Schüler)

Studenten und ältere Schüler haben den größten Marktanteil an Nachhilfe vor Lehrern und den kommerziellen Instituten. Während Studierende für das Lehramt bei Nachhilfe auf universitäre Veranstaltungen und möglicherweise erste Schulpraktika zurückgreifen können, bringen Studierende anderer Fächer und Schüler keinerlei Ausbildung mit außer des während ihrer eigenen Schulzeit selbst erlebten Unterrichts. Sie instruieren nun ihre „eigenen" Schüler in einer Art Reproduktion eigener Unterrichtserfahrungen, wie sie sie aktuell erleben oder noch gut erinnerbar sind. Außerdem bringen Schüler als Nachhilfelehrer der eigenen Schule reiche Lehrerkenntnisse bei der Nachhilfe mit ein, damit können sie passgenaue Leistungsunterstützung bieten, im Idealfall alte Prüfungsaufgaben durchsprechen. Ein zu geringer Altersabstand zu den Nachhilfeschülern mag evtl. zu Autoritätsproblemen führen. Doch in einer Evaluierungsstudie (Hopperdietzel u. a. 2007), in der ältere Schüler als Mentoren sich um jüngere der eigenen Schule kümmerten, konnte diese Befürchtung nicht bestätigt werden, vielmehr werden sehr erfreuliche Leistungsverbesserungen konstatiert.

9. Umgang mit Nachhilfe

Die hohen Nachhilfezahlen sind ein deutliches Zeichen dafür, dass die unterrichtlichen und die im Rahmen von unterrichtsergänzendem Lernen wie den

Hausaufgaben bestehenden Lerngelegenheiten für eine beträchtliche Gruppe von Schülern nicht ausreichend sind.

Die Ergebnisse zeigen, dass Nachhilfeunterricht durch die bestehenden Bedingungen von Schule und Gesellschaft bestens gesichert ist. Einerseits wird vorhandener Nachhilfebedarf durch das Schulsystem täglich produziert, andererseits wird Familien eine Alternative für die nachmittägliche Hausaufgabenbetreuung geboten.

Im folgenden soll der Umgang kritisch thematisiert werden:

a) Strukturdebatte

Der Vermutung von Weegen (1986, S. 23) – „Wegen der Beibehaltung ... des stagnierenden Ausbaus von Ganztagsschulen dürfte eine weitere Verbreitung der Nachhilfeschulen wahrscheinlich sein" – können wir nicht vorbehaltlos zustimmen. Die Forderung nach Ganztagesschulen allein scheint nicht die Lösung zu sein, wie der Nachhilfemarkt auch in Ländern mit solchen Strukturen zeigt. In einer Studie können wir dies nachweisen. In Luxemburg untersuchten wir ca. 1000 Schüler und konnten nachweisen, dass in diesem Land, in dem die Ganztagesschule die Regel ist, die Nachhilfequoten in keinem Fall geringer sind als in Deutschland. Somit ist das Problem der Nachhilfe keineswegs ein Problem der Halbtagsschule, wie leichtfertig dahingesagt (Mischo & Haag 2002). Abhilfe schafft hier nicht automatisch eine veränderte Organisationsform von Schule, sondern es muss ein Bewusstsein eines unterrichtsnahen Angebots von Förderung in den Schulen einkehren.

b) schulische Förderangebote

Abele und Liebau (1998, S. 49) schließen ihren Artikel: „Leistungsförderung ist ein Thema, das für eine pädagogische Schulentwicklung und Schulreform nach wie vor auf der Tagesordnung bleibt". Dennoch besteht die Gefahr, dass die Art der einseitigen Ursachenzuschreibung seitens der Lehrkräfte, die Gründe für Nachhilfeunterricht zu einseitig bei den Schülern sehen, eine Veränderung der Schule und des Unterrichts verhindert. Neben den allseits bekannten Forderungen nach kleineren Klassen und mehr Lehrern müsste das schulische Förderangebot erweitert werden. Vermehrte schulische Angebote und/oder Tutorien zur Hausaufgabenbetreuung und Vertiefung am Nachmittag könnten Möglichkeiten sein, um Schülerdefizite auszugleichen.

Hier soll näher auf ein Mentoren-Projekt eingegangen werden, das m. E. vorbildlich das Motto „Schüler helfen Schülern" umsetzt und das gerade erfolgreich von uns evaluiert wurde (Hopperdietzel u. a. 2007). Das Mentoren – Projekt ist an der Realschule Wunsiedel/Bayern als schulische Förderung in das

Tagesheim integriert. Dabei können sich Schüler — und das sind nicht nur klassische „1er - Schüler" — nach fachlicher Beurteilung durch die Lehrkraft freiwillig als Mentor für ein Fach melden. Auch die Nachhilfeschüler melden sich freiwillig per Vertrag, der zusätzlich von den Erziehungsberechtigten unterschreiben werden muss, mit einer Gebühr von 2,– bis 3,– € pro Nachhilfestunde an. Aus den Teilnehmern werden vom Projektleiter, einem engagierten Lehrer der Schule, Gruppen aus einem Mentor und zwei bis max. fünf Nachhilfeschülern gebildet, die sich wöchentlich einmal treffen. Je nach Anmeldungsstand werden die Gruppen immer wieder restrukturiert.

Ein interessantes und ermutigendes Ergebnis ist gerade die Leistungsverbesserung der Nachhilfeschüler. Im Durchschnitt haben sich die Nachhilfeschüler in Mathematik und Englisch um einen halben Notengrad an die Schüler ohne Nachhilfe angenähert, und das ist nicht wenig. Auch zeigen die Ergebnisse, dass die Mentoren nicht nur investieren, sondern tatsächlich von ihrer Arbeit profitieren. So gesehen darf man „neudeutsch" von einer „win-win" Situation sprechen. Was will man mehr? Diese Initiative ist mehr als zu begrüßen vor allem vor dem Hintergrund, welch gigantischer kommerzieller Nachhilfemarkt sich mittlerweile in Deutschland etabliert hat. Freilich ist noch eine Optimierung durch eine intensivere Vorbereitung und Betreuung der Mentoren zu erwarten und zu erreichen.

c) unterrichtliche Bemühungen

Wenn Nachhilfe bei einer so hohen Zahl von Schülern einen leistungssteigernden Effekt hat, darf man ihre vorherigen Misserfolge in der Schule nicht einfach auf Begabungsmängel schieben. Die Frage stellt sich, ob nicht auch unterrichtlichen Bemühungen den Erfolg erreichen könnten, den die Nachhilfelehrer zweifellos haben. Solange es immer wieder bestimmte Fächer auf bestimmten Klassenstufen sind, die Nachhilfeunterricht nötig machen, sollten die betreffenden Fachdidaktiken sich selbstkritisch nach den Ursachen fragen.

Solange man in der Schule von der Zensurenskala und der Gaußschen Kurve ausgeht, ist die Produktion von „Versagern" ein notwendiges Ergebnis. Es ist dann eine notwendige Folge, dass immer einige Schüler als schlechte Schüler qualifiziert werden müssen. Diese sind es, die dann eben wiederum Nachhilfeunterricht „brauchen".

d) Beratungskonzept

Wenn nach Lehreraussagen zu viele Schüler in den „falschen" Schularten sitzen und man dieses Argument ernst nimmt, dann bedeutet dies einen Appell zum einen an die Pädagogische Diagnostik, geeignete Instrumente für die Übergänge in Bildungssystemen zu entwickeln, zum andern aber auch an die schulische

Beratung, vermehrt diagnostische Instrumente bei diesen Übergängen einzusetzen. Eltern brauchen eine Beratung, bei der ihnen auch die Konsequenzen einer falschen Schulformwahl für ihr Kind deutlich aufgezeigt werden.

10. Abschließende Bewertung

Auf die Eingangsfrage kann eine klare Antwort gegeben werden. Nachhilfe nützt tatsächlich beiden Gruppen, dem Nachhilfelehrer und auch dem Nachhilfeschüler. Die Frage allerdings bleibt, wer denn der Nachhilfeschüler ist. Langemeyer-Krohn und Krohn (1987) schreiben: „Gerade weil bei der augenblicklichen Situation auf dem Arbeitsmarkt schulische Bewertungen und Abschlüsse so bedeutend für den Lebensweg eines jeden Schülers sind, darf die finanzielle Lage der Eltern und damit die Möglichkeit, sich über den ‚Kauf von Bildung bei privaten Anbietern' Vorteile im Konkurrenzkampf zu verschaffen, keinen Einfluss auf den schulischen Erfolg haben. Es ist die Aufgabe des Staates, allen Schülern gleiche Chancen zu bieten" (S. 504). Und dies ist natürlich nicht der Fall, Nachhilfe kostet Geld. Selbstverständlich, so ein Gegenargument, ist Nachhilfe nicht zwingend. Doch dadurch, dass Nachhilfe als „Zusatzration Bildung" betrachtet werden kann und bisher keine Ergebnisse vorliegen, nach denen eine Zusatzration den Betroffenen schadet, ist diese Gruppe benachteiligt, die sich bei Bedarf diese Zusatzration eben nicht leisten kann. Das in diesen Tagen diskutierte finanzielle Thema, inwieweit die Einführung von Studiengebühren die Studentenzahlen beeinträchtigen dürfte, existiert auf Schulebene schon lange derart, dass nicht alle Schüler gleichermaßen an dem großen Angebot an Nachhilfemöglichkeiten partizipieren können, nur wird dies Thema weniger medial wahrgenommen.

Literatur

Abele, A., Liebau, E.: Nachhilfeunterricht. In: Die Deutsche Schule 1998, 90, S. 7–49

Haag, L.: Hält Nachhilfeunterricht, was er verspricht? Eine Evaluierungsstudie. In: Zeitschrift für Pädagogische Psychologie 2001, 15, S. 38–44

Haag, L.: Nachhilfeunterricht. In: Rost, D. H. (Hrsg.): Handwörterbuch Pädagogische Psychologie (3. Aufl.). Weinheim 2006, S. 523–530

Helmke, A., Schrader, F.-W.: Determinanten der Schulleistung. In: Rost, D. H. (Hrsg.): Handwörterbuch Pädagogische Psychologie (2. Aufl.). Weinheim 2001, S. 81–90

Hopperdietzel, H., Haag, L., Egner, M., Koller, J.: Mentoren-Projekt in Kooperation mit der Realschue Wunsiedel. Bayerische Realschule 2007, 53
(Heft 3), S. 25–27

Krüger, R.: Nachhilfe, Chance oder Skandal? 17 Antworten auf Fragen zu einem vernachlässigten Problem. Die Deutsche Schule 1977, 69, S. 545–
558

Langemeyer-Krohn, R., Krohn, D.: Nachhilfe – Der Unterricht nach der Schule.
In: Die Deutsche Schule 1987, 79, S. 491–505

Mischo, C., Haag, L.: Expansion and effectiveness of private tutoring. In: European Journal of Psychology of Education 2002, 17, pp. 263–273

Mischo, C., van Kessel: Wie wirkt Nachhilfe? Mögliche Wirkfaktoren im Wissen der Nachhilfelehrer. In: Empirische Pädagogik 2005, 19, S. 28–46

Thomas, J., van Kessel, M., Lohrmann, K., Haag, L.: Wirkfaktoren im Wissen
und Handeln der Nachhilfelehrer – Einzelfallbetrachtungen. In: Psychologie in Erziehung und Unterricht 2006,53, S. 35–43

Weegen, M.: Das Geschäft mit der organisierten Nachhilfe. In: Rolff, H.
G./Klemm, K./Tillmann, K.-J. (Hrsg.): Jahrbuch der Schulentwicklung,
Band 4. Weinheim 1986, S. 236–250

Soziale Ungleichheit, Bildung, Identität und Arbeit

György Széll

Nach einem historischen Überblick sowie der anthropologischen Einordnung wird das Phänomen der Arbeit als konstitutiv für jede Gesellschaft bestimmt. Auf der Grundlage einer klassentheoretischen Analyse wird Arbeit als Determinierung für die Klassenlage eines jeden Individuums herausgearbeitet. Dabei erscheint das Paradox, dass Nichtarbeit bis weitgehend heute als erstrebenswert angesehen wird. Erst durch die europäische Moderne eine Umkehrung dieser Bewertung.

Im zweiten Teil geht es um Soziale Ungleichheit und Bildung. Das Bildungssystem nimmt in modernen bürgerlichen Gesellschaften eine zentrale Rolle für die Vergabe von Chancengleichheit bzw. präziser von Weitergabe der Chancenungleichheit. Bildung als soziales Kapital des Bürgertums ist ein wesentliches Mittel zur Aufrechterhaltung sozialer Ungleichheit. Trotz alledem wird das Prinzip des lebenslangen Lernens auch für weite Teile der Arbeitnehmerschaft, die in verschiedenen Rechtformen 90 % der aktiven Bevölkerung stellen.

Der dritte Teil ist dem Verhältnis von Arbeit und Identität gewidmet. Auf der einen Seite ist – wie bereits erwähnt – Arbeit für die menschliche Existenz und Gesellschaft konstitutiv, also wesentliche Grundlage für die Identitätsbildung – mit Ausnahme bzw. als Verkehrung der oben bereits erwähnten *leisure class*. Auf der anderen Seite finden wir im Kapitalismus das Phänomen der Entfremdung, wie sie insbesondere Karl Marx in ihren vier Formen beschrieb.

Abschließend wird der Frage nach der Zukunft der Arbeit nachgegangen. Dabei gibt es – wie immer – gegensätzliche Tendenzen: Einerseits wird Arbeit unter dem Druck von Finanz- und Kapitalinteressen immer prekärer; der informelle Sektor nimmt weltweit zu. Auf der anderen Seite gibt es seit fast zweihundert Jahren Gegentendenzen in Richtung einer selbstbestimmten Arbeit, sei es in Form von Genossenschaften oder gar der allgemeinen Selbstverwaltung. Der Ausgang dieses Interessenkonflikts ist offen.

1. Ein historischer Rückblick

Arbeit ist konstitutiv für die menschliche Spezies (Kocka/Offe 2000). Ohne Arbeit kann sie nicht überleben. Die Gesellschaftsstruktur, d.h. die Klassenteilung ist ebenfalls durch die Verteilung von Arbeit und Nichtarbeit bedingt. Der Mensch schafft sich seine Identität durch Arbeit oder die Verwertung von Arbeit durch andere. Gleichzeitig stellt sich die gesellschaftliche Machtfrage: Wer entscheidet darüber, was, wo, wie, wann für wen produziert wird als Güter oder Dienstleistungen? Damit ist auch die Frage der Verteilung des gesellschaftlichen Surplus verbunden. Karl Marx hat dies alles bereits vor fast 150 Jahren auf den Punkt gebracht. Insofern kommt es in diesem Zusammenhang wieder darauf an, Marx ohne ideologische Verblendung – von rechts und links – wieder zu lesen, wie es Jean Ziegler und Uriel Da Costa in Buch *À demain Karl – De la fin des idéologies* (Bis morgen Karl – Über das Ende der Ideologien, 1991) vorschlagen.

Die Ironie der Geschichte mag sein, dass es über Jahrtausende das Interesse vieler Menschen war, sich der Arbeit zu entziehen und sich dem Müßiggang zu ergeben. Nachdem in unserer Kultur in Form der Bibel Arbeit als Strafe für die Vertreibung aus dem Paradies angesehen wurde, war das Ziel der dominierenden Klassen, sich dieser Tätigkeit zu enthalten. Dafür wurden Sklaven, Leibeigene, Mägde, Knechte und DienerInnen gekauft oder eingestellt. Die Herrschenden waren in diesem Sinn die Marginalisierten. Zumeist waren in der Antike es auch die Sklaven, die die Gebildeten waren. Ebenso in der Feudalzeit waren die Adligen kaum gebildet, konnten meiste weder lesen noch schreiben.

Dieses Verständnis von Arbeit als Strafe und Bildung als überflüssiger Luxus änderte sich erst mit der Frühen Neuzeit, d.h. der europäischen Moderne. Max Weber hat diese Veränderung auf das Entstehen der Protestantischen Ethik zurück geführt (1956). Karl Marx hat diesen Wandel viel prosaischer und m.E. präziser auf den Punkt gebracht, indem er das Primat der Ökonomie in diesem Prozess, d.h. des Kapitalismus herausarbeitete. Das schließt keineswegs aus, dass es eine Dialektik zwischen Basis und Überbau gibt, nach der zu einem gegebenen Moment die Politik bzw. die Religion zu einer dominierenden Kraft werden kann. Das Ziel der Emanzipation und Aufklärung ist letztlich sogar diese Umkehrung der Verhältnisse (vgl. dazu auch Polanyi 1977).

Soziale Ungleichheit wird also durch den unterschiedlichen Zugang zu materiellen Ressourcen bestimmt. In einer kapitalistischen Klassengesellschaft ist zu aller erst die Klassenlage durch den Besitz oder Nichtbesitz an Produktionsmitteln definiert (Marx, 1969). Daneben gibt es Zwischenschichten wie Akademiker, Selbständige aber auch Beamte. Trotz der Entwicklung von Vermögen in Arbeitnehmerhand hat sich bisher selbst in den U.S.A. kein ‚Volkskapitalismus' entwickelt. Bis heute ist das Produktivvermögen in allen entwickelten Industrieländern sehr stark konzentriert, und diese Konzentration hat in den letzten Jahrzehnten sogar zugenommen. Zur Zeit verfügt in der Bundesrepublik etwa 1 % der Bevölkerung über 80 % des Produktivvermögens.

Sicherlich sind mittlerweile Banken, Versicherungskonzerne und Pensionsfonds die größten institutionellen Anleger. Und diese verfügen auch über Geldvermögen von kleinen und mittleren Anlegern. Trotzdem bestimmen die Kleinanleger, die ja auch kaum jemals zu Aktionärsversammlungen gehen und selbst wenn, nicht über die wichtigen Entscheidungen mit. Diese Argumentation müsste aber für den deutschen Fall relativiert werden, denn es gibt ja zum Glück die deutsche Mitbestimmung, über die die ArbeitnehmervertreterInnen durchaus Einfluss auf die Unternehmensentwicklung nehmen können und dies auch tun. In diesem Zusammenhang schon ein Hinweis auf das Thema des Gesamtbandes: Die Mitbestimmung bietet für viele, die von Bildungschancen auf Grund ihrer sozialen Herkunft ausgeschlossen sind, die Möglichkeit, sei es über den Zweiten Bildungsweg – und hier häufig mit Unterstützung der gewerkschaftsnahen Hans Böckler Stiftung – oder direkt über Wahlen einen sozialen Aufstieg zu realisieren. Voraussetzung dafür ist aber in aller Regel – heute mehr als in der Vergangenheit – auch der Erwerb entsprechender formaler Bildungsabschlüsse, da die zur Entscheidung anstehenden Sachverhalte in den Unternehmen und Organisationen in Zeiten von europäischer Integration und Globalisierung immer komplexer werden. Die Europäischen und Welt-Betriebsräte sind seit 1994 ein solches neues Betätigungs- und Qualifikationsfeld.

2. Soziale Ungleichheit und Bildung

Der Franzose Pierre Bourdieu hat zusammen mit Jean-Claude Passeron in ihrer viel beachteten Studie (1970) über die soziale Reproduktion die Rolle der Bildung heraus gearbeitet. Sicherlich sind die Klassenunterschiede in Frankreich – trotz mehrerer Revolutionen – noch ausgeprägter als in Deutschland. Die großen sozialen Verwerfungen fanden in Deutschland durch den Nationalsozialismus – Vertreibung und Vernichtung eines großen Teils der Intelligenz – und die Folgen des Zweiten Weltkriegs statt.

Das deutsche Bürgertum, gerade auch sein jüdischer Teil, war in seinem Kampf um die politische und ökonomische Macht (u.a. die gescheiterte Revolution von 1848, vgl. Wehler 1987 ff) unterlegen. Ihm verblieb die Bildung. Als Bildungsbürgertum konnte es zumeist als einziges nur eben diese Bildung als soziales Kapital vererben.

Helmut Schelsky hat in seinen Analysen der bundesdeutschen Nachkriegsgesellschaft die Nivellierung zu einer Mittelstandsgesellschaft prognostiziert. Damit war auch das Ende der Klassengesellschaft und der Klassenkämpfe impliziert. Diese Diagnose passte sehr gut in die damalige Zeit, in der man vom Ende der Ideologien träumte und damit das, was unter dem Faschismus als Volksgemeinschaft nicht geschaffen wurde, nun in anderer Form verwirklicht wurde. Diese neue Ideologie der nivellierten Mittelstandsgesellschaft, die scheinbar im Kleid der Nichtideologie auftrat und sich auch mit dem Sachzwang verband, wurde damit zur herrschenden Ideologie bis zum Beginn der Bildungsreform und Studentenrevolte in Westdeutschland. Denn in den 1960ern stellte man plötzlich fest, dass es mit der viel gepriesenen Chancengleichheit nicht weit her war. Das katholische Mädchen vom Lande wurde entdeckt, und liberale Reformer wie Georg Picht und Ralf Dahrendorf riefen nach radikalen Änderungen. Das Schlagwort der Unterprivilegierung machte die Runde (1). Trotzdem ist das dreiklassige Schulsystem – ein deutsche Unikum – bis heute nicht abgeschafft worden. Das Bildungsbürgertum samt Philologenverband halten daran eisern fest. Als letzte Illusion und als „Distinktion", etwas Besseres zu sein – wie es Pierre Bourdieu nannte.

Das deutsche Wirtschaftswunder war noch möglich gewesen mit dem Bildungskapital und Know-how der Vorkriegsgeneration (2). Schon das Wilhelminische Reich hatte als verspätete Nation seine imperiale und ökonomische Aufholjagd auf Bildung und Wissenschaft gegründet, da es an Rohstoffen relativ arm war. So hat man damals wie heute aus der Not eine Tugend gemacht. Das Verdikt der rohstoffarmen Nationen gilt heute für Europa genauso wie für das Nazideutschland. Die Franzosen haben angesichts der sogenannten ersten Ölkrise 1973 formuliert: ‚On n'a pas de pétrole, mais on a des idées.' (Wir haben kein Öl, aber wir haben Ideen.) (3) Die Europäische Union hat mit ihrer Lissabon-Erklärung von 2000 und dem darin proklamierten Ziel einer wissensbasierten Gesellschaft und Wirtschaft die gleichen Schlussfolgerungen gezogen. Diese Strategie ist im Grunde bereits im Weißbuch der Europäischen Kommission ‚Wachstum, Wettbewerbsfähigkeit und Beschäftigung. Herausforderungen der Gegenwart und Wege ins 21. Jahrhundert' von 1994 formuliert worden.

Die Bildungsökonomie, die in den 1950er Jahren entstand, hat das Humankapital entdeckt. Entgegen den klassischen ökonomischen Theorien, die nur die Quantität von Kapital und Arbeit berechneten, stellte die Bildungsökonomie fest, dass quantitative Veränderungen von Kapital und Arbeit nur zu ca. 40 % das Wirtschaftswachstum erklärt konnten. Die restlichen 60 % wurden als Faktor ‚t' bezeichnet. Dieser Faktor beinhaltet die Qualität der Arbeit, also die Höherqualifikation der ArbeitnehmerInnen, sowie technischen Fortschritt und organisatorische Veränderungen. In der Tat hatte sich z.B. in den U.S.A. die durchschnittliche Dauer des Schulbesuchs in den 50 Jahren seit Beginn des 20. Jahrhunderts verdoppelt. Diese Erkenntnis führte zu der so genannten Höherqualifikationsthese, die insbesondere von dem US-Amerikaner Peter F. Drucker vertreten wurde. Dieses Phänomen war weltweit in allen industrialisierten Ländern festzustellen und passte zu dem allgemeinen Fortschrittsglauben, dass es immer nur aufwärts gehen konnte: ökonomisch und als Trickle-down-Effekt auch sozial. Diese Periode wurde in Frankreich als die Zeit der „trente glorieuses" (die dreißig glorreichen Jahre) gekennzeichnet. Burkart Lutz hat jedoch bereits 1984 in seinem Buch ‚Der kurze Traum immerwährender Prosperität. Eine Neuinterpretation der industriell-kapitalistischen Entwicklung im Europa des 20. Jahrhunderts' argumentiert, dass diese Nachkriegsperiode die Ausnahme in der zweihundertjährigen Geschichte des modernen Kapitalismus sei und dass wir nunmehr in die normale Krisenhaftigkeit desselben wieder eingetreten seien.

Insofern setzte auch konsequenterweise schon in den 1970er Jahren die Dequalifikationsdebatte ein (vgl. dazu insbesondere Gorz 1973, Braverman 1973), die davon ausgeht, dass es durch den technischen Fortschritt nicht notwendigerweise zur Höherqualifikation der Massen, sondern im Gegenteil mit Hilfe des Taylorismus und Fordismus zu einer breiten Dequalifikation käme. Anlerntätigkeiten von wenigen Stunden am Fließband reichen aus, um die dort geforderten Aufgaben zu bewältigen. Dies wird im Grunde durch die internationale Arbeitsmigration – aber auch die innerchinesische heute – bestätigt, wo weitgehend unqualifizierte Landarbeiter zu zig Millionen in die industriellen Zentren einwanderten.

Andererseits trifft es schon zu, dass für die Entwicklung der neuen Technologien aber auch der damit verbundenen Dienstleistungen für einen Teil der ArbeitnehmerInnen eine Höherqualifizierung notwendig ist und stattfindet. Aus dieser Einsicht entwickelten Horst Kern und Michael Schumann die Polarisierungsthese. Sie unterscheiden zwischen Rationalisierungsgewinnern, Rationalisierungsverlierern und Rationalisierungsduldern (1984).

Alle zehn Jahre verdoppelt sich unser Wissen, in manchen Branchen wie der Elektronischen Datenverarbeitung gar alle fünf Jahre. Wie soll ein Arbeitnehmer mit einer Ausbildung vor zig Jahren kompetent bleiben? Früher lernte man im Prinzip einen Beruf fürs Leben. Das betraf aber auch nur Deutschland mit seiner dualen Ausbildung. Eine Lehre hatte in den meisten anderen Industrieländern den Übergang vom Handwerk zur Industrie kaum überlebt. Aber auch in der Bundesrepublik Deutschland war etwa die Hälfte der Ausgebildeten nie in ihrem angelernten Beruf tätig (insbesondere nicht Friseure, Bäcker, Arzthelferinnen etc.), sondern mussten sich sofort anschließend eine Anlern- oder ungelernte Tätigkeit suchen. Dieser Zustand schuf den Bedarf nach Weiterqualifikation und ggf. Umschulungen. Diese Aufgabe wurde in Westdeutschland seit 1969 mit dem Arbeitsförderungsgesetz zur öffentlichen Aufgabe, organisiert durch die damalige Bundesanstalt für Arbeit, die paritätisch durch Arbeitgeber- und Arbeitnehmervertreter geführt wird. Eine ganze Reihe von Organisationen entstanden darauf hin, mit einem richtigen Weiterbildungs- und Umschulungsmarkt. Da die Arbeitsmarktentwicklungen aber bis heute nicht eindeutig vorher zu sagen sind, war und ist ein Grossteil dieser Qualifikationen eine Fehlinvestition – wie sich gerade am Beispiel der Neuen Bundesländer erkennen lässt (Széll Labour Market ... 2005).

3. Arbeit und Identität

Auf der einen Seite ist – wie bereits erwähnt – Arbeit für die menschliche Existenz und Gesellschaft konstitutiv, also wesentliche Grundlage für die Identitätsbildung – mit Ausnahme bzw. als Verkehrung der oben bereits erwähnten *leisure class* (4). Auf der anderen Seite finden wir im Kapitalismus das Phänomen der Entfremdung, wie sie insbesondere Karl Marx in ihren vier Formen beschrieb:

1. Die Entfremdung von den Produktionsmitteln,
2. Die Entfremdung vom Produkt der eigenen Arbeit,
3. Die Entfremdung vom anderen,
4. Die Entfremdung von sich selbst.

Der französische Soziologe Pierre Bourdieu (1997) hat – von Marx inspiriert – in einer großen Untersuchung über „Das Elend der Welt. Zeugnisse und Diagnosen alltäglichen Leidens an der Gesellschaft" die Entfremdung unter heutigen Bedingungen dargestellt. Selbst in der Welt der Neuen Technologien ist es eher eine ‚Wahnsinnskarriere', was viele erwartet, denn paradiesische Zustände bei den meist gefragten ArbeitnehmerInnen dieser Branche (Schur/Weick 1999).

Von der aktiven Bevölkerung sind in den Industrieländern rund 90 % als Lohnabhängige tätig – dazu rechne ich auch die Personen, die in Form der Ich-AG de facto als Scheinselbständige in direkter Abhängigkeit als Outgesourcte für ein einziges Unternehmen arbeiten.

Das Prekariat wird zunehmend zur dominierenden Form der Lohnabhängigkeit. Amerikanische Think tanks haben bereits vor über zehn Jahren vorher gesagt, dass die Arbeiterschaft sich in 20% permanent Beschäftigte, 20 % Dauerarbeitslose und 60% zeitweise Beschäftigte, Prekäre ausdifferenzieren werde (vgl. Martin/Schumann 1996). Dieses Szenario wurde auch 1997 auf einer Tagung der Bertelsmann-Stiftung mit Zustimmung des Gewerkschaftsvorsitzenden der IG BCE, Schmoldt, zustimmend präsentiert. In zahlreichen Volkswirtschaften ist dieses Modell bereits weitgehend Wirklichkeit geworden, insbesondere in den angelsächsischen Ländern wie den USA und Großbritannien, in denen die neoliberale Deregulierung am weitesten fortgeschritten ist. In Deutschland sprechen wir mittlerweile von der Generation Praktikum, um diese neue Form der Ausbeutung zu charakterisieren.

Gleichzeitig gibt es seit Beginn der kapitalistischen Moderne auch schon immer eine informelle Ökonomie, die in den Industrieländern zwischen ca. 5 und 25 % der Gesamtökonomie umfasst (5) und die sich durch ungeregelte und vollkommen ungesicherte Arbeitsverhältnisse auszeichnet, die auch ein hohes Unfallrisiko beinhalten. In der Dritten Welt – z.B. Indien – erreicht der Anteil der informellen Ökonomie bis zu 90%.

Es trifft leider weiterhin zu, dass im real existierenden Kapitalismus eine industrielle Reservearmee für die maximale Akkumulation notwendig ist – auch wenn einige Wissenschaftler zu Zeiten der relativen Vollbeschäftigung in manchen kapitalistischen Ländern diese Marxsche These bezweifelten. Die Veränderung gegenüber früher ist nur, dass diese Reservearmee weltweit rekrutiert wird.

Unter diesen Bedingungen ist Diskriminierung eines Teils der Arbeitskraft weit verbreitet. Diese betrifft in erster Linie Frauen, Alte, Junge, Ausländer (Sainsaulieu 1973, Bernoux 1982). In Folge dessen entwickeln sich segregierte Arbeitsmärkte, s. dazu Abbildung 1:

Abbildung 1: Die verschiedenen Arbeitsmärkte

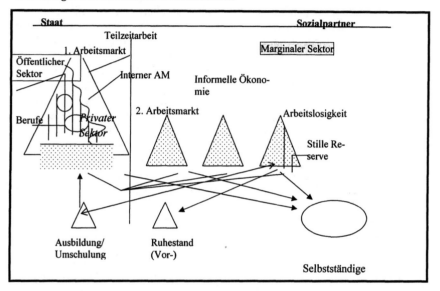

Die verschiedenen Arbeitsmärkte sind durchaus funktional zum Funktionieren der kapitalistischen Marktwirtschaft.

Wie ist unter diesen Bedingungen Identität durch Arbeit in der Arbeit herstellbar? Eine erste Reaktion waren Revolten der Arbeiter bis hin zu mehr oder weniger erfolgreichen Revolutionen. Aber auch im Alltag finden sich häufig Sabotagen, Arbeit nach Vorschrift oder sinnlose Arbeit wie es der ungarische Soziologe Miklós Haraszti in seinem Buch ‚Stücklohn' (1975) beschrieb. Oder auch das schöne Buch ‚Eingespannt. Erzählung aus dem Innern des Motors' von Robert Linhart, in dem er über die Zustände bei Renault berichtet, die zu den Aufständen des Pariser Mai 1968 führten.

Aber seit Beginn des Kapitalismus gibt es auch den organisierten Widerstand in Form der Gründung von Gewerkschaften. Auch wenn diese bis heute unterschiedliche ideologische Grundlagen und Ausrichtungen besitzen, so haben sie sich doch endlich im Oktober 2006 in Wien zum Internationalen Gewerkschaftsbund zusammengeschlossen. Für die sozialistischen bzw. kommunistischen Gewerkschaften ging es seit Anbeginn dabei um eine Doppelstrategie: einerseits die Lebens- und Arbeitsbedingungen zu verbessern, andererseits Strukturen zu schaffen – einschließlich politischer Parteien –, die zur Überwindung des Kapitalismus beitragen. Verschiedene historische Kompromisse waren das Ergebnis des Ringens zwischen Kapital und Arbeit. Der Wohlfahrtsstaat in seinen verschiedenen Ausprägungen (vgl. dazu Esping-Andersen 1990) war eines der wichtigsten Resultate. Ein Ausdruck dessen ist die Zusammenfassung aller Einkommensbestandteile für die ArbeitnehmerInnen im sogenannten *wage package*, d.h. des Lohnpakets (Clarke et al. 2000), in dem der reine Lohn plus die Sozialleistungen aber auch ggf. Bonuszahlungen enthalten sind.

Für Deutschland war das Ergebnis dieses Klassenkompromisses nach dem 1. Weltkrieg und dem Scheitern der Räterepublik die Wirtschaftsdemokratie mit ihren Betriebs-, Wirtschafts- und Sozialräten, die zur Identifikation der ArbeiterInnen mit den Unternehmen und der herrschenden Gesellschaftsordnung beitrugen. Danach folgte das dunkle Kapitel der Volks- und Betriebsgemeinschaft im Nationalsozialismus. Das Scheitern wiederum dieses Modells führte nach dem 2. Weltkrieg in Westdeutschland zur Sozialen Marktwirtschaft mit der Sozialpflichtigkeit des Eigentums in Art. 15 des Grundgesetzes. Dieses Modell ist unter dem Druck der Globalisierung – auch wenn es weiterhin als Modell im Europäischen Einigungsprozess dient – zunehmend von Arbeitgeberseite in Frage gestellt worden (vgl. Széll La participation ... 2007). Während in der Deutschen Demokratischen Republik das Experiment des real existierenden Sozialismus mit Volkseigenen Betrieben und der Kollektivierung der Landwirtschaft vier Jahrzehnte mehr oder weniger erfolglos praktiziert wurde.

Auf internationaler Ebene hat die Internationale Arbeitsorganisation (IAO) seit 1919 die Aufgabe, in einer drittelparitätischen Zusammensetzung (Arbeitgeber, Gewerkschaften und Regierungen) die Qualität der Arbeit zu garantieren und zu verbessern. Man kann die IAO als zentrale Institution zur Herstellung globaler Regulierungen bezeichnen. Es gehören ihr derzeit 164 Nationen an. Ihre wesentliche Arbeit besteht in der Verabschiedung von Konventionen: Bisher sind dies acht Fundamental- und etwa 200 weitere Konventionen. Damit sie auf nationaler Ebene in Kraft treten, müssen sie von den nationalen Parlamenten jeweils noch ratifiziert werden. Dies geschieht auf sehr ungleiche Art und Weise. So ist z.B. Italien das Land, das bisher die meisten Konventionen ratifiziert hat, es hapert jedoch häufig an deren Umsetzung. Die Bundesrepublik hat demgegenüber nur etwa die Hälfte aller Konventionen ratifiziert, jedoch quasi alle von ihnen implementiert. Es verwundert nicht, dass die USA eines der Länder – gemeinsam mit China und den sogenannten Schurkenstaaten – ist, das am wenigsten Ratifikationen aufzuweisen hat und jeweils nur eine der Fundamentalkonventionen (gegen Kinderarbeit).

Eine der wesentlichen Konventionen ist die sogenannte Genfer Konvention zur Arbeitsvergütung von 1956. In ihr wird ein einheitliches System der Bewertung von Arbeitsleistungen basierend auf Qualifikation, Belastung und Verantwortung eingeführt, das weltweit zur Grundlage wurde.

Seit einigen Jahren hat die IAO eine Kampagne 'Decent work' (Anständige Arbeit) lanciert, die besonders die Verbesserung der Arbeitsverhältnisse in der Dritten Welt, hier zuvorderst China, zum Fokus hat. Weitergehend ist die Forderung nach 'Good work' (Gute Arbeit), die sich insbesondere in Skandinavien entwickelte und auf die Qualität der Arbeitsbedingungen abzielt, die Menschen zufrieden, wenn nicht gar glücklich bei der Arbeit macht (Sandberg 1995).

1977 wurde die Europäische Stiftung zur Verbesserung der Lebens- und Arbeitsbedingungen als eine paritätisch von Arbeitgebern und Arbeitnehmern geleitete Institution gegründet. (Krieger 2002) Auf der Europäischen Ebene gibt es zudem seit dem Amsterdam-Gipfel 1997 Beschäftigungsprogramme, die die Überwindung der Arbeitslosigkeit zum Ziel haben, denn die Identifikation der Bürger mit der EU hängt wesentlich von ihren wirtschaftlichen Erfolgen ab. (Széll 2005) Bisher waren die Anstrengungen, über „beste Praxis" und „Benchmarking" eine Verminderung der Arbeitslosigkeit zu erreichen, jedoch nur von bescheidenem Erfolg gekrönt, da – s.o. – die industrielle Reservearmee von vielen Arbeitgebern durchaus gewollt ist.

Im Hinblick auf die Forschung haben die EU-Forschungsrahmenprogramme seit dem 5. Rahmenprogramm die soziale Dimension eingeschlossen, wenn auch bisher noch in sehr bescheidenem Umfang von maximal 2 % des Gesamtvolumens (6). In diesem Bereich stehen die Fragen der Harmonisierung und der Exklusion innerhalb der EU im Vordergrund. Im Rahmen dieses 5. Rahmenprogramms wurde auch ein interessantes Projekt ‚Overcoming Marginalisation. Structural Obstacles and Openings to Integration in Strongly Segregated Sectors', koordiniert von der University of Westminster, London, durchgeführt, das die Ausgrenzung von ethnischen Minderheiten und Frauen zum Gegenstand hatte und Forschungsteams aus sechs Ländern – neben Großbritannien Dänemark, Deutschland, Italien, Die Niederlande und Spanien – einbezog. (Beck et al. 2003; meine Forschungsgruppe war für Deutschland daran beteiligt).

Mitte der 1980er Jahre wurde vom Ende der Arbeitsteilung (Kern/ Schumann 1984) und vom Ende der Massenproduktion (Piore/Sabel 1985) gesprochen. Die industriellen Distrikte wurden dabei als Beispiel für die Rückkehr zur handwerklichen Produktion genommen. Dabei diente insbesondere die Region Emilia-Romagna um Bologna in Italien als Vorbild (Telljohann 1997, Winkelmann 2002).

Im kapitalistischen Westen – einschließlich Japans – wurden auch von Arbeitgeberseite verschiedene Modelle der Arbeitnehmerpartizipation entwickelt und angeboten, da die im Modell des Taylorismus und Fordismus angeleg-te hohe Fluktuation nicht zur Identifikation and damit nicht zur Qualität der Ar-beit und Produkte führte. Deutschland und Japan sind bis heute Exportweltmeis-ter, da sie mit Spitzenqualität bestimmte Gütermärkte beherrschen – obwohl China mit billiger Massenproduktion auf der Überholspur ist. In Japan ist das Totale Qualitätsmanagement insbesondere von der Firma Toyota, mittlerweile das erfolgreichste Industrieunternehmen der Welt, entwickelt worden. Der Chefingenieur von Toyota, Taiichi Ohno, hat diese Strategie entfaltet und um-gesetzt (1996, Womack et al. 1991). Diese Strategie beinhaltet die Einbezie-hung der ArbeitnehmerInnen in die Gestaltung und Veränderung des Produkti-onsprozesses. Stichworte, die seither weltberühmt wurden, sind: Kaizen (stän-dige Verbesserung), Qualitätszirkel sowie Ringi (Oszillierende Entscheidung von oben nach unten und zurück). Dabei ist interessanterweise Japan in all den letzten Jahrzehnten seiner ökonomischen Modernisierung quasi ohne eine in-dustrielle Reservearmee ausgekommen.

Partizipation und Mitbestimmung gehören insofern für die erfolgreichsten Unternehmen in der Welt zu wichtigen Rezepten (Széll 1988, 2001), die eine win-win-situation für beide Seiten – Kapital und Arbeit – produzieren. Einen Schritt weiter führt die seit einigen Jahren begonnene Diskussion um die sozia-le Verantwortung der Unternehmen (Széll 2006).

Eine radikal andere Alternative zum dominierenden Kapitalismus ist die Sozialökonomie, die auch den Genossenschaftssektor umfasst (Bruyn 1977). Leider hat die traditionelle Sozialökonomie in Deutschland in Form der Ge-meinwirtschaft auf Grund von Korruption und Misswirtschaft versagt (Skandale insbesondere um die Neue Heimat und Coop, der Verkauf der Bank für Ge-meinwirtschaft). Der Genossenschaftssektor steht demgegenüber weltweit mit über 800 Millionen aktiven Mitgliedern derzeit in voller Blüte, insbesondere in der Dritten Welt, aber auch in Europa, wo im spanischen Mondragón der größte industrielle Genossenschaftskomplex der Welt existiert, in Québec mit Desjar-dins sowie in Japan etc. (7)

Die völlige Aufhebung der Entfremdung findet in den quasi kommunisti-schen Kibbuz in Israel statt (Rosner 1975, Széll Die Entwicklung ..., 2005), ob-wohl auch die Kibbuzbewegung derzeit in einer Krise steckt (Rosner 2002). Trotz alledem sind diese Formen der Alternativökonomie schon mehr als Inseln der Zukunft (Robert Jungk), die im real existierenden Kapitalismus für die Wie-derzusammenführung von Arbeit und Identität entstanden bzw. vorhanden sind.

4. Die Zukunft der Arbeit

In den 1970er Jahren sprachen viele im Angesicht der technischen Entwicklung von der menschenleeren Fabrik. Der Gesellschaft schien die Arbeit auszugehen.

Die Arbeitszeit wurde teilweise radikal auf 28,8 Stunden pro Woche, z.B. bei Volkswagen, verkürzt. Bereits im heissen Herbst 1969 in Turin haben ArbeiterInnen gefordert: „Vier Stunden Arbeit, vier Stunden Bildung". Viele von ihnen waren aus dem armen Süden Italiens, dem Mezzogiorno, in den reichen Norden ausgewandert, um Arbeit zu finden. Die meisten von ihnen waren relativ wenig gebildet. Um ihren sozialen Aufstieg aber auch den ihrer Kinder sicher zu stellen, forderten sie mehr Bildung. Das Ergebnis war das Recht auf 150 Stunden bezahlten Bildungsurlaub pro Jahr für alle. Ein ähnliches Ergebnis proudzierte der Pariser Mai 1968: Ein Jahr Bildungsurlaub alle sieben Jahre (ein Sabbatical sozusagen), bei voller Bezahlung – sofern es im Interesse des Arbeitgebers liegt (8). Eine französische Gewerkschaftsgruppe mit dem Namen ADRET hat 1978 ein viel beachtetes Buch mit dem Titel der Zweistundentag veröffentlicht. Darin argumentieren sie überzeugend, dass zwei Stunden Arbeit bei dem technischen Niveau unserer Gesellschaft vollkommen ausreichen, um ein anständiges Leben zu führen – vorausgesetzt, dass Obsoleszenz, d.h. Verschwendung von Ressourcen vermieden wird. Diese Politik wäre damit auch ein nachhaltiges Wirtschaftsmodell, was den damaligen Autoren noch gar nicht so bewusst war, obwohl der Bericht des Club of Rome (Meadows et al. 1973) schon sechs Jahre zurück lag.

Lebenslanges Lernen hieß nun die weltweite Forderung. Der Bildungsurlaub wurde in vielen Ländern, auch in allen sozialdemokratischen Bundesländern, gesetzlich verankert. Insbesondere die Internationale Arbeitsorganisation und die Europäische Kommission haben das Lebenslange Lernen zum Prinzip erhoben. Die Vision, dass Europa zur führenden wissensbasierten Gesellschaft und Wirtschaft bis zum Jahre 2010 werden soll (Lissabon Erklärung von 2000), ist darauf aufgebaut.

Leider haben wir uns heute von diesen Zielen und Zuständen teilweise wieder entfernt: Der Bildungsuralub wird auf Druck der Arbeitgeber kaum in Anspruch genommen; die Arbeitszeit wird auch bei Volkswagen ohne Lohnausgleich wieder verlängert – höchstens als Teilzeitarbeit nimmt die Arbeitszeitverkürzung auf breiter Linie zu.

In Korea, China und fast allen Ländern der Dritten Welt beträgt die Arbeitszeit im Durchschnitt 2.300 Stunden pro Jahr gegenüber 1.600 Stunden pro Jahr in den reichen Industrieländern – wenn diese auch inzwischen eher Dienstleistungs- denn Industrieländer sind (Beckenbach/van Treeck 1994, Bosch 1998). Dies ist jedoch weder für die Länder der Dritten Welt noch für uns eine nachhaltige Lösung. Die weiterhin steigende Produktivität lässt keine Alternative zu einer generellen Verkürzung der Arbeitszeit zu. Diese Verkürzung erlaubt zudem, wie bereits in den 1960er Jahren gefordert, die Verbesserung der Bildung in Form des lebenslangen Lernens, De-Intensivierung der Arbeit (die Poren des Arbeitstages, wie es Karl Marx nannte) und eine gerechtere Arbeitsteilung zwischen den Geschlechtern.

Zur Sicherung der Subsistenz wird seit einigen Jahren ein allgemeines Grund- oder ein Bürgereinkommen (Beck 2000, 2001) vorgeschlagen. André Gorz sprach in seinem Buch ‚Abschied vom Proletariat' (1980) von einem heteronomen und autonomen Sektor von Arbeit. Im heteronomen Sektor wird weiterhin notwendige, entfremdete Arbeit geleistet, die jedoch auf ein Minimum reduziert wird. Demgegenüber ist der autonome Sektor für die selbst bestimmte, nicht entfremdete, solidarische Arbeit bestimmt. ‚Wege zum Paradies' ist konsequenterweise der Titel seines nächsten Buches gewesen (1983, vgl. auch sein Interview 1984).

Der Brasilianer Ricardo Semler hat sein Unternehmen seinen Arbeitern geschenkt und damit neue Formen der Partizipation geschaffen: ‚Das SEMCO Modell. Management ohne Manager. Das neue revolutionäre Führungsmodell' ist der Titel seines diesbezüglichen 1993 auf deutsch erschienenen Buches. Diese Unternehmensphilosophie hat er inzwischen sowohl an der renommierten Harvard Business School als auch in den führenden brasilianischen Wirtschaftszeitschriften verbreitet. Auch die Bertelsmann-Stiftung wie viele andere praktizieren neue Formen der sozialen Verantwortung von Unternehmen.

Dieses Unternehmensmodell bringt uns nun ganz nahe an eine Realutopie von humanisierter Arbeit: die Allgemeine Selbstverwaltung. In Jugoslawien wurde sie als Arbeiterselbstverwaltung von den 1960ern an bis zum Zerfall der Republik praktiziert und zeigte dort erhebliche Erfolge. In ihrem Ausgangspunkt Slowenien führte sie zu erfolgreichen ökonomischen und sozialen Erfolgen (Széll 1988, 1992). In Frankreich wurde dieses Modell als „Autogestion généralisée" propagiert und zum offiziellen Regierungsprogramm der ersten Regierung unter François Mitterrand 1981 (Bourdet 1970). Wie alle sozialen Experimente ist auch dieses Modell der Verbindung von Arbeit und Leben nicht ohne Widersprüche und benötigt wie der Kapitalismus sicherlich noch viele Generationen und viel Bildung zu seiner vollen Entfaltung. Das Weltsozialforum seit 2001 in Porto Alegre ist für eine Globalisierung mit menschlichem Antlitz eine neue Plattform für die Integration von Bildung, Identität und Arbeit sowie für die Überwindung von sozialer Ungleichheit. Hoffen wir, dass es erfolgreicher und humaner wird als der jetzige Kapitalismus.

Anmerkungen

(1) Dass diese Formulierung ein Unding ist, ist leider bis heute nicht wahrgenommen worden. Denn man kann nicht unter- sondern höchsten nichtprivilegiert sein. Ich habe bereits darauf in meinem Band ‚Privilegierung und Nichtprivilegierung im Bildungswesen' darauf 1972 hingewiesen.
(2) Das Gleiche gilt im übrigen auch für Japan.

(3) Interessante Unterschiede zwischen Deutschland und Frankreich im Hinblick auf die Rolle von Bildung, insbesondere von beruflicher Bildung sind in den 1970er Jahren von einem Team am Laboratoire d'Économie et de Sociologie du Travail des C.N.R.S. in Aix-en-Provence heraus gearbeitet worden. Sie sprechen von einem ,effet sociétale', also einem Gesellschaftseffekt, der die Unterschiede erklärt und nicht die Struktur des Bildungswesens als solches (vgl. Maurice et al. 1982). Diese Analyse ist zweifelsohne auch wichtig bei der Übertragung von Bourdieuschen Kategorien, auch diese sind jeweils in den gesellschaftlichen und historischen Kontext einzubetten. (Zur Frage der sozialwissenschaftlichen Methodik des gesellschaftlichen Vergleich s. auch Flyvbjerg 2001.)

(4) Die Kinder und Jugendlichen befinden sich im Prozess der Vorbereitung auf das Arbeitslebens mit Hilfe der Bildungseinrichtungen, die SeniorInnen genießen die Früchte vergangener Arbeitsleistungen und identifizieren sich auch weiterhin über die früheren Tätigkeiten.

(5) Dieser Anteil ist verständlicherweise in den skandinavischen Ländern am geringsten und in Italien und Griechenland am höchsten. In den früheren sozialistischen Ländern betrug er zwischen 40 und 60%.

(6) Der Großteil wird in die Natur- und Ingenieurwissenschaften investiert, um die internationale Wettbewerbsfähigkeit der EU zu fördern.

(7) Die Society for the Advancement of Socio-Economics fördert seit über einem Jahrzehnt dioe Forschung und Praxis der Sozio-ökonomie. Sie ist von dem Amerikaner Amitai Etzioni begründet worden. Seit 1978 schon engagiert sich das Forschungskomitee 10 ,Partizipation, organisationelle Demokoratie und Selbstverwaltung' der Internationalen Soziologenvereinigung, dessen Vorsitzender ich lange war, in dieser Hinsicht.

(8) Ein Privileg, das bis dato nur HochschullehrerInnen hatten.

Literatur

ADRET: Travailler deux heures par jour, Paris 1977

Beck, U.: Die Zukunft von Arbeit und Demokratie, Frankfurt a.M. 2000

Beck, U.: Ein globaler Ausblick: Jenseits der Arbeitsgesellschaft auf dem Weg zur Bürgergesellschaft. Freiheit in der Balance zwischen Arbeit, Leben und politischer Anteilnahme, Das Parlament, 3–4, 19. Januar 2001, S. 6 ff

Beck, V., Clarke, L. & E. Michielsens: Overcoming Marginalisation. Structural Obstacles and Openings to Integration in Strongly Segregated Sectors, ETLM, Westminster Business School, University of Westminster (Britain) 2003 [Unveröffentlichtes Ms.]

Beckenbach, N., van Treeck, W. (Hg.): Umbrüche gesellschaftlicher Arbeit, Soziale Welt, Sonderband 9, 1994

Bernoux, P.: Un travail à soi, Toulouse 1982

Bolle De Bal, M.: Le travail : une valeur à réhabiliter. Bruxelles 2005

Bosch, G. (Hg.): Zukunft der Erwerbsarbeit. Strategien für Arbeit und Umwelt, Frankfurt a.m./New York 1998

Bourdet, Y.: La délivrance de Prométhée, pour une théorie politique de l'autogestion. Paris 1970

Bourdieu, P. (Hg.): Das Elend der Welt: Zeugnisse und Diagnosen alltäglichen Leidens an der Gesellschaft, Konstanz 1997.

Bourdieu, P., Passeron, J.-C.: La reproduction, Paris 1970

Braudel, F.: Sozialgeschichte des 15.-18. Jahrhunderts, München 1990, 3 Bde

Braverman, H.: Die Arbeit im modernen Produktionsprozess, Frankfurt a.m./New York 1980

Briefs, U. (Hg.): Anders produzieren, anders arbeiten, anders leben ..., Köln 1986

Bruyn, S.T.: The social economy: People transforming modern business, New York 1977

Busch, K. u.a. (Hg.): Wege zum sozialen Frieden in Europa, Osnabrück 1999.

Clarke, L., de Gijsel, P. & J. Janssen (Hg.): The Dynamics of Wage Relations in the New Europe, Amsterdam 2000

Esping-Andersen, G.: The Three Worlds of Welfare Capitalism, Cambridge 1990

Europäische Kommission: Wachstum, Wettbewerbsfähigkeit und Beschäftigung. Herausforderungen der Gegenwart und Wege ins 21. Jahrhundert, Weißbuch, Brüssel 1994

Europäische Stiftung für die Verbesserung der Lebens- und Arbeitsbedingungen http://www.eurofound.europa.eu

Flyvbjerg, B.: Making Social Science Matter – Why Social Inquiry Fails and How it Can Succeed Again, Cambridge 2001

Giarini, O., Liedtke, P.M.: Wie wir arbeiten werden. Der neue Bericht an den Club of Rome, Hamburg 1998 [1997]

Gorz, A. (Hg.): Critique de la division du travail, Paris 1973

Gorz, A.: Abschied vom Proletariat. Frankfurt a.M. 1980

Gorz, A.: *Wege zum Paradies*. Frankfurt a.M. 1983

Gorz, A.: 'Ins Paradies – aber mit den Gewerkschaften. Ein Gespräch mit Klaus Podak', Prokla, 55/1984, S. 10-21

Gorz, A.: Arbeit zwischen Misere und Utopie, Frankfurt a.m. 2000

Haraszti, M.: Stücklohn, Berlin 1975

Hillmann, Günter: Die Befreiung der Arbeit. Die Entwicklung kooperativer Selbstorganisation und die Auflösung bürokratisch-hierarchischer Herrschaft, Reinbek 1970 [rde 342-3]

Jonas, M., Schumm-Garling, U. (Hg.): Brennpunkt Arbeit. Initiativen für eine Zukunft der Arbeit, Münster 2002

Kaisergruber, D. et al.: Les villes et l'emploi en Europe, Paris 2001

Kern, Horst & Michael Schumann: Das Ende der Arbeitsteilung? München 1984

Kester, G., Pinaud, H. (Hg.): Trade unions and democratic participation in Europe. A scenario for the 21st Century, Aldershot et al. 1996

Kilger, G., Bieneck, H.-J. (Hg.): Neue Qualität der Arbeit. Wie wir morgen arbeiten werden, Frankfurt a.m./New York 2002

Kocka, J., Offe, C. (Hg.): Geschichte und Zukunft der Arbeit, Frankfurt a.m./New York 2000

Krieger, K.: Participation: A Driving Force of Economic, Social and Democratic Development in Europe', in G. Széll & G.-P. Cella (Hg.): The Injustice at Work: An International View on the World of Labour and Society, Frankfurt et al. 2002, S. 172–194

Linhart, R.: Eingespannt. Erzählung aus dem Innern des Motors. Berlin 1978.

Lutz, B.: Der kurze Traum immerwährender Prosperität. Eine Neuinterpretation der industriell-kapitalistischen Entwicklung im Europa des 20. Jahrhunderts, Frankfurt a.M./New York 1984

Martin, H.-P., Schumann, H.: Die Globalisierungsfalle. Der Angriff auf Demokratie und Wohlstand, Reinbek 1996

Marx, K.: Grundrisse der Politischen Ökonomie, Frankfurt a.m./Wien 1969

Marx, K.: Das Kapital. Kritik der politischen Ökonomie, Berlin 1969 (3 Bände, MEW 23-25)

Maurice, M., Sellier, F. & J.-J. Silvestre: The Social Foundations of Industrial Power: Societal Analysis of Industrial Relations: A comparison between France and Germany, Cambridge, Mass. & London 1986 [original französisch, Paris 1982]

Meadows, D.; Meadows, D.; E. Zahn & P. Milling: Die Grenzen des Wachstums. Bericht des Club of Rome zur Lage der Menschheit. Reinbek 1973.

Negt, O.: Arbeit und menschliche Würde. Göttingen 2001

Nicolaou-Smokoviti, L., Széll, G. (Hg.): Participation, Organisational Effectiveness and Quality of Working-Life in the Year 2000, Frankfurt/M. et al. 1994

Ohno, T.: Das Toyota Produktionssystem, Frankfurt a.m./New York 1996

Piore, M., Sabel, C.F.: Das Ende der Massenproduktion. Studie über die Requalifizierung der Arbeit und die Rückkehr der Ökonomie in die Gesellschaft, Berlin 1985

Polanyi, K.: The great transformation: Politische und ökonomische Ursprünge von Gesellschaften und Wirtschaftssystemen, Wien 1977

Rosner, M., The Kibbutz as a Way of Life in Modern Society. Cambridge/Mass. 1975

Rosner, M., 'Das Streben nach der guten Gesellschaft und die Kibbuzerfahrung', *Sozialwissenschaftliche LiteraturRundschau*, 2002, nr. 45, S. 57–71

Sainsaulieu, R.: L'identité au travail, Paris 1977

Sandberg, Å. (Hg.): Enriching Production. Perspectives on Volvo's Uddevalla plant as an alternative to lean production, Aldershot et al. 1995

Schelsky, H.: Auf der Suche nach der Wirklichkeit – Gesammelte Aufsätze, Düsseldorf 1965

Schur, W., Weick, G.: Wahnsinnskarriere. Wie Karrieremacher tricksen, was sie opfern, wie sie aufsteigen, Frankfurt a.M. 1999

Semler, R.: Das SEMCO System. Management ohne Manager. Das neue revolutionäre Führungsmodell, München 1993

Sennett, R.: Der flexible Mensch: Die Kultur des neuen Kapitalismus, 4. Aufl., München 2000 [1998]

Sünker, H.; Farnen, R. & G. Széll (Hg.): Political Socialisation, Participation and Education: Change of Epoch – Processes of Democratisation, Frankfurt a.M. et al. 2003

Széll, G. (Hg.): Privilegierung und Nichtprivilegierung im Bildungswesen, München 1972

Széll, G.: 'Zur Diskussion um die Lehrerausbildung im Bereich Polytechnik/Arbeitslehre', WSI-Mitteilungen, # 6/1975, S. 319-324

Széll, G.: 'Wissenschaftlicher Anspruch und schulische Wirklichkeit der Polytechnik/Arbeitslehre', in H. Immler (Hg.), Kasseler Diskussionsbeiträge, Heft 2, Gesamthochschule Kassel, Materialien zur Polytechnik/Arbeitslehre. Vorträge der Veranstaltungsreihe im Winter 1977/78, Kassel 1978, S. 1–3

Széll, G.: 'Bildungsarbeit als Forschungsprozeß. Anmerkungen zur Übertragbarkeit der Freirerschen Pädagogik', in K. Dera (Hg.), Lernen für die Praxis, München 1984, S. 19–42

Széll, G.: 'Arbeitswissenschaft', in H. Kerber & A. Schmieder (Hg.), Handlexikon der Soziologie und Sozialpsychologie, Reinbek 1984, S. 49–52

Széll, G.: 'Sozialorientierte Technikgestaltung im Jahr 2000', WSI-Mitteilungen, 8/1987, S. 464–471

Széll, G.: 'Alternativen für die wirtschaftsstrukturelle Entwicklung des Raumes Osnabrück', in Stadt Osnabrück (Hg.), Perspektiven der Stadtentwicklung: Ökonomie – Ökologie, Osnabrück 1988, S. 149–178

Széll, G. (1988), Participation, Workers' Control and Self-Management, Current Sociology, 36, 3/1988

Széll, G.: 'The Role of Competence in Participation, Workers' Control, and Self-Management', in G. Széll et al. (Hg.), The State, Trade Unions and Self-Management. Issues of Competence and Control, Berlin/New York 1989, S. 1–14

Széll, G. (Hg.): Labour Relations in Transition in Eastern Europe, Berlin/New York 1992

Széll, G. (Hg.): Concise Encyclopaedia of Participation and Co-Management, Berlin/New York 1992

Széll, G.: Technology, Production, Consumption and the Environment, International Social Science Journal, 1994, 140, S. 215–225

Széll, G.: 'Formación continuada y educación para la participación democrática', in A. Lucas Marín & Á. García Cabrera (Hg.), Educación y formación para la participación en las organizaciones, Las Palmas de Gran Canaria 1997, S. 13–31

Széll, G.: 'Arbeit, Bildung und Demokratie', in Jahrbuch Ökologie 2001, München 2000, S. 174–182

Széll, G.: European Labour Relations, Aldershot 2001, 2 Bde

Széll, G.: 'Soziologie und industrielle Demokratie', in N. Genov (Hg.), Die Entwicklung des soziologischen Wissens – Ergebnisse eines halben Jahrhunderts, Wiesbaden 2005, S. 397–420

Széll, G.: 'Labour and Social Issues in the Enlarged European Union', in 1st EU Institute in Japan Conference at the ICU on 10 January 2005, Tokyo 2005, S. 143–152

Széll, G. (Hg.): Corporate Social Responsibility in the EU & Japan, Frankfurt/M. et al. 2006

Széll, G.: ,La participation des travailleurs dans les entreprises allemandes en crise', Personnel & Gestion, N°7/Août 2007, S. 5–9

Széll, G., Bösling, C.-H. & Hartkemeyer, J. (Hg.): Labour, Globalisation and the New Economy, Frankfurt/M. et al. 2002

Széll, G.; Bösling, C.-H. & U. Széll (Hg.): Education, Science & Labour – Perspectives for the 21st Century, Frankfurt et al. 2007

Széll, G. & G.-P. Cella (Hg.): The Injustice at Work: An International View on the World of Labour and Society, Frankfurt et al. 2002

Széll, G. & W. Meemken: 'Arbeit und Wissenschaft e.V. – Arbeitnehmerorientierte Regionalförderung in Osnabrück', in U. Bullmann, M. Cooley & E. Einemann (Hg.), Lokale Beschäftigungsinitiativen, Marburg 1986, S. 106–116

Széll, G., Schlatermund, H. & U. Széll (Hg.): Arbeitsorientierte Wissenschaft und Forschung in den Neunziger Jahren in Europa – Labour Oriented Science and Research in Europe in the Nineties, Osnabrück 1993

Telljohann, V.: Globaler Wettbewerb – lokale Entwicklung, Frankfurt a.M. et al. 1997

Weber, M.: 'Asketischer Protestantismus und kapitalistischer Geist', in ders.: Soziologie, Weltgeschichtliche Analysen, Politik, Stuttgart 1956, S. 357–381

Winkelmann, O.: Entwicklung in der Mitbestimmung: Industrial Relations, Industrial Districts und Netzwerke; Das Beispiel Betriebsräte-Netzwerk im Industrial District Ostwestfalen-Lippe, Frankfurt a.M. et al. 2002

Womack, J., Jones, D.T. & D. Roos: Die zweite Revolution in der Autoindustrie, Frankfurt a.M./New York 1991

Ziegler, J., Da Costa, U.: À demain Karl – De la fin des idéologies, Paris 1991

Armutsbedingte Bildungsdisparitäten in der nachwachsenden Kinder- und Jugendgeneration

Christian Palentien, Marius Harring, Carsten Rohlfs

Im Mittelpunkt des Beitrags stehen armutsbedingte Bildungsdisparitäten in der heutigen Kinder- und Jugendgeneration. Auf der Basis aktueller Studien sowohl der Armuts- als auch Bildungsforschung wird zum einen aufgezeigt, dass eine steigende Anzahl von Kindern und Jugendlichen in Deutschland in sozialen Benachteiligungslagen aufwächst und zum anderen, dass insbesondere diese Bevölkerungsgruppe im Rahmen ihrer Bildungsbiografie zahlreichen Deprivationen und Benachteiligung ausgesetzt ist und damit zu den Verlierern des deutschen Bildungssystems gehört. Vor dem Hintergrund der sozialen Ungleichheit und der Bildungsbenachteiligungen der in Armut lebenden Heranwachsenden wird die Verfestigung schulischer Ungleichheitslagen zu unterschiedlichen bildungsbiografischen Zeitpunkt dargestellt: Hier werden neben den schulstrukturellen Problemlagen auch die Zugangsbarrieren im tertiären Bereich thematisiert, bevor auch die augenblickliche Situation im Ausbildungs- und Erwerbssektor diskutiert wird. Abschließend wird am Beispiel der Ganztagsschule aufgezeigt, wie die heutige Schule neben der Verstärkung sozialer Disparitäten, gleichzeitig auch das Potenzial beinhaltet, diese Ungleichheiten zu kompensieren und zu überwinden.

1. Einleitung

Neuere Studien der Armutsforschung zeigen, dass der Anteil der Kinder und Jugendlichen, die in der Bundesrepublik Deutschland in Armut leben, kontinuierlich ansteigt. Darüber hinaus sind immer mehr Familien der Mittelschicht und allein erziehende Frauen von Armut bedroht (vgl. Rheinisch-Westfälisches Institut für Wirtschaftsforschung 2004; 2. Armuts- und Reichtumsbericht 2005).

Die Ursachen für diesen bereits seit dem Anfang der 1980er-Jahre bestehenden Trend werden vor allem in der Zunahme der Arbeitslosigkeit, veränderten Familien- bzw. Haushaltsformen sowie zurückgehenden Sozialleistungen verortet. So wird beispielsweise die Debatte im Bereich des Erwerbssektors einerseits durch die Schlagworte Globalisierung und Rationalisierung bestimmt und Mobilität, Flexibilität sowie stetige Weiterqualifizierung von Erwerbstätigen eingefordert. In diesem Zusammenhang erfolgt zunehmend eine Verschiebung des Arbeitsplatzangebotes zu Gunsten des Dienstleistungssektors und zu Lasten des produzierenden und verarbeitenden Gewerbes. Demgegenüber stehen auf der anderen Seite die Interessen und Bedürfnisse der Nachfrageseite: Vor allem Frauen in der Familienphase suchen Teilzeitarbeitsplätze, um Familie und Beruf miteinander in Einklang zu bringen. Ferner ist es für viele Jugendliche schwerer denn je, einen adäquaten Ausbildungsplatz und im Anschluss daran eine dauerhafte Anstellung zu finden.

Im Mittelpunkt des folgenden Beitrags steht die starke Zunahme des Anteils der von Armut betroffenen Kinder und Jugendlichen an der Bevölkerung. Nach einem kurzen Überblick über die Situation der Verbreitung von Armut wird gefragt, wie sich Armut von Kindern und Jugendlichen in den Bereichen der schulischen Bildung sowie der beruflichen Ausbildung auswirkt und welche Rolle der Schule heute bei ihrer Verfestigung zukommt.

Dargestellt wird, dass es trotz zahlreicher bildungspolitischer und pädagogischer Bestrebungen in der Bundesrepublik Deutschland bisher nicht gelungen ist, einen Kreislauf, der zur Folge hat, dass die Chancen benachteiligter Kinder aufgrund ihres familialen Hintergrunds oftmals bereits vor dem Eintritt ins Schulsystem vermindert und im Laufe der Zeit verfestigt werden, zu durchbrechen.

Kinder und Jugendliche erleben diese Benachteiligung nicht erst am Ende ihrer Schullaufbahn – mit dem Eintritt in den Ausbildungs- und Erwerbsbereich, sondern oftmals schon während ihres „normalen" schulischen Alltags. Genau so, wie die Schule jedoch heute über die Eltern vermittelte soziale Ungleichheiten auf der Ebene der Kinder und Jugendlichen verstärken kann, beinhaltet sie auch das Potenzial, diese Ungleichheiten zu kompensieren. Ansätze hierfür werden am Ende des Beitrags aufgezeigt.

2. Kinder und Jugendliche im Fokus der Armutsforschung

Bezeichnete Armut lange Zeit eine abgeschottete und damit in beide Richtungen nahezu undurchlässige Grenze zwischen gesellschaftlich integrierten und ausgegrenzten Menschen – zur Armutsbevölkerung zählten dauerhaft marginalisierte Gruppen wie Obdachlose, Sozialhilfeempfängerinnen und -empfänger, Gelegenheitsarbeiterinnen und -arbeiter, ausländische Mitbürgerinnen und -bürger und eine „Randschicht" von sozial schwachen Haushalten, die oftmals in der Generationenfolge in Armut lebten –, so ist diese heute in die „normalen Schichten" der Gesellschaft vorgedrungen.

Die Ergebnisse der jahresbezogenen Einkommensberechnung des Sozioökonomischen Panels (SOEP) zeigen, dass zur Gruppe der Niedrigeinkommensbezieherinnen und -bezieher (weniger als 60% des Durchschnittseinkommens) aktuell etwa jede sechste Bundesbürgerin bzw. jeder sechste Bundesbürger zählt. Die Armutsquote ist zwischen 1994 und 2004 von 13,2% auf 15,5% angestiegen (vgl. Statistisches Bundesamt 2006, S. 612). Darüber hinaus lebte in dem Zeitraum von 1991 bis 1997 etwa ein Fünftel der Gesamtbevölkerung Deutschlands zumindest kurzfristig unter der 50%-Armutsgrenze (vgl. Hanesch/Krause/Bäcker 2000, S. 106). Gleichzeitig ist ein Ungleichgewicht des Armutsrisikos zwischen Ost- und Westdeutschland zu konstatieren: Während in den alten Bundesländern im Jahre 2003 12,2% der Bevölkerung über ein Niedrigeinkommen verfügen und damit zur Armutspopulation gehören, trifft dies in den neuen Bundesländern auf etwa jeden Fünften (19,3%) zu (vgl. BMGS 2005, S. 20).

Damit hat sich die Perspektive geändert: Armut bzw. Niedrigeinkommen ist nicht mehr das Schicksal einer kleinen, randständigen und sozialpolitisch häufig vernachlässigten Gruppe. Das Armutsrisiko gehört heute zu einem festen Bestandteil der Lebenswirklichkeit einer großen Zahl von „Normal"bürgerinnen und -bürgern, von dem – neben kinderreichen Familien und allein erziehenden Haushalten (vgl. Andreß/Krüger/Sedlacek 2004) – Kinder und Jugendliche besonders betroffen sind.

Seit einigen Jahren zeigen sozialwissenschaftliche Studien, dass Kinder und Jugendliche inzwischen diejenigen Gruppen sind, die am häufigsten von Armut bedroht sind (vgl. Klocke/Hurrelmann 2001; Palentien 2004; Becker/ Hauser 2004; BMGS 2005; Paritätischer Wohlfahrtsverband 2005; Statistisches Bundesamt 2006b; Geißler 2006). Betrachtet man das Nettoäquivalenzeinkommen und legt die „alte OECD-Skala" (1) zugrunde, dann liegt die absolute Zahl der Kinder und Jugendlichen unter 15 Jahren, die in der Bundesrepublik in Armut leben, derzeit bei etwa 2,6 Millionen. Damit wächst jedes vierte Kind und jede(r) vierte Jugendliche im Alter bis zu 15 Jahren (26,1%) in (Einkommens-)Armut auf (vgl. Becker/Hauser 2004, S. 148). Zum Vergleich: Im Jahre 1998 galt noch jedes Fünfte Kind unter 15 Jahren als arm. Entsprechend ist innerhalb von fünf Jahre – zwischen 1998 und 2003 – ein Anstieg des Armutsrisikos in der nachwachsenden Generation von 4,7% zu verzeichnen. Insgesamt liegt die Quote der Altersgruppe der Kinder und Jugendlichen unter 15 Jahren, die als arm bezeichnet werden muss, sowohl in West- als auch in Ostdeutschland deutlich über dem Durchschnitt der Gesamtbevölkerung.

Nachweisen lassen sich darüber hinaus noch folgende Zusammenhänge, die in zahlreichen Arbeiten diskutiert und Studien belegt werden (vgl. Klocke/ Hurrelmann 2001; Allmendinger/ Leibfried 2003; Palentien 2004; Groh-Samberg/Grundmann 2006; Harring/Rohlfs/Palentien 2007, u. a.):

- Die Bezieherinnen und Bezieher von Hartz IV (Sozialhilfe und Arbeitslosengeld II) sind überdurchschnittlich benachteiligt,
- Armut steht in einem engen Zusammenhang zum Migrationsstatus: Für die Bürgerinnen und Bürger mit einem Migrationshintergrund kann eine überdurchschnittliche Benachteiligung festgestellt werden, und:

- Armut steht in einem engen Zusammenhang zur Bildung und Ausbildung. Es zeigt sich, dass insbesondere diejenigen, die über eine niedrige bzw. keine zertifizierte Bildung/Ausbildung verfügen, von Benachteiligungssituationen besonders stark betroffen sind.

Verantwortlich gemacht wird für diese Entwicklung vor allem die Situation auf dem Arbeitsmarkt: Eine wachsende Arbeitslosigkeit bedroht die Jugendlichen nicht erst bei ihrem Eintritt in die Berufswelt, sondern greift über die Arbeitslosigkeit der Eltern schon früh in die kindliche und jugendliche Sozialisation ein. Hinzu tritt eine neuartige „Spreizung" der Sozialstruktur, eine Zunahme an den Polen „arm" und „reich" des sozialen Ungleichheitsspektrums. Auf der einen Seite existieren mehr Haushalte, die im Bereich der Armut und des „prekären Wohlstands" (Hübinger 1996) leben, auf der anderen Seite wächst die Zahl der Haushalte, die dem gehobenen Einkommensbereich zugerechnet werden können (vgl. Hradil 2005, S. 226 ff.). Ihren Ausdruck findet diese soziale Spreizung in allen Lebensbereichen, insbesondere aber in den Strukturen des Bildungs- und Ausbildungsbereichs.

3. Bedeutung des Bildungs- und Ausbildungsbereichs

Betrachtet man die Lebenssituation von Kindern und Jugendlichen, so kommt vor allem dem Bereich der Schule heute ein wesentlich höherer Stellenwert zu als noch vor einigen Jahren: Kinder und Jugendliche verbringen – im Vergleich zur Generation ihrer Eltern – mehr Zeit in Schulen, womit sich der Eintritt in die Erwerbstätigkeit für Heranwachsende in allen westlichen Industrieländern in höhere Altersstufen verschoben hat. Gleichzeitig hat der Anteil höher qualifizierender Schulabschlüsse, wie z. B. das Abitur oder das Fachabitur, stark zugenommen. Die Ausgangsbasis für diese Entwicklung der Veränderung des relativen Schulbesuchs, kann jedoch keineswegs als neu bezeichnet werden. Sie hat ihren Anfang bereits in der in den 1970er-Jahren einsetzenden „Bildungsexpansion" (vgl. Hadjar/Becker 2006).

3.1 Schulischer Bereich

Von Anfang der 1960er bis Mitte der 1980er Jahre ist die Erwerbsquote der 15- bis 20-jährigen von 75,9% auf 45% gesunken (vgl. Olk/Strikker 1991, S. 174). Hiermit einher geht eine Tendenz zu höherer schulischer Qualifikation und Bildung: Das Gymnasium stellt heute für 12- bis 21-jährige Schülerinnen und Schüler die am häufigsten besuchte Schulform dar. Während die Hauptschule lediglich von etwas mehr als einem Fünftel (22%) aller Schüler und einem

Sechstel (17%) aller Schülerinnen besucht wird, gaben 40% aller befragten männlichen Jugendlichen und 47% ihrer Altersgenossinnen das Gymnasium als derzeit von ihnen besuchte Schulform an. Dieser Anteil steigt auf 51% an, nimmt man die Schülerschaft zur Grundlage, die noch das Abitur oder die Hochschulreife anstreben (vgl. Deutsche Shell 2006, S. 67). Insgesamt betrachtet erwerben heutige Jugendliche einen gegenüber ihren Eltern höheren Bildungsabschluss. Diese Entwicklung lässt sich neben den höheren Bildungsaspirationen der nachwachsenden Generation auch auf die steigenden Ansprüche der Eltern zurückführen. Eltern orientieren sich heute bei der Schulwahl für ihre Kinder an ihrem eigenen Abschluss: Angestrebt wird oftmals ein Abschluss, der mindestens eine Stufe über dem eigenen liegt (vgl. Ferchhoff 2007, S. 295 f.). Dieses führt seit den 1970er-Jahren dazu, dass insbesondere schulisch besser qualifizierte Eltern ihr Recht auf freie Wahl der Schulformen verstärkt einlösen und sich – auch gegen die Übergangsempfehlung der Grundschule – für eine höher qualifizierende Schule entscheiden (vgl. Cortina 2003; Bellenberg/Hovestadt/Klemm 2004).

Der Trend zu höherer schulischer Qualifikation betrifft nicht nur die alten Bundesländer. Das Bewusstsein, welche Bedeutung dem Abitur zukommt, hat sich auch in den neuen Bundesländern sehr schnell entwickelt (vgl. Palentien/Pollmer/Hurrelmann 1993): Antworteten bereits 1990 auf die Frage nach dem gewünschten Schulabschluss von den Schülerinnen und Schülern der 9. und 10. Klassen in Sachsen 17%, ihren Bildungsweg mit einem Abitur abschließen zu wollen, so gaben im Frühjahr 1991 bei einer ähnlichen Befragung der 8. Klassen in Leipzig schon 42% der Schülerinnen und Schüler an, ein Abitur ablegen zu wollen (vgl. Pollmer/Hurrelmann 1992). Diese sich 1990 und 1991 abzeichnenden Veränderungen der Bildungsbeteiligung haben sich inzwischen umgesetzt: Der Anteil der 5. Jahrgänge, die Gymnasien besuchen, hat sich in Sachsen auf 35% eingependelt. Damit haben sich die Übergangsquoten in die begehrteste der weiterführenden Schulen der Sekundarstufe I in Sachsen in kürzester Zeit an diejenigen in Westdeutschland angeglichen. In den Bundesländern Mecklenburg-Vorpommern, Thüringen, Brandenburg und Sachsen-Anhalt lagen die Werte für den Gymnasialbesuch im Schuljahr 2004/05 mit 33% bis 38% ähnlich hoch (vgl. Konsortium Bildungsberichterstattung 2006, S. 238). In allen diesen Ländern zeichnet sich heute ein weiteres Anwachsen dieser Anteile ab.

Entsprechend besteht in allen Sozialschicht- und Altergruppen Einigkeit darüber, dass Bildung im Hinblick auf die Zukunftsausrichtung und Zukunftschancen von Kindern und Jugendlichen eine zentrale Stellung innehat. Sie ist die entscheidende Ressource für Beschäftigung und Einkommen und muss daraus resultierend als Schlüssel für die Positionierung und die soziale Integration in der Erwachsenengesellschaft gesehen werden (vgl. Palentien 2004, S. 302). Allerdings sind die Zugänge zu Bildung ungleich verteilt und in einem hohen

Maße von Merkmalen wie z. B. dem Geschlecht und der sozialen Herkunft eines Kindes abhängig: Die noch in den 1960er-Jahren eindeutige Dominanz männlicher Jugendlicher in weiterführenden Schulen hat sich seit Anfang der 1970er-Jahre deutlich relativiert und mittlerweile zu einem Vorteil für die weiblichen Jugendlichen – auch in den neuen Bundesländern – entwickelt (vgl. Popp 2007). Der Anteil der Gymnasiastinnen überwiegt längst den der Gymnasiasten. Jungen werden aus der Bildungsperspektive zunehmend zu Benachteiligten.

Ein weiteres zentrales im Kontext der Schule existierendes und nicht zuletzt durch die PISA-Studie aufgezeigtes Problem betrifft die Bildungsbenachteiligung von Schülergruppen mit sozialen und ökonomischen Disparitäten: Die Ergebnisse aller aktuellen Schulleistungsuntersuchungen (wie etwa PISA 2000 & 2003; IGLU 2001) zeigen deutlich auf, dass der Bildungserfolg in der Bundesrepublik Deutschland in einem signifikanten Zusammenhang zu der Ethnizität und der sozialen Positionierung der Herkunftsfamilie steht: Während einerseits der Gymnasialbesuch überproportional häufig deutschen Schülerinnen und Schülern höherer Sozialschichtgruppen vorbehalten bleibt, wird andererseits die Hauptschule zunehmend zu einem Sammelbecken insbesondere für Schülergruppen aus einkommensschwachen und bildungsfernen Familien sowie ausländischer Herkunft. Dementsprechend werden Ethnie und Armut zu den entscheidenden Hürden für die Bildungskarriere, womit Kinder und Jugendliche mit einem Migrationshintergrund und aus Familien, die den so genannten unteren Sozialschichtgruppen zuzurechnen sind, zu den Verlierern des deutschen Bildungssystems gehören. Alle bisherigen Bemühungen um die soziale und bildungskontextuelle Integration dieses Personenkreises scheinen überwiegend erfolglos geblieben zu sein.

Im Hinblick auf soziale Benachteiligungen zeigte Helsper (1992, S. 361) zahlenmäßig für das Jahr 1988, dass jedes zweite Beamtenkind, aber nur jedes zehnte Arbeiterkind ein Gymnasium besuchte. Die Ergebnisse aktueller Studien (z. B. PISA & IGLU) zeigen hierzu fast zwanzig Jahre später, dass durch die Öffnung höherqualifizierender Schulen und dem dargestellten Trend zu höherer schulischer Qualifikation zwar der Anteil der Kinder aus Arbeiterfamilien an den Gymnasien erhöht werden konnte. Keineswegs hat damit jedoch eine Korrektur dieses Ungleichgewichts stattgefunden: Auch heute ist der Anteil der Kinder aus der „oberen Dienstklasse", die eine gymnasiale Schulform besuchen, noch um ein Vierfaches höher, als bei Kindern aus Facharbeiterfamilien (vgl. Allmendinger/Nikolai 2006, S. 33).

Betrachtet man die Situation von Jugendlichen mit einem Migrationshintergrund, so findet man laut Stanat (2006, S. 190) bei dieser Schülergruppe eine Bildungsbeteiligung vor, wie sie in Deutschland in der Gesamtbevölkerung um etwa 1970 anzutreffen war. Während der Hauptschulbesuch etwa 50 % beträgt, macht ein relativer Gymnasialbesuch von 15 % die Distanz der Heranwachsenden aus Zuwandererfamilien zu dieser Schulform sichtbar. Darüber hinaus macht die IGLU-Studie bei der Analyse der Übergangsempfehlung vom Primarbereich in die Sekundarstufe I deutlich, dass die Chancen eines Kindes deutscher Eltern 1,7-mal höher ist, eine Gymnasialempfehlung zu bekommen, als die eines Kindes mit Migrationshintergrund (vgl. Bos 2003). Die Autoren der PISA-Studie postulieren an dieser Stelle, dass die mangelnde Beherrschung der deutschen Sprache auf einem dem jeweiligen Bildungsgang angemessenen Niveau – damit also die Sprachkompetenz – für Jugendliche mit einem Migrationshintergrund die entscheidende Hürde in ihrer Bildungskarriere darstellt (vgl. Baumert et al. 2001). Daneben ist zu berücksichtigen, dass der Migrationsstatus in aller Regel mit einer niedrigeren Sozialschichtzugehörigkeit einhergeht.

3.2 Tertiärer Bereich

Einen Einblick in den Fortgang und den heutigen Stand der Veränderungen der Bildungsbeteiligung im Tertiären Bereich – also an Universitäten und Fachhochschulen – liefert die 18. Sozialerhebung des Deutschen Studentenwerks (vgl. BMBF 2007). Diese untersucht in einem Turnus von drei Jahren eine repräsentative Stichprobe von Studentinnen und Studenten in Deutschland, um umfassend ihre soziale und wirtschaftliche Situation abzubilden.

Die Ergebnisse der 18. Sozialerhebung des Deutschen Studentenwerks zeigen eine kontinuierliche Fortsetzung der bereits im schulischen Sektor dargestellten Trends: In den alten Ländern haben im Jahre 2004 von allen 18- bis 24-Jährigen rund 39% ein Studium an einer Hochschule in Deutschland aufgenommen. Die Quoten der Studienanfängerinnen und -anfänger haben sich damit von Mitte der 1990er-Jahre bis 2004 um 11% erhöht. Im Jahre 1995 lag die Studienanfängerquote noch bei 28%.

Anders stellt sich allerdings die Situation in den neuen Bundesländern dar. Auch hier hat die Quote der Studienanfängerinnen und -anfänger gegenüber 1995 um 10% zugenommen (von 21% im Jahre 1995 auf 31% im Jahre 2004). Trotz dieser Zunahme liegt die Bildungsbeteiligung hinsichtlich des Hochschulbesuchs aber immer noch deutlich unter der in den alten Bundesländern (vgl. BMBF 2007, S. 86). Einer der Gründe für dieses Ungleichgewicht ist sicherlich in der – speziell seitens der jungen Erwachsenen wahrgenommenen – Unattraktivität der neuen Länder als Studienstandort und der damit in Zusammenhang stehenden und seit einigen Jahren zu beobachtenden Bevölkerungswanderung Richtung Westdeutschland zu sehen.

Auch im Hinblick auf die Chancengleichheit beim Zugang zum Studium ist ein Ungleichgewicht festzustellen, das einem „Bildungsselbstrekrutierungseffekt" (BMGS 2005, S. 93) gleichkommt. Hiermit ist der in Deutschland bestehende enge Zusammenhang zwischen sozialer Herkunft und Hochschulzugang beschrieben: 83% der Väter der sich im Jahre 2005 im Studium befindenden Kinder haben selbst ein Studium absolviert und einen Hochschulabschluss erworben. Unterscheidet man nach der beruflichen Stellung des Vaters, so wird deutlich, dass lediglich jeder Sechste (17%) der heutigen Studierenden in einer Arbeiterfamilie aufwuchs, dagegen aber jeder Dritte (67%) ein Beamtenkind ist (vgl. BMBF 2007, 62).

In dem Zeitraum von 1985 bis 2005 konnte zwar der Anteil der Kinder aus Arbeiterfamilien an den Hochschulen in den alten Ländern um 11% – von 7% auf 18% – erhöht werden, allerdings nahm im gleichen Zeitraum der Anteil der Beamtenkinder um 21% – von 43% auf 64% – zu (vgl. BMBF 2007, S. 102).

3.3 Ausbildungs- und Erwerbsbereich

Eine Verfestigung schulischer Ungleichheitslagen findet oftmals – wie bereits für den tertiären Bereich aufgezeigt – zu einem späteren biografischen Zeitpunkt im Bereich der Ausbildung und der Arbeit statt. Die Chancen, die die Schulabgängerinnen und -abgänger auf dem Ausbildungs- und Arbeitsmarkt heute haben, hängen sehr stark von der allgemeinen Arbeitsmarktsituation ab. Aber auch bei einer schlechten Arbeitsmarktsituation haben höhere Bildungsabschlüsse bei Jugendlichen noch eine positive Wirkung. Bildungszertifikate werden daher im Armutsbericht der Nationalen Armutskonferenz als „Markteintrittsschranke" betitelt. Hiermit wird der zurzeit bestehende Zustand beschrieben, dass Jugendliche, verfügen sie über keinen oder nur über einen Hauptschulabschluss, sehr schlechte Perspektiven auf dem Ausbildungs- und Arbeitsmarkt haben: Wurden im Jahre 1975 lediglich 2,2% der Absolventinnen und Absolventen einer Hauptschule in die Arbeitslosigkeit entlassen, waren es im Jahr 1998 bereits 12,5% (vgl. Nationale Armutskonferenz in der Bundesrepublik Deutschland 2001, S. 17). Diese Entwicklung scheint sich in den letzten Jahren noch weiter verschärft zu haben.

Besonders problematisch stellt sich die Situation für Jugendliche auf dem regionalen Ausbildungs- und Arbeitsmarkt in den neuen Bundesländern dar: Aufgrund einer allgemein sehr hohen Arbeitslosigkeit bestehen dort wesentlich schlechtere Möglichkeiten für Jugendliche, ihren Wunschausbildungsplatz zu erhalten, als in den alten Bundesländern.

Ähnlich wie beim Sektor der schulischen Bildung kann für die Bereiche Ausbildung und Arbeit festgestellt werden, dass sich schlechtere Chancen gerade bei denjenigen Jugendlichen fortsetzen, die bereits in ihrer bisherigen Schullaufbahn Benachteiligungen erlebt haben. Laut den Angaben der Bundesanstalt für Arbeit sind zurzeit rund 3.705.000 Personen als arbeitslos gemeldet. Die Arbeitslosenquote beläuft sich gegenwärtig auf 8,8% (vgl. Bundesagentur für Arbeit 2007, S. 3 f). Hinzu kommen weitere 1,3 Millionen Frauen und Männer im Jahre 2006, die als verdeckte Arbeitslose bezeichnet werden (vgl. Sachverständigenrat zur Begutachtung der gesamtwirtschaftlichen Entwicklung 2006, S. 358). Dieser Personenkreis muss ungewollt Kurzarbeit leisten, nimmt an Arbeitsbeschaffungsmaßnahmen teil, befindet sich in Umschulungsmaßnahmen oder ist im Vorruhestand. Besonders hoch ist die Arbeitslosenquote bei Jugendlichen mit einem Migrationshintergrund. Als dramatisch wird die Lage darüber hinaus bei denjenigen Jugendlichen angesehen, die als Langzeitarbeitslose bezeichnet werden müssen: Ende August 2007 waren insgesamt mehr als 1,3 Millionen Frauen und Männer über ein Jahr als erwerbslos gemeldet (vgl. Bundesagentur für Arbeit 2007, S. 30) – Personen, die von ihren Bildungsvoraussetzung vielfach als benachteiligt bezeichnet werden können.

Bildung steigert, dies gilt heute als unumstritten, die individuellen Chancen auf dem Arbeitsmarkt. So sind die Armutsrisiken im Lebenslauf deutlich verringert, verfügt jemand über eine schulische Bildung, die er oder sie später in eine berufliche Ausbildung umsetzen kann. Bildung verbessert zudem die Fähigkeit von Kindern und Jugendlichen, ihre individuelle Lebenslage zu gestalten und ermöglicht gesellschaftliche Partizipation – ihr Fehlen bedeutet aber auch oftmals, als Kehrseite der Medaille, soziale Ausgrenzung.

Die dargestellten Trends im Bildungsbereich zeigen deutlich, dass die bereits 1990 von Hurrelmann getätigte Feststellung, dass „der relative Schulbesuch der 16- bis 18-Jährigen sich innerhalb von drei Jahrzehnten erheblich verlagert, er sich jedoch in seiner sozialstrukturellen Beschaffenheit kaum verändert hat" (Hurrelmann 1990, S. 145), nach wie vor als zutreffend für die Veränderungen auf dem Bildungssektor bezeichnet werden kann.

4. Ungleiche Ausgangsbedingungen im schulischen Kontext

Trotz zahlreicher bildungspolitischer und pädagogischer Bestrebungen ist es in der Bundesrepublik Deutschland bisher nicht gelungen, einen Kreislauf, der dazu führt, dass die Chancen benachteiligter Kinder aufgrund ihres familialen Hintergrunds oftmals vor dem Eintritt ins Schulsystem vermindert und im Laufe der Zeit verfestigt werden, zu durchbrechen. Kinder und Jugendliche erleben diese Benachteiligung nicht erst am Ende ihrer Schullaufbahn – mit dem Eintritt in den Ausbildungs- und Erwerbsbereich – sondern oftmals bereits in ihrem schulischen Alltag.

Eine Vielzahl von Eltern nimmt heute verstärkt und frühzeitig die Möglichkeit wahr, für ihre Kinder mit gesellschaftlich hoch anerkannten Bildungsabschlüssen Optionen zu erschließen und offen zu halten. Der schulische Bereich gewinnt damit im Kindes- und Jugendalter eine zentrale Bedeutung – auch wenn es um eine Betrachtung der Ausgangsquellen für Anforderungen in diesen Lebensphasen geht:

1. Die Schule nimmt eine gesellschaftlich wirkungsvolle Definition und Kategorisierung von Leistungserfolg und Leistungsversagen vor, wie sie in dieser Weise in keiner anderen gesellschaftlichen Institution erfolgt, die sich mit Kindern und Jugendlichen beschäftigt. Kann diese Kategorisierung als „leistungsschwach" oder „versagend" zum einen zu einer Verunsicherung des Selbstwertgefühls führen, so kann hiermit zum anderen eine Minderung späterer sozialer und beruflicher Chancen einhergehen. Kinder, Jugendliche und ihre Eltern sind sich dieser Auswirkungen bewusst (vgl. Hurrelmann 2005).

2. Die Schule spiegelt individuelle Chancenbedingungen wider, die sie als Institution selbst nicht beeinflussen kann. Dieses gilt besonders für die intellektuelle Leistungsfähigkeit der Kinder und Jugendlichen und die soziale Anpassungsbereitschaft an die schulischen Bedingungen (vgl. Brusten/Hurrelmann 1973). Die Ausgangsbedingungen für die sozialen Deprivationen werden zwar in außerschulischen Kontexten gelegt, jedoch von Kindern und Jugendlichen in der Schule erfahren.

3. Heute wird von jedem Jugendlichen mindestens ein mittlerer schulischer Abschluss erwartet. Trotz guter Leistungen in der Schule ist jedoch nicht sichergestellt, dass Jugendliche die Möglichkeit haben, einen Beruf auszuüben bzw. zu erlernen, der ihren Fähigkeiten und Fertigkeiten, ihren Interessen, Ansprüchen und Erwartungen entspricht. Vielen Jugendlichen bleiben Entwicklungs- und Entfaltungsmöglichkeiten verwehrt oder sie werden zumindest drastisch beschnitten. Diese Begrenzung ihrer Zukunftsperspektiven nehmen die Jugendlichen vielfach bereits im Vorfeld des Statusübergangs, d. h. noch während der Pflichtschulzeit, wahr. Die wirtschaftliche und gesellschaftliche Situation trägt damit in die Schule Bedingungen hinein, die selbst hohe Belastungen mit sich bringen können (vgl. Hurrelmann 2005; Ferchhoff 2007).

Die zunehmende Verschulung der Lebensphasen Kindheit und Jugend, mit der ein Trend zu höherer schulischer Qualifikation einhergeht, hat insgesamt dazu geführt, dass sich der Wettbewerb um möglichst hochwertige Bildungszertifikate verschärft hat. Die bereits im Vorfeld dargestellte Bildungsbeteiligung verdeutlicht jedoch, dass es sich hierbei um einen Konkurrenzkampf mit ungleichen Ausgangsbedingungen handelt: Soziale, kognitive, motivationale, sprachliche und emotionale Kompetenzen stehen in einem engen Zusammenhang mit familialen Rollenstrukturen und den dadurch bedingten Interaktionsstrukturen der Familie, dem Erziehungsstil, dem Beziehungsklima sowie dem Anregungs- und Anforderungspotenzial. Sie wiederum sind von ökonomischen, kulturellen, sozialen und materiellen Lebensbedingungen geprägt: „Je nach Familienlage entwickeln sich unterschiedliche Strategien der Auseinandersetzung mit der sozialen

Umwelt, die zu unterschiedlichen Formen und Verfahren der Informationsverarbeitung und Stilen schulischen Lernens führen, wobei die spezifischen Ausprägungen bei Kindern aus sozial benachteiligten Familien in der Schule meist nicht angemessen aufgenommen werden" (Hurrelmann/Wolf 1986, S. 23).

Kinder, die in Armut leben, haben bereits bei ihrem Eintritt in das Bildungssystem schlechtere Startchancen. Ihre Lebenslage ist vielfach die entscheidende Ursache auch für relative Unterversorgung im Lern- und Erfahrungsspielraum, in ihren Kontakt- und Kooperationsmöglichkeiten sowie in ihren Spielräumen: „Kompetenz- und Leistungsentwicklung, die eine herausragende Bedeutung für die Wahrnehmung von Bildungschancen haben, werden stark beeinträchtigt" (Nationale Armutskonferenz in der Bundesrepublik Deutschland 2001, S. 15).

Die Schule ist im Leben von Kindern oftmals die erste Institution, in der sie sich einer gesellschaftlichen Bewertung aussetzen müssen. Sowohl die Nicht-Teilhabe als auch die Nicht-Teilnahme kann zu einer Stigmatisierung führen, die ihrerseits eine Perpetuierung von Ausgrenzungserlebnissen zur Folge haben kann, die sich bis in den sozialen Bereich, wie z. B. einen erschwerten Zugang zu den Peers infolge beengter Wohn- und Lebensverhältnisse, auswirken können. Schlafstörungen, Lernprobleme und Rückzugstendenzen aus sozialen Kontakten können die Folge sein (vgl. Klocke/Hurrelmann 2001).

Als besonders schwierig erweist sich die Situation für Kinder, die über einen Migrationshintergrund verfügen, wenn sie selbst oder ihre Eltern nur über geringe deutsche Sprachkenntnisse verfügen. So kann ein Mangel an Sprachkenntnissen unter anderem der Grund dafür sein, dass Freizeitkontakte oft auf Kinder der gleichen Nationalität beschränkt bleiben und sich die Sprachprobleme vertiefen (vgl. Reinders 2003; Harring 2007). Deutlich werden diese Probleme vielfach erst mit dem Eintritt in das Schulsystem.

Der Schule kommt heute die wohl stärkste Bedeutung für die (auch spätere) Lebenssituation von Kindern und Jugendlichen zu. So besteht nach wie vor die Situation, dass der Bereich der ungelernten Arbeit gekennzeichnet ist durch eine permanente Bedrohung durch Arbeitslosigkeit, schlechte Arbeitsbedingungen und ein geringes Einkommen. Nach wie vor gelingt es aber auch nicht, diesen Kreislauf – der oft über Generationen hinweg wirkt – zu durchbrechen: Die Startbedingungen für Kinder aus Armutslagen sind oft sehr viel schlechter als für die aus günstigen sozialen Positionen. Hinzu kommt oftmals – aufgrund einer nicht vorhandenen Einsicht in die Chancen höherer Bildungsabschlüsse – eine Entscheidung der Eltern gegen den Besuch einer weiterführenden Schule ihrer Kinder: „Eltern mit niedrigen Bildungsabschlüssen neigen sehr oft dazu, bei finanziellen Engpässen vor allem die Töchter frühzeitig von der Schule zu nehmen, damit sie schnell einen eigenen Beitrag zur finanziellen Situation der Familie leisten können" (Nationale Armutskonferenz in der Bundesrepublik Deutschland 2001, S. 16).

Insgesamt kann für den Bereich der schulischen Bildung festgestellt werden, dass dieser einen der bedeutendsten Einflüsse auf die Gestaltung des weiteren Lebenswegs von Kindern und Jugendlichen hat. Bildung wird, im Wandel von der Industrie- zur Wissensgesellschaft, zunehmend zu einer zentralen Ressource für Beschäftigung und Einkommen und soziale Integration. Zwar stellen Investitionen in Bildung keinen Garant, wohl aber einen Schlüssel für die soziale und kulturelle Entwicklung des Einzelnen dar. Ungleiche Bildungschancen führen zu einer Verstetigung ungleicher Lebensbedingungen und ungleicher Chancenverteilungen in der Gesellschaft.

5. Schule als Chance zu Überwindung sozialer Ungleichheiten

Ebenso wie die Schule heute soziale Ungleichheiten von Kindern und Jugendlichen zu verstärken scheint, beinhaltet sie auch das Potenzial, diese Ungleichheiten zu kompensieren, letztlich vielleicht sogar zu überwinden. Voraussetzung hierfür ist jedoch, dass sich Schule stärker als bisher ihres Charakters bewusst wird, „Markteintrittschance" für Kinder und Jugendliche zu sein. Sie muss ihren Ausgangspunkt in der Analyse der Struktur der Lebensphasen Kindheit und Jugend nehmen und – neben einer Institution der Wissensvermittlung und des intellektuellen Trainings – zu einem sozial-ausgleichenden Forum werden, zu einem anregenden Bestandteil des Alltags gerade für sozial schlechter gestellte Kinder und Jugendliche, und zwar sowohl in curricularer als auch in interaktiver Hinsicht.

Die erste – curriculare – Ebene ist die der Information, Wissensvermittlung und gezielten leistungsmäßigen Förderung. Systematisch trainierter Wissenserwerb nach stringent aufgebauten Lehrplänen mit gut abgestimmten Unterrichtseinheiten ist die Grundlage für den Aufbau intellektueller und sozialer Fähigkeiten und Fertigkeiten von Kindern und Jugendlichen. Im Idealfall vermittelt schulischer Unterricht Kompetenzen, die sowohl in innerschulischen als auch in außerschulischen Bereichen umgesetzt werden können. Ein guter, lernzielgesteuerter und schülerorientierter Unterricht hat daher eine unmittelbare Bedeutung für den Aufbau und die Stärkung individueller Verarbeitungs- und Problembewältigungskompetenzen von Schülerinnen und Schülern – gerade in einer reizüberfluteten und unübersichtlichen Welt.

Die zweite – interaktive – Ebene ist vor allem im Hinblick auf die Stärkung der sozialen Kompetenzen von Kindern und Jugendlichen von Bedeutung. In der Schule findet täglich und über viele Stunden hinweg Kommunikation zwischen Schülerinnen und Schülern sowie zwischen Schülerinnen und Schülern und Lehrerinnen und Lehrern statt, deren Potenzial für soziale Unterstützung sorgfältig analysiert werden muss. Gefragt werden muss, wie die Schule die Arbeitsbedingungen von Lehrerinnen und Lehrern sowie und Schülerinnen und

Schülern so gestalten kann, dass sie keine gravierenden Störungen des psycho-physischen Befindens verursacht und der Tatsache Rechnung trägt, dass ein wachsender Anteil von Kindern und Jugendlichen heute hohen außerschulischen Belastungen ausgesetzt ist (vgl. Hurrelmann 1990; Ferchhoff 2007).

Ein schon seit langer Zeit diskutierter, aber erst seit wenigen Jahren bildungspolitisch propagierter Ansatz, Schule zu verändern, ist der flächendeckende Auf- und Ausbau der Ganztagsschule in der Bundesrepublik Deutschland. Soll eine Ganztagsschule Auswirkungen sowohl in curricularer als auch in interaktiver Hinsicht haben, und damit den noch immer bestehenden Benachteiligungen sozial weniger privilegierten Eltern und Kindern im Schulsystem entgegenwirken, bedarf es jedoch – über eine Ganztagsbetreuung hinaus – einer pädagogischen Konzeption.

5.1 Die Ganztagsschule

Die Anfänge der modernen Ganztagsschule gehen auf den Ausgang des 19. und den Beginn des 20. Jahrhunderts zurück: Bereits vor dem Ersten Weltkrieg bestanden in Deutschland Schulkonzepte, die die Schule auch in den Nachmittag hinein ausgedehnt wissen wollten. Sie wurden vor allem unter dem Einfluss angelsächsischer und reformpädagogischer Ansätze der Landerziehungsheime entwickelt: Schule sollte hiernach nicht nur Wissen vermitteln. Ihre Aufgabe wurde im Hinblick auf die des Erziehens erweitert, einschließlich einer Strukturierung des Tagesablaufs, die in ihrem Rahmen z. B. das Mittagessen der Schülerinnen und Schüler und die Hausaufgabenbetreuung aufnahm.

Zusammen mit einem in den 1920er-Jahren hinzukommenden Neuanstoß, der darauf zielte, soziale, ökonomische, technische und politische Zusammenhänge stärker zu gewichten – das Konzept der Ganztagsschule wurde mit dem der Gesamtschule (vgl. die von Paul Oestreich 1921 konzipierte Idee einer elastischen Einheitsschule) verbunden –, leiten die seinerzeit als reformpädagogische Ideen entwickelten Grundsätze auch heute noch die Programmatik der Ganztagsschule (vgl. Ludwig 1993): Unter Ganztagsschulen werden in diesem Sinne nur solche Schulen verstanden, die für ihre Schülerinnen und Schüler vom Vormittag bis zum Nachmittag ein differenziertes pädagogisches Gesamtprogramm anbieten und dabei unterrichtliche, erzieherische sowie sozialpädagogische Aktivitäten und Maßnahmen in ihr schulisches Konzept einbeziehen (vgl. Tillmann 1976).

Die Verbindung von Lern- und Freizeitaktivitäten sowie von pädagogischen und nicht-pädagogischen Elementen ist für die Ganztagsschule genauso konstitutiv wie die obligatorische Teilnahme aller Schülerinnen und Schüler an den Nachmittagsangeboten (vgl. Holtappels 1994). Für die Ganztagsschule als spezifisch pädagogische Form von Schule ist also die Erweiterung des unterrichts- und fachdidaktikbezogenen Konzeptes auf solche Ansätze entscheidend, die sozial- und jugendpädagogische Impulse aufnehmen und die Kritik an der einseitigen Ansprache von Schülerinnen und Schülern über kognitiv-intellektuelle Kanäle, die Kritik an der rein wissensorientierten Lernschule, die körperliche, emotionale, motorische und ästhetische Elemente vernachlässigt, umsetzen. Die Möglichkeiten für diese Umsetzung bestehen bei der Ganztagsschule sowohl auf struktureller, curricularer als auch auf interaktiver Ebene in den folgenden Dimensionen:

1. Eine bessere Verteilung des Unterrichts und anderer schulischer Veranstaltungen auf den Vor- und den Nachmittag.
   Aufgrund der größeren zeitlichen Variabilität kann in der Ganztagsschule der gesamte Tagesablauf in Belastungs-, Entspannungs- und Ruhephasen – mit Rücksicht auf körperliche, psychische und soziale Bedürfnisse der Schülerinnen und Schüler – gestaltet werden.
2. Die Einbeziehung von Übungsphasen und Fördermaßnahmen in den Unterrichtsalltag und damit eine bessere Betreuung schwächerer Schülerinnen und Schüler, die in flexibler und intensiver Weise gefördert werden können und auf diesem Wege eine Verbesserung ihrer Bildungschancen erfahren.
   Für den unterrichtlichen und didaktischen Bereich scheint es heute besonders wichtig zu sein, flexible Organisationsformen pädagogisch umzusetzen. Die Ganztagsschule hat – aufgrund ihrer ganztägigen Struktur – die Möglichkeit, neue Formen der fachlichen Kooperation, der Zeiteinteilung und der Arbeitsteilung zu erproben und zu realisieren, die in einem zusammengepressten Halbtagsturnus von Schule kaum denkbar sind. Dies gilt zum Beispiel für den lange Zeit vernachlässigten Bereich von Schülerpatenschaften und Schülertutoren („Schüler helfen Schülern").
3. Das Reduzieren der konventionellen „Hausaufgaben",, auf ein Minimum und ein stärkerer Einbezug von Übungsarbeit in die Unterrichtsstunden.
   Nicht nur Schülerinnen und Schüler, sondern vielfach auch Eltern sind heute zahlreichen Belastungen und Beanspruchungen durch die Schule ausgesetzt. Gerade im Bereich der Hausaufgabenbetreuung werden sie oftmals zu „Hilfslehrern" umfunktioniert. Ziel der Ganztagsschule ist eine deutliche Entlastung der Erziehungsberechtigten, damit sich diese auf ihre pädagogische Rolle als Eltern konzentrieren können. Selbstverständlich ist damit ein mitdenkendes Verständnis der Eltern nicht ausgeschlossen – im Gegenteil: es soll gerade gestärkt werden.
4. Eine Förderung eines guten schulischen „Betriebsklimas", das persönliche Beziehungen auch über den rein unterrichtlichen Bereich hinaus gestattet.
   Der Deutsche Bildungsrat hat schon in seinen Empfehlungen zur Ganztagsschule von 1968 auf die Chance der Verstärkung der Kontakte zwischen Schülern und Lehrern hingewiesen, den Ausbau der Schülermit-

verantwortung, die engere Zusammenarbeit von Eltern und Schule und die Förderung der schulinternen psychologischen Beratung gefordert. Aus heutiger Sicht ist diese Auflistung um den Ausbau von Aktivitäten der Sozialpädagogik zu ergänzen.

5. Das Angebot einer Mittagsverpflegung in der Schule mit den Chancen zur angemessenen sozialen und auch gesundheitlich-ernährungsbezogenen Ausgestaltung.

Zwar steht heute zahlreichen Schulen eine Schulmensa zur Verfügung. Das Mittagessen wird aber – unter anderem wegen der restriktiven zeitlichen Struktur – vielfach als ein „Abfüttern" und nicht als ein angenehmes Zeremoniell verstanden. Das Konzept der Ganztagsschule bietet gute Möglichkeiten, das Mittagessen zu einem sozialen Bestandteil des Schullebens werden zu lassen.

6. Ein Angebot an Arbeitsgemeinschaften und Projekten vor allem im Nachmittagsbereich, das auf die Altersstufen sowie auf die Interessenschwerpunkte der Schülerinnen und Schüler eingeht und Elemente für eine sinnvolle Freizeiterziehung enthält.

Eine Ganztagsschule verlangt wesentlich nachdrücklicher als eine Halbtagsschule danach, dass sich Schülerinnen und Schüler und Lehrerinnen und Lehrer in der Schule wohl fühlen, dass Aufenthalts- und Gemeinschaftsräume so gestaltet sind, dass sie als aneignungsfähiger sozialer Lebensraum wahrgenommen werden. Die Mitgestaltung durch die Schülerinnen und Schüler steht dabei im Vordergrund. Die Kooperation mit Personen und Institutionen aus dem öffentlichen Leben der Gemeinde ist hierbei eine noch zu entdeckende Perspektive.

Ganztagsschulen besitzen zentrale Voraussetzungen dafür, ein sozialer Erfahrungsraum für die Schülerinnen und Schüler zu sein – nicht zuletzt deshalb, weil sie zwangsläufig die Zusammenarbeit verschiedener pädagogischer Berufsgruppen in der Schule kennen. Schulen mit ganztägiger Betreuung von Schülerinnen und Schülern müssen – je nach Aufgabenprofil – Schulpsychologinnen und Schulpsychologen, Sozialpädagoginnen und Sozialpädagogen sowie Erzieherinnen und Erzieher in ihr Kollegium aufnehmen. Hinzu kommen Werkstattmeister, Küchenpersonal und möglicherweise weitere, nicht im engeren Sinne pädagogische Berufsrollen. Hierdurch bietet die Ganztagsschule erheblich mehr soziale Rollen und damit auch mehr soziale Orientierungsmuster für Schülerinnen und Schüler als die Halbtagsschule (vgl. Ludwig 1993).

Die Ganztagsschule ist – wenn ihr pädagogisches Konzept ernst genommen wird – gut geeignet, bei psychischen, physischen und auch sozialen Problemen von Schülerinnen und Schülern unterstützend einzugreifen: Gerade die von ihr angestrebte Verbindung von Erziehung und Bildung hat zum Ziel, nicht nur kognitive Leistungen, sondern Gesundheit – als ein Gleichgewichtsstadium zwischen sozial-ökologischen, körperlich-physiologischen und inner-psychischen Prozessen – zu erreichen, zu erhalten und zu fördern. Verhaltensauf-fälligkeiten und Gesundheitsbeeinträchtigungen von Kindern und Jugendlichen erfahren unter dieser Prämisse eine größere Aufmerksamkeit. Sie können im Rahmen der Ganztagsarbeit besser und schneller erkannt werden. Durch das Einbeziehen sozialpsychologischer und sozialpädagogischer Fachkenntnisse in das Schulkollegium kann das Unterstützungspotenzial der Institution Schule gesteigert werden. Je stärker sie in den laufenden Unterrichtsbetrieb integriert sind und je mehr sie auf unkomplizierter Kooperation von Lehrern und Fach-kräften untereinander basieren, desto günstiger wirken sich solche Initiativen aus (vgl. Holtappels 1994).

Unabhängig von den pädagogischen Ansprüchen, die unmittelbar mit dem Konzept der Ganztagsschule verbunden sind, bestehen zahlreiche sozialpo-litische Aspekte für die Begründung dieser Schulform. Vor allem die mit der Veränderung der Familie und mit veränderten Erwerbsstrukturen in Zusammen-hang stehende notwendige Betreuung häuslich unversorgter Kinder, die Ent-lastung von Familien in erzieherischer Hinsicht, der Abbau schulischer Belas-tungen, aber auch der Ausgleich unzureichender Bewegungsmöglichkeiten im Freien sind heute entscheidende Gründe, die für einen Ausbau von Ganztags-schulen sprechen.

Aufgabe des Staates ist es, jede Form von Familie zu unterstützen, unab-hängig davon, welche religiöse, rechtliche oder soziale Konstellation von den be-treffenden Menschen gewählt wird. Hierzu bedarf es einer Familienpolitik, die dafür Sorge trägt, dass eine möglichst stabile, sozial und wirtschaftlich gesicherte und öffentlich anerkannte Form der Erziehung und des Unterhalts aller beteilig-ten Partner der Familienerziehung erreicht werden kann. Für den Bereich der Schule zeigt sich, dass, will sie den gesellschaftlich und pädagogisch an sie ge-richteten Ansprüchen unter der Berücksichtigung von Armuts- und Benach-teiligungslagen gerecht werden, sie – neben erzieherischen und sozialisato-rischen Gesichtspunkten – verstärkt auch kompensatorische Elemente in ihr Konzept einzubinden hat.

Derzeit besteht die Situation, dass die Entscheidung, eine Familie mit Kindern zu gründen, praktisch eine Entscheidung für gravierende und lang-fristige Einschränkungen von Lebensspielräumen ist: Das heute völlig unzureich-ende Angebot an Tageseinrichtungen für Kleinstkinder, Kinder im Vorschulalter und Schulkinder hat zur Folge, dass eine große Anzahl von Eltern gezwungen ist, selbstständig Lösungen für die Kinderbetreuung zu finden. Eltern aus höheren Bildungs- und Einkommensschichten können sich private Betreuungsarrange-ments leisten, z. B. die Unterbringung der Kinder in Kinderläden, in Eltern-Kind-Gruppen oder auch die Anstellung bezahlten Personals. Ihre Wahlmöglichkeiten sind größer, und in der Regel sind dadurch auch die Chancen der Kinder erheblich besser, vielfältige und anregende Betreuungsbedingungen vorzufinden (vgl. Hurrelmann 1990).

Die Ganztagsschule kann, weitet sie ihr Konzept auf den Vorschul- und Primarstufenbereich aus, als ein breites und vielfältiges Angebot der Kinder- und Familienpolitik verstanden werden: Sie käme vor allem den sozial weniger privilegierten Eltern zugute und würde Hilfe nicht nur im Hinblick auf die für deren Kinder meist ungünstigen räumlichen und organisatorischen Bedingungen bieten, sondern gerade diesen Kindern auch eine Erweiterung ihres sozialen Kontaktbereichs ermöglichen.

Anmerkungen

(1) „Um beim Vergleich der Einkommen von Haushalten Struktureffekte auszuschalten, basieren die Berechnungen zum Teil auf den so genannten Nettoäquivalenzeinkommen. Hierbei handelt es sich um äquivalenzgewichtete Personennettoeinkommen. Auf Empfehlung der Organisation für wirtschaftliche Zusammenarbeit und Entwicklung (OECD) wird zwischen zwei unterschiedlichen Skalen von Gewichtungsfaktoren unterschieden. Bei der ursprünglichen (alten) OECD-Skala erhält der Haupteinkommensbezieher des Haushalts den Gewichtungsfaktor 1,0, alle übrigen Haushaltsmitglieder von 14 Jahren und älter erhalten den Gewichtungsfaktor 0,7 und Personen unter 14 Jahren den Gewichtungsfaktor 0,5. Die entsprechenden Gewichtungsfaktoren der modifizierten (neuen) OECD-Skala sind 1,0 / 0,5 / 0,3" (BMGS 2005b, S. 11).

Literatur

Allmendinger, J./Leibfried, S. (2003): Bildungsarmut. In: Aus Politik und Zeitgeschichte. Beilage zur Wochenzeitung Das Parlament. B 21-22/2003, Bonn, S. 12–18

Allmendinger, J./Nikolai, R. (2006): Bildung und Herkunft. In: Aus Politik und Zeitgeschichte. Beilage zur Wochenzeitung Das Parlament. B 44–45/2006, Bonn, S. 32–38

Andreß, H.-J./Krüger,A./Sedlacek, B. K. (2004): Armut und Lebensstandard. Zur Entwicklung des notwendiges Lebensstandards der Bevölkerung 1996–2003. Gutachten im Rahmen des Armuts- und Reichtumsberichtes der Bundesregierung. Köln

Baumert, J./Klieme, E./Neubrand, M./Prenzel, M./Schiefele, U./Schneider, W./Stanat, P./ Tillmann, K.-J./Weiß, M. (Hrsg.) (2001): PISA 2000: Basiskompetenzen von Schülerinnen und Schülern im internationalen Vergleich. Opladen: Leske + Budrich

Becker, I./Hauser, R. (2004): Verteilung der Einkommen 1999–2003. Bericht zur Studie im Auftrag des Bundesministeriums für Gesundheit und Soziale Sicherung. Frankfurt

Bellenberg, G./Hovestadt, G./Klemm, K. (2004): Selektivität und Durchlässigkeit im allgemein bildenden Schulsystem. Essen

Bos, W./Lankes, E.-M./Prenzel, M./Schwippert, K./Walther, G. /Valtin, R. (Hrsg.) (2003): Erste Ergebnisse aus IGLU. Schülerleistungen am Ende der vierten Jahrgangsstufe im internationalen Vergleich. Münster: Waxmann

Brusten, M./Hurrelmann, K. (1973): Abweichendes Verhalten in der Schule. Eine Untersuchung zu Prozessen der Stigmatisierung. München: Juventa.

Bundesagentur für Arbeit (2007): Der Arbeits- und Ausbildungsmarkt in Deutschland. Monatsbericht August. 2007. Nürnberg

Bundesministerium für Bildung und Forschung (Hrsg.) (2007): Die wirtschaftliche und soziale Lage der Studierenden in der Bundesrepublik Deutschland 2006. 18. Sozialerhebung des Deutschen Studentenwerks durchgeführt durch HIS Hochschul-Informations-System. Berlin

Bundesministerium für Gesundheit und Soziale Sicherung (BMGS) (Hrsg.) (2005): Lebenslagen in Deutschland. 2. Armuts- und Reichtumsbericht der Bundesregierung. Berlin

Bundesministerium für Gesundheit und Soziale Sicherung (Hrsg.) (2005b): Lebenslagen in Deutschland. 2. Armuts- und Reichtumsbericht der Bundesregierung. Anhänge. Berlin

Bundeszentrale für gesundheitliche Aufklärung (Hrsg.) (2003): Gesundheitsförderung für sozial Benachteiligte. Aufbau einer Internetplattform zur Stärkung der Vernetzung der Akteure. Köln

Cortina, K.S. (2003): Der Schulartenwechsel in der Sekundarstufe I: Pädagogische Maßnahme oder Indikator eines falschen Systems? In: Zeitschrift für Pädagogik 49. Jg. 2003 Heft 1, S. 127–135

Deutsche Shell (Hrsg.) (2006): Jugend 2006. 15. Shell Jugendstudie. Frankfurt a. M.: Fischer

Ferchhoff, W. (2007): Jugend und Jugendkulturen im 21. Jahrhundert. Lebensformen und Lebensstile. Wiesbaden: Verlag für Sozialwissenschaften.

Geißler, R. (2006): Die Sozialstruktur Deutschlands. Zur gesellschaftlichen Entwicklung mit einer Bilanz zur Vereinigung. Wiesbaden: Verlag für Sozialwissenschaften

Groh-Samberg, O./Grundmann, M. (2006): Soziale Ungleichheit im Kindes- und Jugendalter. In: Aus Politik und Zeitgeschichte. Beilage zur Wochenzeitung Das Parlament. 26/2006. Bonn, S. 11–18

Hadjar, A./Becker, R. (Hrsg.) (2006): Die Bildungsexpansion. Erwartete und unerwartete Folgen. Wiesbaden: VS Verlag für Sozialwissenschaften

Hanesch, W./Krause, P./Bäcker, G. (2000): Armut und Ungleichheit in Deutschland. Reinbek bei Hamburg: Rowohlt

Harring, Marius/Rohlfs, Carsten/Palentien, Christian (Hrsg.) (2007): Perspektiven der Bildung. Kinder und Jugendliche in formellen, nicht-formellen und informellen Bildungsprozessen. Wiesbaden: VS Verlag für Sozialwissenschaften

Harring, M. (2007): Informelle Bildung – Bildungsprozesse im Kontext von Peerbeziehungen im Jugendalter. In: Harring, Marius/Rohlfs, Carsten/Palentien, Christian (Hrsg.) (2007): Perspektiven der Bildung. Kinder und Jugendliche in formellen, nicht-formellen und informellen Bildungsprozessen. Wiesbaden: VS Verlag für Sozialwissenschaften, S. 237–258

Helsper, W. (1992): Jugend und Schule. In: Krüger, H.H. (Hrsg.) (1992): Handbuch der Jugendforschung. Opladen: Leske + Budrich, S. 351–382

Holtappels, H. G. (1994): Ganztagsschule und Schulöffnung. Perspektiven für die Schulentwicklung. Weinheim/München: Juventa

Hradil, S. (2005): Soziale Ungleichheit in Deutschland. Wiesbaden: Verlag für Sozialwissenschaften

Hübinger, W. (1996): Prekärer Wohlstand. Neue Befunde zur Armut und sozialen Ungleichheit. Freiburg: Lambertus

Hurrelmann, K./Wolf, H. K. (1986): Schulversagen im Jugendalter. Weinheim: Juventa

Hurrelmann, K. (1990): Plädoyer für mehr Ganztagsschulen. In: Pädagogik, 5, S. 39–43

Nationale Armutskonferenz in der Bundesrepublik Deutschland (Hrsg.) (2001): Sozialpolitische Bilanz. Armut von Kindern und Jugendlichen. Stuttgart

Hurrelmann, K. (2005): Lebensphase Jugend. Eine Einführung in die sozialwissenschaftliche Jugendforschung. Weinheim; München: Juventa

Klocke, A./Hurrelmann, K. (Hrsg.) (2001): Kinder und Jugendliche in Armut. Umfang, Auswirkungen und Konsequenzen. Wiesbaden: Westdeutscher Verlag

Konsortium Bildungsberichterstattung (Hrsg.) (2006): Bildung in Deutschland. Ein indikatorengestützter Bericht mit einer Analyse zu Bildung und Migration. Bielefeld

Ludwig, H. (1993): Entstehung und Entwicklung der modernen Ganztagsschule in Deutschland. Band 2: Die Entwicklung der modernen Ganztagsschule in Deutschland nach dem Ende des 2. Weltkriegs bis zur Gegenwart (1946-1990). Köln

Oestreich, P. (1921): Die elastische Einheitsschule : Lebens- und Produktionsschule. Berlin

Olk, T./Strikker, F. (1991): Jugend und Arbeit. Individualisierungs- und Flexibilisierungstendenzen in der Statuspassage Schule/Arbeitswelt. In: Heitmeyer, W./Olk, T. (Hrsg.): Individualisierung von Jugend. Gesellschaftliche Prozesse, subjektive Verarbeitungsformen, jugendpolitische Konsequenzen. Weinheim/München, 159-193

Palentien, C./Pollmer, K./Hurrelmann, K. (1993): Ausbildungs- und Zukunftsperspektiven ostdeutscher Jugendlicher nach der politischen Vereinigung Deutschlands. In: Aus Politik und Zeitgeschichte, B24/93, S. 3–13

Palentien, C. (2004): Kinder- und Jugendarmut in Deutschland. Wiesbaden: Verlag für Sozialwissenschaften

Paritätischer Wohlfahrtsverband (2005): Expertise. Kinder und Hartz IV: Eine erste Bilanz der Auswirkungen des SGB II. Berlin

Pollmer, K./Hurrelmann, K. (1992): Neue Chancen oder neue Risiken für Jugendliche in Ostdeutschland? In: Zeitschrift für Sozialisationsforschung und Erziehungssoziologie, 1, S. 2–29

Popp, U. (2007): Kontextuelle Zugänge der Geschlechter zu Bildungsprozessen. In: Harring, Marius/Rohlfs, Carsten/Palentien, Christian (Hrsg.) (2007): Perspektiven der Bildung. Kinder und Jugendliche in formellen, nicht-formellen und informellen Bildungsprozessen. Wiesbaden: VS Verlag für Sozialwissenschaften, S. 63–80

Reinders, H. (2003): Interethnische Freundschaften bei Jugendlichen 2002. Ergebnisse einer Pilotstudie bei Hauptschülern. Hamburg: Kovač

Rheinisch-Westfälisches Institut für Wirtschaftsforschung (Hrsg.) (2004): Lebensstandarddefizite bei Erwerbstätigenhaushalten. Forschungsprojekt des Bundesministeriums für Gesundheit und Soziale Sicherung

Sachverständigenrat zur Begutachtung der gesamtwirtschaftlichen Entwicklung (2006): Widerstreitende Interessen – ungenutzte Chancen. Jahresgutachten 2006/07. Wiesbaden

Stanat, P. (2006): Schulleistungen von Jugendlichen mit Migrationshintergrund: Die Rolle der Zusammensetzung der Schülerschaft. In: Baumert, J./Stanat, P./Watermann, R. (Hrsg.) (2006): Herkunftsbedingte Disparitäten im Bildungswesen. Vertiefende Analysen im Rahmen von PISA 2000, S. 189–219

Statistisches Bundesamt (Hrsg.) (2006): Datenreport 2006. Zahlen und Fakten über die Bundesrepublik Deutschland. Bonn

Statistisches Bundesamt (Hrsg.) (2006b): Armut und Lebensbedingungen – Ergebnisse aus Leben in Europa für Deutschland 2005. Wiesbaden

Tillmann, K.-J. (1976): Sozialpädagogik in der Schule. Neue Ansätze und Modelle. München

Politik und Pädagogik gegen die (Kinder-)Armut
Lösung oder ideologische Entsorgung des Problems?

Christoph Butterwegge

In der Bundesrepublik wachsen erheblich mehr Kinder und Jugendliche als noch vor wenigen Jahren in materieller Not auf. Man spricht von einer „Infantilisierung der Armut", weil Kinder mittlerweile die am häufigsten und am stärksten von Armut bedrohte Altersgruppe bilden. (Kinder-)Armut führt zu vielfältigen Benachteiligungen, Belastungen oder Beeinträchtigungen, etwa im Gesundheits-, Wohn-, (Aus-)Bildungs-, Kultur- und Freizeitbereich. Man wird aber dem Problem nicht gerecht, wenn es subjektiviert bzw. individualisiert und auf die Bildungsferne oder Kulturdefizite der Betroffenen zurückgeführt wird. Vor einer „Pädagogisierung" und „Therapeutisierung" der Problematik, die im öffentlichen bzw. Mediendiskurs über eine „neue Unterschicht" angelegt ist, warnt der Beitrag. Gefordert werden Beratungs-, Betreuungs- und Bildungsangebote für sozial benachteiligte Familien, gefordert wird aber auch eine Strukturreform des gegliederten Schulwesens in Deutschland. Bei der Kinderarmut handelt es sich dem Beitrag folgend um ein gesellschaftliches Problem, dem man nur politisch Einhalt gebieten kann. Schul- bzw. Weiterbildung wäre als Kern einer fortschrittlichen Gesellschaftspolitik zu verstehen, müsste aber mit Maßnahmen zur Umverteilung von Arbeit, Einkommen und Vermögen kombiniert werden.

1. Einleitung

In einem Interview, das die *Frankfurter Allgemeine Sonntagszeitung* am 8. Oktober 2006 veröffentlichte, ließ der SPD-Vorsitzende Kurt Beck eher beiläufig den Begriff „Unterschichten" fallen. Als kurz darauf eine Studie „Gesellschaft im Reformprozess" bekannt wurde, die TNS Infratest Sozialforschung Berlin im Auftrag der Friedrich-Ebert-Stiftung (2006) durchgeführt hatte und in welcher der Terminus „abgehängtes Prekariat" vorkommt, entdeckte fast die gesamte deutsche (Medien-)Öffentlichkeit nach Jahren, wenn nicht Jahrzehnten wieder das Thema „Armut". Durch das wahrscheinlich auch den rheinland-pfälzischen Ministerpräsidenten selbst überraschende Medienecho auf seine Äußerungen gewann die Armutsdebatte, bisher praktisch immer auf die Vorweihnachtszeit und das mediale Sommerloch beschränkt, eine ganz neue Qualität. Wohl zum ersten Mal wurden sich weite Kreise der Gesellschaft bewusst, dass sie Armut hervorbringt und dass diese, zumindest aber die Angst davor durch eine falsche Arbeitsmarktpolitik (Hartz IV) bis in die Mittelschichten hinein vorgedrungen ist.

Statt eines Politikwechsels der CDU/CSU/SPD-Bundesregierung löste dieser Umstand ideologisch motivierte Abwehrreflexe aus: Da wurde entweder der einzelne Betroffene für seine Misere verantwortlich gemacht oder der Sozialstaat zum Sündenbock erklärt. Kurt Beck warf den Unterschichtangehörigen in seinem Interview mangelnden Aufstiegswillen vor und verlangte am 12. Dezember 2006 von Henrico Frank, Deutschlands „frechstem Arbeitslosen" (*Bild*-Zeitung), auf dem Wiesbadener Weihnachtsmarkt: „Waschen und rasieren Sie sich erst mal ... dann finden Sie auch Arbeit!" Man erwartet von den Armen im Grunde, dass sie sich nach der Münchhausen-Methode „am eigenen Schopf" aus ihrer misslichen Lebenslage befreien, und ignoriert, dass dies nur das Werk eines funktionierenden Wohlfahrtsstaates sein kann und sinnvoller Angebote der Arbeitsmarkt-, Beschäftigungs- und Sozialpolitik bedarf, die es seit den Hartz-Gesetzen immer weniger gibt.

In den letzten Jahren wurde der Wohlfahrtsstaat in einer Weise reformiert, die Kinderarmut nicht reduziert, sondern zementiert und zum Teil selbst produziert hat. „Alle jüngeren Maßnahmen in der Reform des Sozialsystems gehen zu Lasten von Familien und Minderjährigen." (Winkler 2005, S. 36) Sofern man weiter „Selbstverantwortung", „Eigenvorsorge" bzw. „Privatinitiative", die würdige Unwörter des Jahres wären, weil sie den Rückzug öffentlicher Stellen kaschieren, zum Dreh- und Angelpunkt eines Um- bzw. Abbaus des Sozialstaates macht, wird das Problem kaum zu lösen sein. Denn die betroffenen Familien entsprechen nicht dem neoliberalen Wunschbild, sondern sind auf staatliche Unterstützung angewiesen, um ein gedeihliches Aufwachsen ihrer Kinder zu gewährleisten.

Häufig dienen der internationale Vergleich und der Hinweis auf jenseits der Grenzen erprobte Musterlösungen weniger einer Lösung für soziale Probleme im eigenen Land als der Legitimation von Verschlechterungen (Kürzung von Transferleistungen, Verschärfung der Anspruchsvoraussetzungen, Einschränkung von Schutzrechten und Einführung bzw. Ausweitung von Kontrollmechanismen) durch deren Relativierung im Weltmaßstab. Walter Wüllenweber schrieb im *stern* (v. 19.10.2006): „Wir leisten uns einen der teuersten Sozialstaaten der Welt. Das könnte man ertragen. Aber es ist gleichzeitig der erfolgloseste Sozialstaat." Von den benachbarten Niederlanden bis zum fernen Neuseeland, die als Pioniere einer neoliberal orientierten Restrukturierung des Wohlfahrtsstaates gelten, werden Modelle propagiert, die erhebliche Nachteile gegenüber dem deutschen aufweisen.

Die erfolgreiche Diskreditierung des Wohlfahrtsstaates in der öffentlichen bzw. veröffentlichten Meinung funktioniert fast immer nach demselben Grundmuster: Man beschneidet seine Leistungen und nimmt den von ihm abhängigen Menschen, seien es Langzeitarbeitslose, Kranke, Behinderte oder

Rentner/innen, immer mehr das für ihr tägliches Leben nötige Geld, ruft dabei laut „Haltet den Dieb!" und zeigt mit dem Finger auf das System der sozialen Sicherung. Beispielsweise machte der Wirtschaftsredakteur Rainer Hank den Wohlfahrtsstaat, dessen Demontage er und seine Redaktionskollegen vorantreiben, in der *Frankfurter Allgemeinen Sonntagszeitung* vom 22. Oktober 2006 für die Tatsache verantwortlich, dass Deutschland eine Klassengesellschaft ist und sich hier die soziale Ungleichheit verfestigt. Das Hamburger Nachrichtenmagazin *Der Spiegel*, dessen Redakteure mehrheitlich seit vielen Jahren, wenn nicht Jahrzehnten dafür eintreten, die Arbeitgeber steuerlich wie hinsichtlich ihrer Sozialabgaben zu entlasten, skandalisierte am 2. April 2007 in einer Titelstory unter der Überschrift „Arm durch Arbeit. Wie der Staat die abhängig Beschäftigten immer dreister ausnimmt", dass die Arbeitnehmer/innen von der Großen Koalition stärker zur Kasse gebeten würden: „Die Globalisierung drückt weiter auf die Löhne, und die abhängig Beschäftigten müssen den ausufernden Sozialstaat weitgehend allein finanzieren." Als wäre Letzteres keine zwangsläufige Folge eben jener Politik einer Senkung der „Lohnnebenkosten" und der Abkehr von einer paritätischen Finanzierung des Sozialversicherungssystems, für die sich Neoliberale und Wirtschaftslobbyisten engagieren!

So gut wie gar nicht wurde in der politischen und (Fach-)Öffentlichkeit thematisiert, dass Armut und Reichtum zwei Seiten einer Medaille und nicht zufällig fast zeitgleich gewachsen sind (vgl. dazu: Andreß/Kronauer 2006; Lauterbach 2007; Wagenknecht 2007). Nach dem Medienhype um Becks Interview wurde es jedoch schnell wieder still hinsichtlich der sozialen Polarisierung, obwohl sie die künftige Entwicklung der Bundesrepublik maßgeblich beeinflussen dürfte. Hier soll das Ausmaß der Kinderarmut im vereinten Deutschland skizziert, die „Kulturalisierung" bzw. Umdeutung des Phänomens zum angeblich pädagogisch lösbaren Problem kritisiert und abschließend gefragt werden, ob man darauf nicht viel energischer gesellschaftspolitisch reagieren muss.

2. (Kinder-)Armut und Reichtum im vereinten Deutschland – eine kurze Bestandsaufnahme

In einer kapitalistischen Hochleistungsgesellschaft wie der Bundesrepublik, die Konkurrenz bzw. Leistung geradezu glorifiziert und Letztere mit Prämien, Gehaltszulagen oder Lohnsteigerungen prämiert, erscheint Armut funktional, weil sie nur das Pendant dessen verkörpert, was die Tüchtigeren und daher Erfolgreichen in des Wortes doppelter Bedeutung „verdient" haben. Armut ist mithin kein „Betriebsunfall" oder „unsozialer Kollateralschaden", vielmehr konstitutiver Bestandteil einer Marktwirtschaft im Zeichen der Globalisierung. Sie dient im neoliberalen „Umbau"-Projekt als Disziplinierungsinstrument, während materieller Wohlstand und privater Reichtum ein Lockmittel bilden, das die „Leistungsträger" zu besonderen Anstrengungen motivieren soll.

Aufgrund der US-Amerikanisierung der Wirtschaft, des Arbeitsmarktes und des Wohlfahrtsstaates zeichnet sich hierzulande auch eine US-Amerikanisierung der Sozialstruktur ab. Einerseits reicht das Armutsrisiko bis in die Mittelschichten hinein, was sich in der Überschuldung von Existenzgründer(inne)n und Selbstständigen genauso manifestiert wie in den prekären Lebenslagen jener Menschen, die keinen gesicherten Arbeitsplatz haben, sondern fürchten müssen, praktisch über Nacht unter die Armutsschwelle zu sinken. Andererseits weitet sich jener Sektor aus, in dem totale Perspektivlosigkeit, Not und Verelendung die Lebenslagen der Menschen bestimmen.

Bemerkenswert ist nicht, dass es in der Bundesrepublik eine Unterschicht gibt, sondern dass sich die soziale Polarisierung seit 1989/90 im Sinne einer doppelten Spaltung quantitativ wie qualitativ erheblich deutlicher ausgeprägt hat (vgl. hierzu: Butterwegge u. a. 2005, S. 42 ff. und 84 ff). Man spricht von einer „Infantilisierung der Armut" (Richard Hauser), weil junge Menschen die am häufigsten und am stärksten von Armut bedrohte Altersgruppe bilden, während früher hauptsächlich Rentnerinnen betroffen waren. 1,929 Mio. Kinder unter 15 Jahren (von 11,44 Mio. dieses Alters insgesamt) lebten nach Angaben der Bundesagentur für Arbeit im März 2007 in SGB-II-Bedarfsgemeinschaften, landläufig „Hartz-IV-Haushalte" genannt. Rechnet man die übrigen Betroffenen (Kinder in Sozialhilfehaushalten, in Asylbewerber-Familien, die ein Drittel weniger als die Sozialhilfe erhalten, und von sog. Illegalen, die gar keine Transferleistungen beantragen können) hinzu und berücksichtigt außerdem die sog. Dunkelziffer (d. h. die Zahl jener eigentlich Anspruchsberechtigter, die aus Unwissenheit, Scham oder anderen Gründen keinen Antrag auf Sozialhilfe bzw. Arbeitslosengeld II stellen), leben etwa 2,8 Millionen Kinder, d. h. mindestens jedes fünfte Kind dieses Alters, auf oder unter dem Sozialhilfeniveau. Gleichzeitig beträgt das Privatvermögen der beiden reichsten Deutschen, der Gebrüder Albrecht (Eigentümer der Aldi-Ketten Nord und Süd), laut „Manager Magazin" 32,15 Mrd. EUR. Verschärft wird das Problem der sozialen Polarisierung durch einen Ab- bzw. Umbau des bestehenden Wohlfahrtssystems vom Sozialversicherungs- zum bloßen Fürsorge-, Almosen- und Suppenküchenstaat (vgl. hierzu: Butterwegge 2006 und 2007), eine Spaltung in „Drinnen" (Integrierte) und „Draußen" (Exkludierte) sowie regionale Disparitäten (Ost-West- und Nord-Süd-Gefälle). So leben in Görlitz 44,1 Prozent aller Kinder unter 15 Jahren in Hartz-IV-Haushalten, während es im bayerischen Starnberg nur 3,9 Prozent sind.

Die gegenwärtige Dramatik der Armut resultiert in erster Linie aus einer sich verschärfenden Weltmarktdynamik. Denn die wirtschaftliche Globalisierung führt keineswegs zur Verallgemeinerung des Wohlstandes. Vielmehr wirkt der Globalisierungsprozess im Rahmen der Standortpolitik als „soziales Scheidewasser", das die Bevölkerung der Bundesrepublik wie die anderer Länder in Gewinner und Verlierer/innen, diese jedoch wiederum in Marginalisierte (Dauerarbeitslose, Deprivierte und Langzeitarme) einerseits sowie Geringverdiener/innen (prekär Beschäftigte, von Überschuldung Bedrohte und Kurzzeitarme) andererseits spaltet. Während die Dauerarbeitslosen ohne Hoffnung auf Reintegration den „sozialen Bodensatz" im Gegenwartskapitalismus bilden, verkörpern die Niedriglohnempfänger/innen, oftmals Migrant(inn)en und ethnischen Minderheiten entstammend, eher das „Treibgut" des Globalisierungsprozesses (vgl. hierzu: Butterwegge/Hentges 2006).

Bereits seit geraumer Zeit bildet die Bundesrepublik – sich damit anderen westlichen Industriestaaten angleichend – eine *zweiteilige* Armutsstruktur aus: Den armen Erwerbslosen, die wegen niedriger oder fehlender Lohnersatzleistungen auf das Existenzminimum zurückgeworfen werden, treten die erwerbstätigen Armen zur Seite, deren Lohn für ein Leben im gesicherten Wohlstand nicht ausreicht. Während sich die Langzeit- und Mehrfacharbeitslosigkeit älterer und/oder gering qualifizierter Personen zur Dauerarbeitslosigkeit verfestigt und die Betroffenen eine soziale Schicht völlig Deklassierter, d. h. vom Arbeitsmarkt wie auch von der gesellschaftlichen Teilhabe Ausgeschlossener („underclass") bilden, nimmt die Zahl jener Personen/Haushalte, deren Einkommen *trotz* kontinuierlicher Lohnarbeit in Form eines oder mehrerer Arbeitsverhältnisse nicht oder nur knapp über der relativen Armutsgrenze liegt („working poor"), gleichfalls zu. Auch hat sich während der 1990er-Jahre ein breiter, seinem Umfang nach oft unterschätzter Niedriglohnsektor herausgebildet, der längst nicht mehr nur typische Frauenarbeitsplätze umfasst. „Kombilöhne", wie man die staatlich subventionierten Niedrigeinkommen prekär Beschäftigter nennt, sind keine Lösung, sondern ein Teil des Armutsproblems.

Die latente, aber auch die evidente Armut von Obdachlosen, Trebegänger(inne)n und Bettler(inne)n hat – besonders in den urbanen Zentren und den ostdeutschen Bundesländern – stark zugenommen. Wie man heute seinen Luxus, motiviert durch ein verändertes gesellschaftliches Klima, offener als früher zur Schau stellt, manifestiert sich auch die Armut deutlicher, weil sie breiter streut und tiefer reicht. Ohne die Lage zu dramatisieren, kann man prognostizieren, dass es in der Bundesrepublik, die nach wie vor zu den reichsten Nationen der Welt gehört, künftig noch mehr (Kinder-)Armut geben wird. Dies gilt hauptsächlich für Ostdeutschland, wo sich der Um- bzw. Abbau des Sozialstaates noch drastischer auswirkt als in Westdeutschland, weil die dortigen Familien stärker auf staatliche Transferleistungen angewiesen sind. Verschärft wird das Problem durch kräftig steigende Preise für Energie (Gas, Öl und Strom) sowie Lebens-, Nahrungs- und Genussmittel, aber auch höhere Verbrauchssteuern (Anhebung der Mehrwert- und Versicherungssteuer von 16 auf 19 Prozent ab 1. Januar 2007), die sozial benachteiligte Mehrkinderfamilien besonders hart treffen.

3. Fehldiagnosen und Fallstricke im Kampf gegen die (Kinder-) Armut

In den Medien dominieren Armutsbilder, die stark vom Massenelend der sog. Dritten Welt bzw. des europäischen Mittelalters (Verhungernde, Obdachlose und Bettler) bestimmt sind. Armut in Kiel, Kassel oder Konstanz unterscheidet sich zweifellos stark von Armut in Kalkutta. Hierzulande handelt es sich vornehmlich um *relative* Armut, die sich auf einem Wohlstandsniveau verfestigende Ungleichgewichte der Einkommens- und Vermögensverteilung widerspiegelt, während in vielen Entwicklungsländern *absolute* (oder *extreme*) Armut dominiert. Daraus abzuleiten, Hartz-IV-Empfänger/innen jammerten „auf einem hohen Niveau", wie dies häufig geschieht, ist allerdings kurzschlüssig. Denn die Armut in einem *reichen* Land kann erniedrigender, deprimierender und bedrückender sein als jene in einem *armen*, weil vor allem die hauptsächlich davon betroffenen Kinder und Jugendlichen in einer westlichen Konsumgesellschaft einem stärkeren Druck seitens der Werbeindustrie wie auch ihrer eigenen Spielkamerad(inn)en und Mitschüler/innen ausgesetzt sind, teure „Markenklamotten" zu tragen oder mit dem tollsten Handy zu telefonieren. Empathie, Mitgefühl und Solidarität erfahren die von Armut oder Unterversorgung betroffenen Menschen hingegen in einem viel geringeren Maße, als dies dort der Fall ist, wo kaum jemand ein großes (Geld-)Vermögen besitzt.

Armut ist mehr, als wenig Geld zu haben. Denn sie führt zu vielfältigen Benachteiligungen, Belastungen oder Beeinträchtigungen, etwa im Gesundheits-, Wohn-, (Aus-)Bildungs-, Kultur- und Freizeitbereich. Dies verleitet manche Kommentatoren dazu, Armut zu subjektivieren bzw. individualisieren und sie auf die Bildungsferne oder Kulturdefizite der Betroffenen zurückzuführen. So behauptete der Historiker Paul Nolte schon in einem am 17. Dezember 2003 erschienenen *Zeit*-Artikel unter dem makabren Titel „Das große Fressen", das Hauptproblem der Unterschicht sei gar nicht die Armut, sondern der massenhafte Konsum von Fast Food und TV. Als sei das „Unterschichten-Fernsehen", dessen übermäßiger Konsum sie angeblich davon abhält, ihren sozialen Aufstieg zu organisieren, nicht bloß die moderne Wiederkehr von „Brot und Spielen", mit denen man sozial Benachteiligte in der Antike ruhigstellte!

In dasselbe Horn stieß *stern*-Redakteur Walter Wüllenweber in seinem „Spiel nicht mit den Schmuddelkindern!" überschriebenen Essay (Heft 43/2006), als er Forderungen nach einer Umverteilung des gesellschaftlichen Reichtums durch höhere Transferleistungen an die Armen widersprach: „Mit mehr Sozialknete kann man die Benachteiligung nicht wirksam bekämpfen. Bekäme jede arme Familie 200 oder 300 Euro mehr Stütze im Monat, würden sich dadurch ihre Aussichten auf einen Job, auf ein selbstbestimmtes Leben, auf bessere Aufstiegschancen ihrer Kinder keinen Millimeter verbessern. Die Erfahrung zeigt: Das würde nur den Umsatz bei McDonald's erhöhen."

Die ideologische Entsorgung des Armutsproblems, das vielfach auf „Bildungsarmut" reduziert wird, erfolgt im bürgerlichen Feuilleton gewöhnlich mittels seiner Pädagogisierung. Bildungs- und Kulturarmut begründen jedoch entgegen solcher Halbwahrheiten, wie sie Nolte und Wüllenweber verkünden, keine Armutskultur, sondern sind primär Folge materieller Entbehrungen. Vor einer „Pädagogisierung" und „Therapeutisierung" der Problematik, die im öffentlichen bzw. Mediendiskurs über eine „neue Unterschicht" angelegt ist, warnt denn auch Hans Weiß (2005, S. 183): „Darin werden Armut und Unterschichtszugehörigkeit und ihre Auswirkungen auf Kinder, abstrahiert von den sozioökonomischen Bedingungen, z. B. vom Zusammenhang mit Dauerarbeitslosigkeit, primär als Folge der Verhaltensweisen der betroffenen Menschen, ihrer ‚Unterschichtskultur' betrachtet und damit letztlich ihnen die ‚Schuld' für ihre Situation zugeordnet."

4. Verhinderung bzw. Verringerung von Kinderarmut durch die Ganztags- und die Gemeinschaftsschule

Kinder erscheinen als personifiziertes Armutsrisiko, wenn eine soziale Infrastruktur fehlt, die es ihren Müttern (viel seltener: alleinerziehenden Vätern) erlaubt, neben der Familien- auch Erwerbsarbeit zu leisten. Hier liegt – unabhängig von der Erhöhung monetärer Transfers zugunsten benachteiligter Kinder – ein zentraler Ansatzpunkt für Gegenmaßnahmen. Es müsste in Kindertageseinrichtungen mehr Plätze für die Sprösslinge von Alleinerziehenden und kinderreichen Müttern geben, wobei die Beiträge der Eltern nach Einkommen und Familiengröße gestaffelt sein sollten, wenn sie nicht mittelfristig ganz entfallen: „Die finanzielle Entlastung von Familien mit niedrigem Einkommen kann verhindern, daß insbesondere materiell unterprivilegierte Bevölkerungsgruppen vor einer Inanspruchnahme zu teurer Betreuungsangebote zurückschrecken, womit Berufstätigkeit erschwert und die Abhängigkeit von Sozialleistungen wahrscheinlicher wird." (Trauernicht 1995, S. 225)

Versteht man unter Kinderarmut nicht nur *absolutes* Elend, vielmehr auch ein *relatives* Maß an sozialer Ungleichheit, das die Betroffenen daran hindert, sich ihrer persönlichen Fähigkeiten gemäß zu entfalten und selbstbestimmt am gesellschaftlichen, kulturellen und politischen Leben teilzunehmen, muss hier auch ein Schwerpunkt der Armutsbekämpfung liegen. Umstritten ist, ob Finanzmittel, die der (ganzen) Familie dienen sollen, bedürftigen Kindern wirklich helfen oder nur die Haushaltsvorstände erreichen. Claudia Pinl (2001, S. 1130) fordert statt höherer Zuwendungen des Staates an die Eltern einen Ausbau öffentlicher Einrichtungen, die auch den sonst leer ausgehenden Kindern nützen würden: „Der ‚Familienleistungsausgleich' entzieht den Kindern Geld an den Stellen, wo gerade sie es am meisten brauchen: in Erziehungsberatungsstellen und schulpsychologischen Diensten, in Ganztagsschulen, KiTas, Horten, Krippen und Freizeiteinrichtungen für Jugendliche." Beratungs-, Betreuungs- und Bildungsangebote für sozial benachteiligte Familien sind zweifellos wirksamer als die Anhebung des Kindergeldes und steuerlicher Freibeträge. Möglichst beitragsfreie Kindergarten-, Krippen- bzw. Hortplätze und Ganztagsschulen haben einen doppelten Nutzeffekt: Einerseits können von Armut betroffene oder bedrohte Kinder dort umfassender betreut und systematischer gefördert werden, was eine Versorgung der Kinder mit gesunder Nahrung (gemeinsames Mittagessen), die Hilfestellung bei der Erledigung von Hausaufgaben und kulturelle (Nachmittags-)Angebote einschließt, die ihnen das Elternhaus aus mehreren Gründen kaum bieten würde. „Für die Familien selbst kann die Inanspruchnahme der Tagesbetreuung Entlastung bedeuten und damit Regenerationsmöglichkeiten schaffen, die das Familiensystem gerade noch in der Balance hält oder auch die Überwindung zugespitzter Belastungen möglich macht. Zugleich wird mit der Inanspruchnahme der Tagesbetreuung die Isolation aufgebrochen, in die sich ‚arme Familien' häufig begeben." (Trauernicht 1995, S. 225) Andererseits können ihre Eltern (Mütter) leichter als sonst einer Vollzeitbeschäftigung nachgehen, was sie finanzielle Probleme eher meistern lässt.

Dieser Erkenntnis dürfte wohl geschuldet sein, dass der Bund durch ein Sonderinvestitionsprogramm „Zukunft Bildung und Betreuung" die Länder bis 2008 mit insgesamt 4 Mrd. EUR bei der Schaffung von Ganztagsschulen unterstützt. Außerdem erhalten die Länder nach dem am 1. Januar 2005 in Kraft getretenen „Tagesbetreuungsausbaugesetz" (TAG) jährlich 1,5 Mrd. EUR, die durch Zusammenlegung von Arbeitslosen- und Sozialhilfe gespart werden sollen, zur Schaffung von mehr Betreuungsplätzen für Kinder unter 3 Jahren. Um einen bedarfsgerechten Ausbau der Kinderbetreuung zu ermöglichen, hält C. Katharina Spieß (2005, S. 43) eine Reform des kommunalen Finanzausgleichs für unabdingbar; gleichzeitig denkt sie an die Bildung einer aus Steuermitteln gespeisten Familienkasse. Für die Unter-2-Jährigen müsste es dem Anspruch auf einen Kindergartenplatz nach § 24 Abs. 1 Sozialgesetzbuch (SGB) VIII entsprechend einen Rechtsanspruch auf einen Krippenplatz geben.

So wichtig mehr öffentliche Ganztagsbetreuung für Kinder aller Jahrgangsstufen ist, so wenig reicht sie aus, um Bildung stärker von der sozialen Herkunft zu entkoppeln. Gleichwohl stößt die öffentliche Reformdebatte selten bis zu den Wurzeln des Problems, der Mehrgliedrigkeit des Schulwesens in Deutschland, vor. Wer von der Gesamt- bzw. Gemeinschaftsschule für Kinder aller Bevölkerungsschichten jedoch nicht sprechen will, sollte auch von der Ganztagsschule schweigen. Diese war stets ein Ziel reformpädagogischer Bemühungen, degeneriert aber zur bloßen Verwahranstalt, wenn sie nicht in eine umfassende Strukturreform und ein Gesamtkonzept integriert wird, das soziale Selektion vermeidet. Nötig ist eine umfassende Strukturreform, die der sozialen

Selektion durch das gegliederte deutsche Schulsystem, wie sie PISA 2000 (vgl. Baumert u. a. 2001) einmal mehr belegt hat, ein Ende bereiten müsste. In „einer Schule für alle" wäre kein Platz für die frühzeitige Aussonderung „dummer" Kinder, die arm sind bzw. aus „Problemfamilien" stammen. Mit einer inklusiven Pädagogik, die keine „Sonderbehandlung" für bestimmte Gruppen mehr kennt (vgl. dazu: Platte u. a. 2006), könnte man sozialer Desintegration und damit dem Zerfall der Gesellschaft insgesamt entgegenwirken.

5. Bildung als Ware und als Wunderwaffe im Kampf gegen die Kinderarmut?

Im angloamerikanischen Wohlfahrtsstaat gehört die Bildungs- seit jeher zur Sozialpolitik, in der Bundesrepublik zählt man sie zur Gesellschaftspolitik. Neuerdings steht dieses Verständnis von Bildungspolitik hierzulande im Kreuzfeuer der Kritik. Man spricht vermehrt von „Bildungsarmut" (Allmendinger 1999) und tut so, als könne eine gute Schulbildung oder Berufsausbildung verhindern, dass Jugendliche ohne Arbeitsplatz bleiben. Tatsächlich verhindern Bildungsdefizite vielfach, dass junge Menschen auf dem überforderten Arbeitsmarkt sofort Fuß fassen. Auch führt die Armut von Familien häufig dazu, dass deren Kinder keine weiterführende Schule besuchen oder sie ohne Abschlusszeugnis wieder verlassen. Armut in der Herkunftsfamilie führt bereits in der Sekundarstufe häufig zu Bildungsdefiziten der davon betroffenen Kinder (vgl. Hacket u. a. 2001, S. 107). Der umgekehrte Effekt ist sehr viel weniger signifikant: Ein schlechter oder fehlender Schulabschluss verringert zwar die Erwerbschancen, wirkt sich aber weniger nachteilig auf den Wohlstand einer Person aus, wenn diese vermögend ist oder Kapital besitzt.

Bildungsarmut, die in der Bundesrepublik besonders unter Kindern aus zugewanderten Familien grassiert (vgl. dazu: Auernheimer 2006), lässt sich nur verringern, wenn Schul- bzw. Weiterbildung als Kern einer fortschrittlichen Gesellschaftspolitik verstanden wird und eine strukturelle Benachteiligung deprivierter Kinder – wie sie das mehrgliedrige Sekundarschulsystem hierzulande aufgrund seiner sozialen Selektivität bedingt – unterbleibt. Bildungsbeteiligung ist ein Menschenrecht, aber zur Armutsbekämpfung nicht ausreichend und längst kein Garant für eine gesicherte materielle Existenz mehr.

Jutta Allmendinger und Stephan Leibfried (2002, S. 292) konstruieren einen Gegensatz zwischen der „nachträglich ausgleichenden Sozialpolitik" traditioneller Art und einer moderneren, investiven bzw. „präventiven und für das Humankapital ‚Bildung' produktiven Ausrichtung von Sozialpolitik", wodurch Ältere und Jüngere in Gegensatz zueinander geraten und ein „(Verteilungs-)Kampf der Generationen" um die knappen Haushaltsmittel droht. In Wahrheit ergänzen sich Bildungs- und Sozialpolitik bezüglich der notwendigen Inklusion von Kindern aus unterprivilegierten Elternhäusern, wirken also sinnvollerweise komplementär.

Man kann nicht einerseits Bildungs- als Sozialpolitik interpretieren und andererseits von der Schule über den Weiterbildungssektor bis zur Hochschule alle Institutionen dieses Bereichs privatisieren (vgl. dazu: Lohmann/Rilling 2002), ohne unglaubwürdig zu wirken. Denn das heißt letztlich, sie für Wohlhabende und die Kinder besser situierter Familien zu reservieren. Letztlich schließen sich das Prinzip „Markt" und das Prinzip „öffentliche Aufgaben in einem demokratischen Staat" aus, wie Bodo Zeuner (1997, S. 31) durchaus treffend bemerkt: „Wer z. B. das Bildungssystem in gegeneinander konkurrierende Unternehmen aufspaltet, die mit eigenen Budgets arbeiten und im Interesse der ‚Wirtschaftlichkeit' Gebühren von Studenten, vielleicht demnächst von Schülern, erheben dürfen, der stärkt nicht irgendwelche ‚Eigenverantwortlichkeiten', sondern baut das demokratische Recht auf gleiche Bildungschancen unabhängig vom Einkommen ab und entzieht letztlich der demokratischen Gesellschaft die Möglichkeit, ihre Ressourcen sozialstaatlich umzuverteilen."

Michael Opielka (2005, S. 145 f.) macht deutlich, dass die Debatte über die (Wieder-)Einführung von Studiengebühren und Schulgeld politisch-ideologisch motiviert und nicht frei von Mythen über das US-amerikanische Bildungssystem ist. In einem Bildungssystem, das privatisiert und kommerzialisiert wird, stoßen Kinder nur noch auf Interesse, wenn sie bzw. ihre Eltern als möglichst zahlungskräftige Kunden firmieren. Kontraproduktiv wirken auch die Beschneidung der Lernmittelfreiheit in mehreren Bundesländern und die Schließung von (Schul-)Bibliotheken aus Kostengründen. Je weniger die öffentliche Hand aufgrund einer falschen Steuerpolitik in der Lage ist, die materielle Unterversorgung von Familien zu kompensieren, umso mehr Kinder leiden unter Bildungsarmut.

Die negativen Auswirkungen von „Sparmaßnahmen" im Jugend-, Sozial- und Gesundheitsbereich wie auch bei den Bundeszuschüssen zum öffentlichen Nahverkehr (Kürzung der sog. Regionalisierungsmittel) beeinträchtigen die Zukunftsperspektiven der künftigen Generationen. Dazu zählt ebenfalls die Beschneidung der Bundeskompetenzen im Bildungsbereich, weil die Föderalismusreform durch ihren Rekurs auf das Konzept eines „Wettbewerbsföderalismus" einer desaströsen Konkurrenz zwischen den Bundesländern im September 2006 Tür und Tor geöffnet hat, was den (Hoch-)Schülern in finanzschwachen Ländern besonders schaden dürfte, können die guten Lehrkräfte doch leichter abgeworben werden. „Der Wettbewerbsföderalismus liefert (...) die schwächsten Mitglieder der Gesellschaft, die Kinder, endgültig dem Markt aus." (Roitsch 2006, S. 984)

Christof Prechtl und Daniel Dettling (2005, S. 9) beklagen, dass die Bundesrepublik sechs Mal soviel Geld für Soziales wie für Bildung aufwendet, sehen sie doch in Letzterer den Schlüssel zur Bekämpfung der (Kinder-)Armut:

„Da zwischen Bildungsstand und Erfolg am Arbeitsmarkt ein klarer Zusammenhang besteht, produziert das deutsche Bildungswesen heute die Sozialfälle von morgen. Politisch bedeutet dies: Die Vermeidung von Bildungs-, nicht Einkommensarmut, ist die zentrale Herausforderung." Hier unterliegen die beiden Autoren freilich einem Irrtum: Was zum individuellen Aufstieg taugen mag, versagt als gesellschaftliches Patentrezept. Wenn alle Kinder mehr Bildungsmöglichkeiten bekommen, konkurrieren sie um die wenigen Ausbildungs- bzw. Arbeitsplätze womöglich nur auf einem höheren Niveau, aber nicht mit besseren Chancen. Folglich gäbe es am Ende mehr Taxifahrer mit Abitur und abgeschlossenem Hochschulstudium, aber kaum weniger Armut. Eine bessere (Aus-)Bildung erhöht die Konkurrenzfähigkeit eines Heranwachsenden auf dem Arbeitsmarkt, ohne jedoch die Erwerbslosigkeit und die (Kinder-)Armut als gesellschaftliche Phänomene zu beseitigen.

So wichtig mehr Bildungs- und Kulturangebote für Kinder aus sozial benachteiligten „Problemfamilien" sind, so wenig können sie das Armutsproblem lösen. Zwar werden die Armen häufig dumm (gemacht), die Klugen aber nicht zwangsläufig reich. Fehlende oder mangelhafte (Schul-)Bildung kann die Armut potenzieren und im Lensverlauf zementieren. Sie ist jedoch nur deren Auslöser, nicht die Ursache materieller Not. Bildung ist deshalb auch ein nur begrenzt taugliches Mittel, also keine Wunderwaffe im Kampf gegen die (Kinder-)Armut, weil sie zwar durch soziale Diskriminierung entstandene Partizipationsdefizite junger Menschen mildern, allerdings nicht verhindern kann, dass materielle Ungleichgewichte auf deren Arbeits- und Lebensbedingungen durchschlagen.

6. Fazit, Schlussfolgerungen und Gegenmaßnahmen

Bei der Kinderarmut handelt es sich um ein gesellschaftliches Problem, dem man letztlich nur politisch Einhalt gebieten kann, wiewohl es durch individuelle Fördermaßnahmen und (sozial)pädagogische Unterstützung zu lindern ist. Nötig sind mehr öffentliche Sensibilität für Verarmungs-, Marginalisierungs-bzw. Prekarisierungsprozesse sowie eine höhere Sozialmoral, die bis in die Mittelschichten hineinreichende Desintegrations-, Exklusions- und Deprivationstendenzen als Gefahr für den gesellschaftlichen Zusammenhalt begreift. Kinderarmut ist ein viel zu ernstes Problem, um seine Lösung den unmittelbar betroffenen Familien, überforderten Erzieher(inne)n und Lehrer(inne)n sowie finanziell ausgebluteten Kommunen zu überlassen, wo längst der Kämmerer die Sozialpolitik macht.

Für ein so wohlhabendes Land wie die Bundesrepublik ist Kinderarmut ein politisches Armutszeugnis, weil sie durch Präventions- bzw. Interventionsmaßnahmen zu verringern und ihr neuerliches Entstehen zu verhindern wäre.

Da sich Kinderarmut nicht *mono*kausal erklären und auf *eine* Ursache reduzieren lässt (vgl. hierzu: Butterwegge u. a. 2005, S. 11 ff.), kann sie nur *mehrdi*mensional bekämpft werden. Zu unterscheiden wäre nach unterschiedlichen Handlungsfeldern, auf denen die Maßnahmen ansetzen müssen. Gegenstrategien sind danach zu beurteilen, ob sie die Lebenssituation der Kinder umfassend und nachhaltig verbessern können. Weil punktuelle Interventionen der Problematik, die hier behandelt wird, nicht angemessen sind, plädiert Frank Bertsch (2002) für eine *integrale* Strategie der Armutsbekämpfung, die seiner Meinung nach drei Ziele zu verfolgen hat: die Sicherung der Chancen zur eigenständigen Lebensbewältigung, die Verteidigung des inneren Friedens und die Flankierung ökonomischer Modernisierungsprozesse. Bertsch (ebd., S. 12) differenziert zwischen Armuts*prävention*, zu der Bildung, Beratung und Beteiligung, die Vermittlung von Bewältigungsstrategien sowie die Reorganisation der Infrastruktur in kommunalen Lebensräumen gehören, und Armuts*bekämpfung*, die nicht über Einkommenstransfers allein erfolgen kann, sondern auch die (Wieder-)Herstellung der wirtschaftlichen und sozialen Handlungsfähigkeit von Betroffenen einschließt: „Armutsprävention und Armutsbekämpfung knüpfen an Spielräumen von Lebenslagen an; mit Optionen, die Defizite benennen, Verhaltens-, Lern- und Handlungsmöglichkeiten aufzeigen, Reserven an humanen Fähigkeiten und materiellen Ressourcen mobilisieren und Angebote an externer Hilfe erschließen."

Zwar gibt es keinen Königsweg aus der (Kinder-)Armut, aber zahlreiche Einzelmaßnahmen, um sie zu reduzieren. Ein arbeitsmarkt-, beschäftigungs-, sozial-, bildungs-, familien- und wohnungspolitischer Reformmix kann die Bundesrepublik „kinderfreundlicher" machen. Kinderarmut zu bekämpfen erfordert, Strukturen sozialer Ungleichheit zu beseitigen. Gerechter zu verteilen sind Erwerbsarbeit, Einkommen, Vermögen und Lebenschancen, um das weder individuell verschuldete noch schicksalhaft vorgegebene, vielmehr eindeutig gesellschaftlich bedingte Problem der Kinderarmut zu lösen. Längst überfällig ist ein Paradigmawechsel vom „schlanken", wenn nicht magersüchtigen, zum interventionsfähigen wie -bereiten Wohlfahrtsstaat, der mehr Verantwortung für die soziale Lage seiner Bürger/innen übernimmt. Das zu entwickelnde Gesamtkonzept muss auf der lokalen Ebene ansetzen, Politik und Verwaltung „vor Ort" einbinden sowie überregional vernetzt sein. Die materielle Hilfe für betroffene Kinder und Familien darf sich nicht auf monetäre Zuwendungen beschränken, sondern muss neben der sozioökonomischen die soziokulturelle Ebene berücksichtigen.

Nur wenn eine grundlegende Kurskorrektur erfolgt, vermag die Regierungspolitik den Trend zur sozialen Exklusion eines wachsenden Bevölkerungsteils umzukehren. Wer die Armut mit Erfolg bekämpfen will, muss die Reichen zur Kasse bitten, anders gesagt: eine Politik machen, welche dafür sorgt, dass jene nicht durch ständige Senkungen des Spitzensteuersatzes bei der

Einkommensteuer wie des Steuersatzes für Kapitalgesellschaften (Körperschaftsteuer) weiter entlastet, sondern durch die Wiedererhebung der Vermögensteuer und Anhebung der Steuersätze ihrer ökonomischen Leistungsfähigkeit gemäß zur Finanzierung sozialstaatlicher Aufgaben herangezogen werden.

Quellen- und Literaturverzeichnis

Allmendinger, Jutta (1999): Bildungsarmut. Zur Verschränkung von Bildungs- und Sozialpolitik, in: Soziale Welt 1, S. 35–50

Allmendinger, Jutta/Leibfried, Stephan (2002): Bildungsarmut im Sozialstaat, in: Günter Burkart/Jürgen Wolf (Hrsg.), Lebenszeiten. Erkundungen zur Soziologie der Generationen, Opladen, S. 287–315

Andreß, Hans-Jürgen/Kronauer, Martin (2006): Arm – Reich, in: Stephan Lessenich/Frank Nullmeier (Hrsg.), Deutschland – eine gespaltene Gesellschaft, Frankfurt am Main/New York, S. 28–52

Auernheimer, Georg (Hrsg.) (2006): Schieflagen im Bildungssystem. Die Benachteiligung der Migrantenkinder, 2. Aufl. Wiesbaden

Baumert, Jürgen (u. a.) (2001): PISA 2000. Basiskompetenzen von Schülerinnen und Schülern im internationalen Vergleich, Opladen

Bertsch, Frank (2002): Staat und Familien. Familien- und Kinderarmut in Deutschland, in: Aus Politik und Zeitgeschichte. Beilage zur Wochenzeitung *Das Parlament* 22-23, S. 11–19

Butterwegge, Christoph/Klundt, Michael/Zeng, Matthias (2005): Kinderarmut in Ost- und Westdeutschland, Wiesbaden

Butterwegge, Christoph (2006): Krise und Zukunft des Sozialstaates, 3. Aufl. Wiesbaden

Butterwegge, Christoph/Hentges, Gudrun (Hrsg.) (2006): Zuwanderung im Zeichen der Globalisierung. Migrations-, Integrations- und Minderheitenpolitik, 3. Aufl. Wiesbaden

Butterwegge, Christoph (2007): Rechtfertigung, Maßnahmen und Folgen einer neoliberalen (Sozial-)Politik, in: Ders. u. a., Kritik des Neoliberalismus, Wiesbaden, S. 135–219

Friedrich-Ebert-Stiftung/TNS Infratest Sozialforschung (2006): Gesellschaft im Reformprozess, Juli 2006, Rita Müller-Hilmer; http://www.fes.de/inhalt/Dokumente/061017_Gesellschaft_im_Reformprozess_komplett.pdf (31.7.2007)

Hacket, Anne/Preißler, Josef/Ludwig-Mayerhofer, Wolfgang (2001): Am unteren Ende der Bildungsgesellschaft, in: Eva Barlösius/Wolfgang Ludwig-Mayerhofer (Hrsg.), Die Armut der Gesellschaft, Opladen, S. 97–130

Lauterbach, Karl (2007): Der Zweiklassenstaat. Wie die Privilegierten Deutschland ruinieren, 2. Aufl. Berlin

Lohmann, Ingrid/Rilling, Rainer (Hrsg.) (2002): Die verkaufte Bildung. Kritik und Kontroversen zur Kommerzialisierung von Schule, Weiterbildung, Erziehung und Wissenschaft, Opladen

Opielka, Michael (2005): Bildungsreform und Sozialreform. Der Zusammenhang von Bildungs- und Sozialpolitik, in: ders. (Hrsg.), Bildungsreform als Sozialreform. Zum Zusammenhang von Bildungs- und Sozialpolitik, Wiesbaden, S. 127–155

Pinl, Claudia (2001): Wieviele Ernährer braucht das Land? – Familienpolitik als Wahlkampfschlager, in: Blätter für deutsche und internationale Politik 9, S. 1123–1130

Platte, Andrea/Seitz, Simone/Terfloth, Karin (Hrsg.) (2006): Inklusive Bildungsprozesse, Bad Heilbrunn

Prechtl, Christof/Dettling, Daniel (2005): Einleitung: „Wachstum durch Bildung – Chancen für die Zukunft nutzen!", in: dies. (Hrsg.), Für eine neue Bildungsfinanzierung. Perspektiven für Vorschule, Schule und Hochschule, Wiesbaden, S. 9–14

Roitsch, Jutta (2006): Föderaler Schlussakt. Von der kreativen Kooperation zum ruinösen Wettbewerb, in: Blätter für deutsche und internationale Politik 8, S. 977–984

Spieß, C. Katharina (2005): Die Betreuung in Kindertageseinrichtungen: Ein Ausbau ist notwendig und muss auch öffentlich finanziert werden, in: Christof Prechtl/Daniel Dettling (Hrsg.), Für eine neue Bildungsfinanzierung. Perspektiven für Vorschule, Schule und Hochschule, Wiesbaden, S. 37–45

Trauernicht, Gitta (1995): Armut von Kindern und Jugendlichen und kommunale Jugendpolitik, in: Karl-Jürgen Bieback/Helga Milz, (Hrsg.), Neue Armut. Frankfurt am Main/New York 1995, S. 220–234

Wagenknecht, Sahra (Hrsg.) (2007): Armut und Reichtum heute. Eine Gegenwartsanalyse, Berlin

Weiß, Hans (2005): „Frühe Hilfen" für entwicklungsgefährdete Kinder in Armutslagen, in: Margherita Zander (Hrsg.): Kinderarmut. Einführendes Handbuch für Forschung und soziale Praxis, Wiesbaden, S. 182–197

Winkler, Michael (2005): Bildungspolitik nach PISA, in: Michael Opielka (Hrsg.), Bildungsreform als Sozialreform. Zum Zusammenhang von Bildungs- und Sozialpolitik, Wiesbaden, S. 23–43

Zeuner, Bodo (1997): Entpolitisierung ist Entdemokratisierung. Demokratieverlust durch Einengung und Diffusion des politischen Raums. Ein Essay, in: Rainer Schneider-Wilkes (Hrsg.), Demokratie in Gefahr? – Zum Zustand der deutschen Republik, Münster, S. 20–34

Schwerfällige Gedanken –
Verteilung der Verantwortung für Kinder

Henning Günther

Die Verantwortung für Kinder

Ein Fall

„Lena ist 9 Jahre alt. Die Schulleistungen sind mittelmäßig. Sie ist in der Schule fast unsichtbar. Sie fehlt häufig und das fällt kaum jemandem auf. Von ihren Eltern wird sie, wenn sie denn kommt, zu Fuß zur Schule gebracht und abgeholt. Der Vater ist klein, rund und hat einen langen Pferdeschwanz, die Mutter ist klein und rund, sie wird von dem Mann dicht an seiner Seite gehalten und sagt nie etwas. Sie war wohl früher auf einer Schule für Lernbehinderte. Es wird erzählt, sie sei depressiv. Die Familie ist dem Jugendamt bekannt, weil die Sozialhilfe regelmäßig nach 10 Tagen verbraucht ist, angeblich wird Pizza ins Haus gebracht, solange das Geld reicht, was aber vor allem durch Anrufe des Mannes bei Sex-Lines aufgebraucht werde. Danach geht das Paar in einer bestimmten Reihenfolge an die Türen zu karitativen Einrichtungen und Privatpersonen und holt Essen und etwas Geld. Als Lena wieder eine Woche nicht in die Schule kommt, geht die Lehrerin, unterstützt von einem Kollegen, zur Wohnung. Nach hartnäckigem Klingeln wird geöffnet. In Hintergrund hört man den Fernseher und anscheinend läuft ein Pornofilm. Der Vater kommt zur Tür, er ist ganz höflich und beflissen. Seine Tochter sei wieder gesund und werde morgen zur Schule kommen. Die Lehrer wollen sie sehen, sie kommt im Schlafanzug zur Tür und nickt zu allen Fragen. Sie sei krank gewesen, heute wieder gesund und werde morgen kommen. Einige Tage kommt sie regelmäßig, dann wieder in Abständen."

Das aktuellste Thema in diesen Tagen in den Medien ist die Verantwortung der Jugendämter. Fast jeden Tag wird berichtet über Prozesse, Ermittlungen oder aktuelle Funde und Ereignisse zu Kinderleichen, verhungerten oder misshandelten Kindern. Als in den 1970-er Jahren ein radikales Jugendhilfegesetz vorgelegt wurde, gehörte ich zu den einflussreichen Personen, die eine Verabschiedung verhindert haben. Das lag daran, dass damals mit der Machtverschiebung in Erziehungsfragen von der Familie hin zum Staat zugleich eine bestimmte ideenpolitische Auffassung von Erziehung („emanzipatorische Bewegung") durchgesetzt werden sollte. In den Blick wurde nicht die Hilfe für Kinder gerückt, sondern das ideenpolitische Selbstverständnis der Mitte der Gesellschaft. Das Kind sollte durch seine Selbstbestimmung die Familie zu einer partnerschaftlichen umwandeln, mit Unterstützung der Träger der Jugendhilfe.

Sieht man zu dem Mädchen, Lena, habe ich den Eindruck, dass eine Verwirklichung des Gesetzesentwurfs damals ihr heute nicht helfen könnte. Sie kann nicht Trägerin der Emanzipation und Transformation ihrer Familie sein. Irgendjemand ist aber für ihr Wohl verantwortlich, die Schwäche der Eltern ist eklatant und deren Stärke im Überlebenskampf geht für das Kind in die falsche Richtung. Wer aber löst das aus, dass sie Hilfe bekommt?

Der Prozess der Vergesellschaftung der Gesellschaft geht seit Jahrzehnten weiter. Die Trennung von weitestgehender privater Verantwortung für die Lebensgestaltung und öffentlichen sozialen Aufgaben wird zunehmend aufgelöst. Lebenswege, die unbemerkt vom Staat gelebt werden, sind selten geworden. Ich habe einen solchen Freeliner kennen gelernt, ein geschickter Handwerker, irgendwie deutscher Staatsbürger, aber allen Versicherungen, Ämtern, Rechten und Pflichten entkommen. Das sieht man mit Respekt, aber die moderne Gesellschaft muss einen anderen Weg gehen. Es darf nicht sein, dass auch nur ein Kind ohne Menschen aufwächst, die mit besten Kräften für sein Wohl tätig sind. Die Anklage gegen die Jugendämter ist selten berechtigt, denn die Verantwortung für das einzelne Kind kann nur jemand übernehmen, der sich auf diesen einzelnen Menschen konzentrieren kann. Kinder brauchen von Geburt an Paten, auch die Kinderärzte, die jetzt in die Pflicht genommen werden sollen, können diese Aufgabe nicht übernehmen. Es geht ja nicht nur um das Aufmerksam-Werden auf Probleme, sondern um das komplexe Fördern des einzelnen Kindes in seiner einzigartigen Situation.

Die „richtige" Pädagogik

Nun unterstellt die Forderung nach solchen Paten, dass es das Richtige gibt, für das die Paten stark gemacht werden. Ich bin mir sicher, dass es dieses Richtige gibt. Ich bin Vater von sechs Kindern und darin erfahren, mit eigener Wertorientierung und stetigem wissenschaftlichen Aufgeklärt-Werden von den Kindern zu lernen, was sie für ihr Wohl und Entwickeln brauchen.

Die richtige Pädagogik für sozial Benachteiligte ist bekannt und unterscheidet sich nicht von dem Richtigen für alle Kinder. Versetzen wir Pädagogen sie in eine warme, herzliche Umgebung des Mögens, bringen wir sie durch Humor, durch Komik zum Lachen, geben wir ihnen lösbare Aufgaben – so einfach ist das doch. Es gibt Formeln wie „Förderung der Leistungsbereitschaft durch hohe Erwartung bei geringer Kontrolle". Oder: „Die Erzieher bilden eine Koalition". Oder: „Urvertrauen entsteht durch Bindung, Freiheit durch Ausstoßung, Selbstsicherheit durch Delegation". Über erfolgreiches Lernen und Unterrichten wissen wir gut Bescheid. „Classroom management" ist eine aktuelle Wendung für erfolgreichen Unterricht. Die Lernsituation ist selbsterklärend und strukturiert, Konzentration wird gefördert, Anstrengungsbereitschaft durch Freude an Lernerfolgen unterstützt. Da ist eine respektable Person, für deren Zuwendung ich lerne. Richtiges wird beachtet, Falsches nicht.

Nun ist es aber schwer, das Richtige zu tun. Der auffallende Grund dafür ist, dass Pädagogen immer zu spät kommen. Die Situation ist schon verdorben. Kinder haben Schaden genommen, viele leben anscheinend unverrückbar in widrigen Verhältnissen. Viele Erbanlagen hindern uns, unserem Wohl entsprechend zu leben und gut für andere zu handeln. Die Erzieher selber haben nicht die Freiheit gewonnen, das Richtige nicht nur zu wollen. Sie waren selber Kinder im Falschen, umgeben von Erziehern, die so verkorkst sind wie ihre Vorfahren allesamt.

Ein Fall

„Kevin ist 9 Jahre. Er kommt regelmäßig zur Schule, begleitet von seiner jüngeren Schwester, seinem getreuen Satelliten. Das Mädchen ist unauffällig und still. Kevin aber ist ein Teufel. Er macht kaputt, er schlägt, er hat eine brutale Sprache drauf, Unterricht verbringt er in Intervallen des „in die Klasse – aus der Klasse" an einem Tisch in der hintersten Ecke und vor allem vor der Tür. Die Lehrerin gilt als Genie des offenen Unterrichts und der Wochenplanarbeit. In ihrer Klasse ist es immer ruhig, getrotzt der Tatsachen, dass es in der Klasse nicht nur Kevin gibt, sondern noch 8 andere Schüler und eine Schülerin, die durch ihr Verhalten den Wunsch nach einer Schule für Erziehungshilfe auszudrücken scheinen. Die Lehrerin wird schwanger, eine Aushilfslehrerin übernimmt die Klasse. Sie setzt das extrem streng realisierte Regelverhalten außer Kraft und in der Klasse bricht nach erstauntem kurzem Atemanhalten das Chaos aus. Die Lehrerin geht zu geführtem Unterricht über, entwickelt Nähe und Vertrauen zu allen Schülern. Bald sind die positiven Kräfte ihre Fans, die Verhaltensschwierigen schließen verschiedene persönliche ausdrückliche oder implizite Verträge mit ihr. Ein Problem ist, dass nach der Mutterschaft die Lehrerin wieder kommen will und einen erstaunlichen Dreckhaufen in Schreibtisch, Schränken und Regalen, Kisten und Mappen, Dekorationen und Werken zurückgelassen hat, der liegen bleiben soll. Weil man sich in der Klasse kaum bewegen kann, läßt die Neue nach Monaten des Bittens schließlich einen Kleinlaster mit allem beladen und zur Wohnung der Lehrerin bringen.

Nur Kevin bleibt unzugänglich. Aber es stellt sich heraus, dass er sehr intelligent ist und leicht lernt. Der Junge reagiert überrascht auf diese Tatsache. Sie eröffnet ihm, dass er eine Zukunft auf dem Gymnasium haben kann. Inzwischen hat sie erfahren, dass die Mutter drogenabhängig ist und trinkt. Sie hat regelmäßig nachmittags Herrenbesuch. Die Herren schenken den Kindern zwar Geld, aber die beiden müssen viele Nachmittage in der Nähe der Wohnung draußen herumstreichen, auch bei bitterster Kälte. Kevin hat keinerlei Schulmaterial, die Lehrerin kauft ihm eine Ausrüstung. Wenn er davon etwas nach Hause mit nimmt, ist es verloren. Die Kleidung der Kinder ist unzulänglich. Sie wendet sich an die Schulleitung, die sich mit dem Jugendamt in Verbindung setzen soll. Die Schulleitung lehnt das ab, es wäre typisch für Aushilfen, dass sie die Welt retten wollen. Denn die Mutter schreibt perfekte Schriftsätze und ist rhetorisch höchst gewandt, wunderschön (wie auch Kevin) und perfekt gekleidet, wenn sie in Kontakt mit der Schule tritt."

Ich habe diese Dinge geschrieben, um die These zu verdeutlichen, dass man nur selten das Richtige tun kann, weil man schon immer in Situation ist.

Zugleich will ich mit diesem Fall weiterführen zu der Behauptung, dass das Richtige nicht nur an den Umgebungen aufprallt, sondern selber von tiefen Antagonismen durchzogen ist. Was haben die verfaulenden Reste der Lehrerfrühstücke im Schreibtisch einer Person zu suchen, die sich durch die Erfolge ihrer strengen Klassenordnung Ruhm verschafft hat? Warum ist eine offensichtlich brillante Person eine so katastrophale Mutter? Warum ist Kevin nicht dumm und schmutzig, sondern begabt und ein tapferer Bruder? Warum gibt es für ihn keine Rettung? An dem Richtigen klebt das Falsche. Die Bindung wird zum Klammern, die Ausstoßung zur Angst, die Delegation zur sektiererischen Fremdsteuerung. Classroom management realisiert sich als klaustrophobe Höhle. Der Widerspruch liegt im Erziehen selbst, wo unüberwindlich Ziel und Mittel einander widersprechen. Nimmt man nun das Abstrakt dieser Behauptung, ist man bei einem „Dialektik" genannten Prozess und dann muss man mit dem Philosophen Hegel noch weiter gehen und akzeptieren, dass diese Dialektik nicht eine des Erziehens ist, sondern den Lebensprozess überhaupt beschreibt. Das philosophische Szenario wäre dann zu ergänzen durch die existenzialistisch genannte Erkenntnis, wie oben behauptet, dass wir schon immer Geworfene sind in Umgebungen, nicht ohne Ekel, folgt man Jean-Paul Sartre.

Nun wird der Dialektik entgegengehalten, dass sie unnötig radikal ist. Die Antwort des Pragmatismus in der Antike ebenso der chinesischen Weisen war eine andere: das rechte Maß halten. Nicht zu viel tun und nicht zu wenig. Für die Pädagogik scheint mir aber unerheblich, welcher Sichtweise man folgt, im Handeln läuft es auf dasselbe hinaus. Dieses Seichte, Sensible, Halbherzige der pädagogischen Intervention ist deshalb geboten, weil im Erziehen die einfache Kausalität von Verursachen und Bewirken fehlt. Die Situation des Erziehens ist hyperkomplex und deshalb wird man nie das Extrem auf die Spitze treiben, um das Entgegengesetzte zu provozieren, sondern Maß halten. Wenn in den Emotionen des Erziehens der unaufhaltsame Prozess der Radikalisierung liegen sollte, wie von der Dialektik behauptet, wird man trotzdem versuchen, diesen Prozess abzubremsen.

Soweit, so altersweise. Mir kommen aber Zweifel, ob das Maßvolle der Pädagogik auch für die sozial Ausgeschlossenen richtig ist. Ich habe eine Lehrerin vor Augen, die in ihrer Grundschulklasse ein Mädchen mit sonderpädagogischen Förderbedarf hatte. Alles war schwer, Armut, apathische Eltern, körperliche Ausfälle, schlechte Lernleistungen, keine Akzeptanz des Kindes in der Klasse. Die Lehrerin wuchs zunehmend in die umfassende Verantwortung hinein. Sie bezahlte das Essen, sorgte für Kleidung, intensivierte ihre Lehranstrengungen mit dem Kind in die Freizeit hinein, übernahm in der Familie Verantwortung, arrangierte Fördermaßnahmen, schließlich stimmte sie dem Schulwechsel in eine Sonderschule zu, wo das Kind, wie seine Mutter sagte, erstmals nach Jahren wieder Lachen lernte. Die Lehrerin wollte auch in der Sonderschule weiter das Essen bezahlen usw., was aber nicht nötig war. Dieser Weg ins Extrem der Gefühle scheint mir richtig und bewunderungswürdig. Und getreu der Dialektik trat das Gegenteil hervor: die mit aller Energie forcierte Integration brachte die Besonderheit der Beschulung als notwendig hervor.

Konstruktivismus – eine fröhliche Wissenschaft

Nun wird man durch solche Namen wie Hegel und Sartre auf mein Alter schließen und vermuten, dass meine Sozialisation zu früh stehen blieb, um mich den frohen Botschaften des Konstruktivismus öffnen zu können. Von Konstruktivisten umgeben – und das seit einigen Jahren. In den Berufungskommissionen der letzten Jahre, in denen ich tätig war, konnte ich erstaunt feststellen, dass es nur noch Konstruktivisten gibt, wenn es auch oft fadenscheinig angeklebt daher kam. Man nehme mir das ab, nicht als Übertreibung, die Quote lag tatsächlich bei 100 Prozent. Fröhlich scheint mir diese Wissenschaft, weil es nie so leicht war, einer zu werden. Man erklärt sich einfach dazu: „Als Konstruktivist gehe ich davon aus, dass die Wirklichkeit eine Konstruktion von Beobachtern ist." (Stefan Neubert, S. 64 in Stefan Neubert/Hans-Joachim Roth/Erol Yildiz/Hrsg.: Multikulturalität in der Diskussion – Neuere Beiträge zu einem umstrittenen, Konzept, 2. Auflage, Wiesbaden 2008).

Es ist nicht willkürlich, bei dem Thema der sozial Ausgeschlossenen den Konstruktivismus heranzuziehen, denn bedeutsame Reflexionen von Konstruktivisten zum dem Thema liegen vor.

Was ist am Konstruktivismus so faszinierend? Das ist die Möglichkeit, die Realität zu verabschieden. Ob nun radikaler oder gemäßigter Konstruktivismus, die Botschaft ist, dass sich das Gehirn seine eigene Wirklichkeit konstruiert. Philosophisch hat es dieses Gedankenexperiment schon immer gegeben und es hat auch zu verblüffend spitzfindigen, spekulativen und niveauvollen Diskussionslagen geführt, z. B. im 18. Jahrhundert. Der Vorteil des heutigen Konstruktivismus ist, dass man diese Diskussionen nicht zu kennen braucht, weil sich alle Begründung durch die Behauptung ersetzen lässt, dass die moderne Gehirnforschung dieses Konstruieren der Realität in jedem Gehirn – und zwar in jedem anders – nachgewiesen habe. Ich habe mich seit 20 Jahren mit Gehirnforschung beschäftigt und nicht den Eindruck, dass sie den Richtigkeitsbeweis für den Konstruktivismus erbracht hat oder erbringen will. Das ist hier aber nicht Thema, sondern ob Konstruktivismus eine geeignete Metatheorie für eine Pädagogik der sozial Ausgeschlossenen ist.

Ein Gewinn des Gedankenexperiments ist sofort einleuchtend: Wenn die Realität aus subjektiven Konstrukten entsteht, gibt es grundsätzlich keine Normalität im Gegensatz zum Außenseiter. Alles ist besonders und so unterstützt der Konstruktivismus ideenpolitische Begriffe wie Pluralismus, Relativität, Postmoderne, offene Gesellschaft, Toleranz. Zusammengefasst im Bereich der Pädagogik ist das mit dem Begriff der „Differenz".

Ich habe viele Konstruktivisten kennen gelernt und dabei auch einen gefunden, der diese Tugenden des Geltenlassens der Differenzen tatsächlich ausstrahlt. Die anderen aber benutzen das Konstrukt anders. Weil es ja jedem Gehirn frei steht, sich zu konstruieren, lässt sich damit eine rechthaberische Überhitzung und Selbstverliebtheit des eigenen Kopfes rechtfertigen. Man muss sich gar nicht rechtfertigen, sondern hat (subjektiv) immer Recht. Denn wer will das Konstrukt des anderen bestreiten? Unrecht haben zwangsläufig nur alle, die den Konstruktivismus bestreiten.

Pädagogik aus der Sicht des Konstruktivismus wäre dann, die jungen Menschen darin zu bestärken, sich selbst zu vertrauen. Sozial Ausgeschlossenen wird Mut gemacht, sich nicht an den Maßstäben anderer zu messen und zu definieren, sondern dem eigenen So-Sein dieselbe Würde zu geben, wie sie jedem So-Sein zukommt. Die Kategorie des Defizitären verschwindet aus der Pädagogik.

Ein Fall

„Ein vierzehnjähriges Mädchen aus der Karibik kann von ihrer Mutter nach Deutschland nachgeholt werden. Leidi ist nun schnell Deutsche und wird auf einer Hauptschule eingeschult. Sie spricht und schreibt spanisch, lernt auch recht schnell, sich in deutsch mündlich kompetent zu äußern, obwohl in der Familie nur spanisch gesprochen wird und sich ein spanischer Freundinnenkreis aufbaut. Nach zwei Jahren verlässt sie die Hauptschule mit einem Abgangszeugnis. Durch das Engagement einiger Deutscher an den richtigen Stellen kann sie ein freiwilliges soziales Jahr an einer Klinik anschließen. Dort hat sie sofort ein hohes Ansehen, sie ist schnell, fröhlich und zuverlässig, Rassismus wegen ihrer Hautfarbe gibt es nicht – im Gegenteil, sie ist bei den Patientinnen besonders beliebt. Die Klinik möchte ihr eine Ausbildung anbieten und sie wird zur Personalabteilung bestellt, eine Formsache. Der Bearbeiter sieht das Abgangszeugnis und erklärt, dass es unmöglich ist, ohne den Hauptschulabschluss eine Ausbildung zu beginnen, man würde sie ja nur wegen ihrer erwiesenen Eignung den vielen Gymnasiasten vorziehen. Der Versuch, an der Volkshochschule noch in den Jahreskurs für den Hauptschulabschluss zu kommen, scheitert, weil der Termin verpasst ist. Sie soll ein Jahr warten. Zahlreiche Bewerbungsschreiben für Ausbildungsplätze finden keine Resonanz."

Ist nun der Konstruktivismus hier hilfreich? Ich meine, dass er wegen seiner Erschleichung der Wirklichkeit kontraproduktiv ist. Das Mädchen mag sich eine eigene Realität konstruiert haben: Sie gehört zur spanischen Kultur, ist kompetent, hübsch, in eine Peergroup integriert, empfindet und handelt sozial. Aber sie ist ausgeschlossen.

Was sagt die konstruktivistische Pädagogik dazu?

„Die geforderte Offenheit für Dissens und Pluralität erfordert im Blick auf Multikultur immer auch die Bereitschaft, sich auf die durch Machtasymmetrien und ungleiche Anerkennungsprozesse erzeugten Ambiguitäten hybrider Zwischenräume einzulassen, in denen sich die multikulturelle Phantasie eines anything goes an der Unmöglichkeit der marginalisierten Position bricht, sich zur rechten Zeit und on equal terms zur Artikulation zu bringen. Die Sensibilisierung für diese innere Grenze kultureller Ungleichzeitigkeit scheint mir eine Voraussetzung dafür zu sein, kulturelle Pluralität nicht nur abstrakt zu fordern, sondern gerade auch für marginalisierte Gruppen innerhalb der multikulturellen Gesellschaft der Gegenwart in zunehmenden Maße lebbar zu machen." (Neubert 2008, S. 94).

Im Fall von Leidi wäre es notwendig gewesen, dass die Familie die Radikalität der Einwanderung akzeptiert und sich auf Deutschsprachigkeit umstellt. Die Hauptschule hätte nie hinnehmen dürfen, dass eine normal begabte Schülerin mit einem Zeugnis ohne eine einzige ausreichende Note abgeht. Die Klinik hätte eine Probezeit vereinbaren können und ein die Ausbildung begleitendes Training für den Hauptschulabschluss ermöglichen sollen, die Volkshochschule hätte einen nachträglichen Eintritt in den Kurs erlauben sollen. „Sensibiltät", „Ambiguität hybrider Zwischenräume" – solche Formeln gaukeln die konstruierende Machbarkeit der Wirklichkeit vor. Alle Beteiligten waren ja sensibel und hybride, fürs Spanische, für Messbarkeit von Lernleistungen, für Abiturienten, denen man keinen Platz wegnehmen darf und für Eintrittsbedingungen. Alle gesellschaftlichen Prozesse sind durch Hierarchien strukturiert. Die sozialwissenschaftliche Utopie, dass die Gesellschaft nicht mehr hierarchisch Entscheidungen organisiert, sondern die Entscheidungen von den Betroffenen untereinander ausgehandelt werden (Erol Yildis), ist eine schlechte, weil sie unter den Bedingungen der Knappheit alles umkämpft macht und jede Gerechtigkeit verloren geht. Wie soll der Personalchef der Klinik entscheiden, wenn er mit Leidi und den konkurrierenden Gymnasiastinnen verhandelt hat? Nur Korruption böte einen Ausweg.

Gelten kulturelle Orientierungen für alle?

Zwei Fälle

„Auf dem Schulhof einer Gesamtschule geht ein russischer 16-Jähriger auf einen deutschen Mitschüler (Punkfrisur, Klamotten „88") zu. „Hast du was gegen Ausländer?" „Was willst du von mir?" „Du bist rechtsradikal oder?" „Das geht dich einen Scheißdreck an!" Der Russe schlägt ihn zu Boden und tritt mehrmals zu. Er wird vom Klassenlehrer zur Schulleitung gebracht, von dort nach Hause geschickt und die Eltern zu einem Gespräch in die Schule aufgefordert, was sie ignorieren. Der Rechtsradikale sagt am nächsten Tag zu seinem Freund, einem Schwarzen: „Ich soll Anzeige erstatten. Das kann ich nicht machen. Der Russe ist zu mir gekommen und hat gesagt: „Wenn du mich anzeigst, komme ich mit meinen Freunden und schlage dich tot."

„Auf einer Sonderschule für Körperbehinderte ist ein 16-Jähriger der beliebteste Schüler, von vielen Jüngeren nachgeahmt und den Lehrern geschätzt. Er ist ein guter Hauptschüler, seine Körperbehinderung besteht in seinem Schwulsein. Er sieht toll aus, enge, bunte Klamotten. Die Selbstinszenierung als Schwuler hat er ins Sprache und Gestik perfekt drauf, er besucht regelmäßig eine Schwulendisko in der nächsten Großstadt. Er ist sehr gut in Karaoke und Tanz. Die Hauptschule musste er verlassen, weil er dort von Mitschülern gequält und verfolgt wurde. Ihm ist eine Lehrstelle im Friseurhandwerk zugesichert, worauf er sich freut."

Ich möchte die beiden Fälle in Beziehung setzen zu der Frage der universalen Gültigkeit kultureller Normen und damit Erziehungszielen und Methoden.

Georg Auernheimer entwickelt ein Plädoyer für diskursive Universalien und eine die Globalisierung begleitende gemeinsame Wirklichkeitskonstruktion. Aus dieser Sicht ist der Kampf auf dem Schulhof zum Teil eindeutig zu beurteilen. Gewalt unterliegt einem universalen Verbot, das in jeder Kultur gelten muss. Eltern müssen zur ihrer Erziehungsverantwortung stehen. Der Rechtsstaat muss alle Bürger wirksam schützen, so dass Drohungen nicht gefürchtet werden müssen.

Schwieriger wird es bei der Frage der Provokation durch Symbole. Eine reale Vorgeschichte hat der Angriff nicht, es ist auch diffus, ob der „Rechtsradikale" mit der symbolischen Provokation irgendeine Handlung verbinden will. Eine Universalie, die missliebige Symbole verbietet, ist schwer zu formulieren, weil die Missliebigkeit eine unscharfe Grenzziehung zur Toleranz hat und überhaupt zwischen symbolischer und realer Handlung unterschieden wird. Die Schule sollte herausfinden, wie die Aufmachung des Schülers zu der politischen Bildung im Unterricht passt und wie er sich ethisch orientiert – ganz daneben liegen kann er nicht, wenn sein bester Freund ein Schwarzer ist, der auch mit der Russengruppe gut reden kann.

Der Fall des Anderssein ist durch eine Universalie „Leben ohne Befremden" nicht so leicht analysierbar. Wir sind hier in einer Welt von Gefühlen und Phantasien, wir sind in der Natur. Auernheimer macht den interessanten Versuch, einen Autor einer deutschen Tradition (Herder) vor einer Verurteilung als Nationalist zu schützen. (In: Neubert et. al. 2008, S.159 ff) Bei Herder findet er eindrucksvolle Aussagen wie „Die Natur hat allenthalben ihren Zweck erreicht oder sie erreicht ihn nirgends." Das würde dann auch für jede sexuelle Orientierung gelten, wenn sie der ganzheitliche Ausdruck der Natur eines Menschen ist, wie in dem obigen Fall anzunehmen. „Was einem Menschen gleichgültig vorkomme, zieht den anderen, und so hat jedweder eine Welt des Genusses um sich...".

Und doch lässt sich das Geschehen nicht so leicht auflösen, weil der Junge nur in der Welt der Schwulen sicher zu sein scheint. Der Spott und die Abneigung, die Aggressivität, die ihn aus der Welt der anderen vertrieben haben, sie sind Sexualität, also Natur, Imagination, Gefühl. Mag der Konstruktivist an den Konstruktionen pädagogisch arbeiten und so bilden und erziehen, aber das ist das Kognitive, die Kopfgeburt der Realität. Unsere Gefühle, unsere Natur – sind sie auch unserem Konstruieren zugänglich?

Wenn es zu schwer ist, die Differenz, das Fremde zu ertragen, ist es klug, in konfliktärmere Lebensbereiche auszuweichen. Es ist zu viel verlangt, jede Differenz im realen Leben in mir aufzunehmen und sie in eine Differenz in mir umzuwandeln. „Wer alles versteht, muss alles verzeihen", diese in Therapiesituationen angebrachte Maxime kann nicht als Pädagogik universalisiert werden. Deswegen scheint mir in vielen Konflikten das Leben selber das richtige Skript zu schreiben, Pädagogik kann es nur ausweichend begleiten.

Die Wohltat der Medien

Pädagogen haben sich gern darauf verständigt, dass die modernen Medien für die Entwicklung der jungen Menschen eher hinderlich sind. Abhängen vor dem Fernseher statt Lesen, Handy am Ohr statt Zuhören-Können, Zudröhnen mit dem Player statt Lernkonzentration, konsolenspielsüchtig, ICQ statt Freunde treffen, Internetsurfen statt Draußen-Kindheit, Designer-Fashion statt innerer Werte, das sind solche Unterstellungen. Andererseits wird aber auch gesehen, dass die sozial Ausgeschlossenen vor allem von teuren Jugendmedien ausgeschlossen sind.

Ein Fall

„Der dreizehnjährige Sebastian hat Schwierigkeiten mit Menschen. Er hat früher schwer sprechen gelernt, auch jetzt spricht er plötzlich und leise und sehr schnell, ohne einen Zusammenhang mit dem Angesprochenen herzustellen. Er sagt sehr oft krass, was andere falsch machen. Er bewegt sich eckig und seltsam, obwohl er sportlich partiell begabt ist. In der Grundschule saß es anfangs immer unter dem Tisch und nahm nicht am Unterricht teil. Aber ganz früh war er Experte mit dem Computer. Er wurde deshalb als hochbegabt angesehen und vorversetzt, was aber keins der Probleme löste. Er ist ein Ausgeschlossener, obwohl in einer Mädchengruppe akzeptiert. Er betreut eine öffentliche Website. Sie stellt vor allem seine Verbindung zur Welt der anderen her. Es fiel diagnostisch das Wort „Autismus"."

Mit diesem Fall will ich darauf hinweisen, dass für die sozial Ausgeschlossenen die modernen Medien unersetzlich wichtig sind. Die modernen Medien sind die Welt der anderen, in der ich unbedingt anwesend sein muss, damit ich überhaupt da bin. Ein als geistig behindert Eingestufter schreibt seiner Lehrerin täglich eine E-Mail (Wie geht es dir, mir geht es gut) und er bekommt Antwort. Trotzdem ist seine erste Frage täglich, ob seine Mail angekommen ist, und er ist glücklich. In einem Reisebus kommen zwei Jugendliche ins Gespräch. Die plötzliche Trennung, kein Problem: „Mein Nickname bei ICQ ist...".

Empirische Befunde zur Schädlichkeit der modernen Medien sind dürftig. Es ist im Gegenteil so, dass der Normwert für Durchschnitt im Intelligenztest wieder angehoben werden musste, wie stetig seit 1900. Gewalt und sexuelle Perversion in den Medien unterstützen den, der dafür empfänglich ist. Die Medien rufen das Schädliche nicht hervor, auch das Gute nicht, sondern sie geben den Optionen Richtungen, Vorstellungen, Symbole. Gerade erst wurde ein neuer Spendenrekord für gemeinnützige Zwecke nach einer Fernsehsendung gemeldet.

Ein Handy, auch wenn man kein Geld für eine Karte hat, ist für ein Schulkind besser als kein Handy. Es ist enorm wichtig, dass man die Fernsehsoap gesehen hat, die die anderen gesehen haben. Eine alleinerziehende arbeitslose Mutter hat eine Bezugsquelle für Secondhand-Designerklamotten und damit tut sie ihrem 8-Jährigen Sohn den größten Gefallen.

Der Satz „Das Medium ist die Botschaft" wäre dann heute treffender denn je. Denn die Botschaft jeden Mediums ist, dass Menschen in Vermittlung eintreten. Wer Zugang zu den modernen Medien hat, ist nicht ausgeschlossen. Aber die polemische Spitze dieses Satzes führt dennoch ins Falsche. Er wollte ja aussagen, dass die transportierten Inhalte belanglos und austauschbar sind. Zwar lassen sich die Menschen durch die Medien wegen deren Pluralität und Widersprüchlichkeit nicht manipulieren, aber insgesamt versetzen die Medien die Menschen in eine ethisch erregte Umgebung. Spannend sind Kontroversen und Kontroversen machen wertsensibel. So tritt neben das Argument der Anerkennung und Zugehörigkeit als Wohltat der Medien für sozial Ausgeschlossene das Argument der Bildung. Bildungsfern aufwachsende Kinder entnehmen den Medien mehr Informationen, Anregungen und Orientierungen als andere. Sie haben dadurch Zugang zu der Normalität, selbst wenn sie in einer perversen persönlichen Umgebung leben müssen. Kinder haben das Talent, sich gegenüber dem Schlimmen und Unfähigen der Erwachsenen abzuschirmen. Dabei können die Medien ihnen helfen: Lieber in einer heilen Traumwelt leben als in einer grausamen Wirklichkeit. Die Dinge liegen aber noch einfacher, denn die Welt der modernen Medien ist keine irreale Traumwelt, sondern das zu mir Komende gibt es wirklich und tröstlich, die Stimme am Handy, die Botschaft im Chat, die Boygroup, das magische Schwert im Computerspiel, die Eifersucht in der Soap.

Wenn der Zugang zu den Medien so wichtig ist, führt das zu der Bedeutung des Geldes für die sozial Ausgeschlossenen.

Geld löst alle Probleme

Geld ist ein abstraktes und leeres Medium (mit einer sexuellen Botschaft), durch das sich die Menschen mit Gütern, die Menschen untereinander in Dispositionen, Arbeitsteilung und Solidarität, die Weltprovinzen sich gegeneinander vermitteln können. Das Geld neutralisiert die mitgegebenen Ansprüche dessen, der sich und seine Leistung in Geld verwandelt. Das Geld gibt in seiner Vermittlung die Beteiligten frei. Frei ist auch der stürmische Lauf des Geldes durch die Hierarchie der Märkte. Es ist häufig die Freiheit von Piraten. Dennoch geht gerade vom Geld bei der Geilheit der Handelnden eine rationalisierende Wirkung aus, so wild und unfair das Geld sich auch in den Systemen bewegen mag. In dem Satz „Ich habe kein Geld" spricht sich dann doch ein religiöses Motiv aus: die Rache der beleidigten Wirklichkeit.

Das habe ich vor 30 Jahren geschrieben. (Henning Günther: Über die Bedeutung des Satzes „Ich habe kein Geld" in Katholische Bildung 1978, S. 276 ff). Ich war der Meinung, dass das Geld Ausdruck und Medium der Modernisierung der Gesellschaften sei. Die Geschichte des Geldes lässt sich beschreiben als Begleiterin und Motor des Reflexivwerdens der Gesellschaft. Symbolisch war es schon immer, denn dass der Goldgehalt den Wert sichern soll, war keine Etappe der Entstehung des Geldes, sondern nur Tauschgesellschaft in Goldwerten. Es gibt frühe Kulturen, in denen zuerst das Giralgeld (zentrale Verrechnung durch Konten bei der Tempelaufsicht) da war, erst später Münzen oder Tauschsymbole. Um Geld handelt es sich nur, wenn der Wert ein Versprechen auf zukünftige Leistungen der Gesellschaft ist. Der Papierwert ist fast Null, auch eine Vergangenheit ist im Geld nicht aufbewahrt. Das was ich für das Geld gegeben habe, ist unwiederbringlich weg. Was ich dafür bekommen habe, eben das Geld, ist nur Zukunft, dass nämlich irgendjemand dafür arbeiten wird. Zwei Grundeinstellungen der Menschen zum Geld lassen sich empirisch gut abgrenzen. In der Sprache Freuds sind es der orale und der anale Charakter. Zum oralen Charaktersyndrom gehören Eigenschaften wie: eitel, redselig, gutgelaunt, gesellig, sprunghaft, nachgiebig, leichtsinnig , verschwenderisch. Zum analen Charaktersyndrom gehören dann: geizig, pünktlich, sittenstreng, nachtragend, grüblerisch, gern allein, ausdauernd, beherrscht. Mit dem Alter nimmt der sparsame Charakter beständig zu.

Freud hat eine Entwicklungshypothese zum Geld aufgestellt: Zuerst habe das Kind ein lustvolles Verhältnis zum eigenen Kot. Dann werde es später den Geruch als störend empfinden und mit Matsch spielen wollen. Dann werde das Feuchte wegabstrahiert und das Kind spielt mit Sand. Das Staubig-Körnige muss weg und das Kind freut sich über Steine und Kugeln. Schließlich wird das Lustempfinden auf Gold und Münzen gerichtet und damit sei die Entwicklung

Kot-Geld gegeben. Die Einstellung zum eigenen Kot wird auf das Geld übertragen und so ist unser Verhältnis zur verfügbaren Zeit, also zu Wirklichkeit überhaupt mit der Bedeutung des Geldes für uns zusammengefallen.

Eigenartig ist, dass durch das Geld die Wirklichkeit unsere Wirklichkeit wird, es aber selber eine Spirale der Entwirklichung durchläuft, in der es sich auf und ab bewegt. Etappen dieser Spirale sind: Geld als Tauschmittel, Geld als Maßstab der Werte, Geld als Hoffnung, Geld als Kapital, Geld als Illusion, Geld als globales Versprechen.

Wie kann ich aber nach diesem Schnelldurchlauf durch eine Philosophie des Geldes behaupten, dass es alle Probleme der Pädagogik, insbesondere der sozial Ausgeschlossenen löst?

Mit der Behauptung befinde ich mich in Übereinstimmung mit den sozialwissenschaftlichen Beiträgen dieses Buches. Tatsächlich lassen sich die meisten von mir im Anschluss an die „Fälle" aufgestellten Forderungen durch Geld lösen. Es müsste auch nicht neu gedruckt werden. Im Bildungsbereich ist viel Geld vorhanden, ein zielsicherer Einsatz wäre wichtiger als neues hineinzupumpen.

Die Entlohnung durch Geld ist in sich modern verstehenden Gesellschaften an Professionalität gebunden. Im Bereich der Pädagogik fehlt es an Professionalität. Erst jetzt beginnt in ersten Anfängen eine Bewertung von Leistungen durch die Betroffenen und das gegen den Widerstand der Lehrer und Erzieher, auch der Eltern und Jugendleiter. Die Bewertung durch die Betroffenen macht das mit Recht befürchtete System einer Kontrollbehörde für pädagogische Leistungen überflüssig. Kompetenz und Fairness beim Bewerten sind kein grundsätzliches Hindernis, denn Kinder und Jugendliche haben nach meiner Erfahrung das Talent zu einer freien, gerechten und wohlwollenden Kritik.

Ich glaube nicht, dass die Finanzierung anderer Strukturen nützlich sein wird. Gesamtschulen schneiden bei den internationalen Vergleichen nicht besser ab, in Deutschland liegt an der Spitze (auch ganz nah an der Weltspitze) ein Bundesland, in dem es keine einzige Gesamtschule gibt. Dieser Erfolg ist in diesem Bundesland begleitet durch eine Förderung der Kinder aus bildungsfernen Elternhäusern, auch hier gleichauf mit einem Land der Weltspitze, nämlich Kanada.
    Ganztagsschulen wie in diesem Band beschrieben kann es nicht geben, weil in dem Modell dieselbe Zeit mehrfach verausgabt wird. Wenn der Umfang des bisherigen Unterrichts beibehalten wird (gefordert sind aber eigentlich mehr Unterrichtsstunden in Angleichung an andere Länder), dann bleibt am Nachmit-

tag sehr knapp noch Zeit für das Nachfolgekonstrukt der Hausaufgaben. Der Nachteil dieser Reform wäre das Absterben der Vereine. Es müsste also vor einer solchen Reform geklärt werden, ob die Förderung der jungen Menschen in den Vereinen – eine deutsche Besonderheit – besser ist als Angebote in einer Ganztagsschule sein können, was ich vermute. Die sozial Ausgeschlossenen gehören in die Vereine, nicht umgekehrt sollte man ihretwegen alle anderen aus den Vereinen eliminieren.

Die schwierigere Frage ist, ob man wirklich alles kaufen kann, was Kinder und Jugendliche für ihre Förderung brauchen. Um mich einer Antwort anzunähern, habe ich auf meine lang zurückliegende Schrift zum Geld zurück gegriffen. Denn vieles spricht dafür, dass das Geld mehr kann als nur Kauf ermöglichen. Wenn Flexibilität eine Grundkompetenz ist, damit die emotionalen und kognitiven Aufgaben in der modernen Gesellschaft von den Einzelnen in Angriff genommen werden können, dann ist das Geld genau das Symbol einer grenzenlosen Flexibiltät ohne Identitätsverlust. Geld ist der Anthropomorphismus der Evolution schlechthin, soll heißen: Diese globale, multikulturelle, offene, alles verwandelnd aneignende und verwandelnde Utopie eines modernen Menschen gibt es in der Realität überall, es ist diese Schöpfung des Menschen, eben das Geld. Und diese Realität ist mit unseren drängendsten Emotionen unlöslich verschmolzen, Neid, Eifersucht, Gier, Ehrgeiz, Erfolg, Anerkennung, Würde. (Der Asket ist kein Gegenbeweis, denn sein Leben ist bestimmt durch einen Entschluss: Ich habe kein Geld). Bleibt noch die Liebe, aber das ist Schenken und wir sind wieder beim Geld. Die Niedrigkeit, die hinter solchen Gedanken vermutet wird, ist nur dann ein richtiger Vorwurf, wenn das Geld nur auf seiner untersten Stufe, der Stufe des Tauschs wahrgenommen wird. Aber auch sehr edle Gemüter sind nicht unempfindlich für diese niedrige Stufe des Geldes, denn wer hat nicht mit dem Gedanken gespielt, mit dem jüngsten Lottogewinner (45 Millionen €) zu tauschen? In welche Orgie des Schenkens und Liebens (vielleicht auch ein Wochenende mit einem tollen Schauspieler oder einem Model) würden wir nicht eintreten, hätten wir nur diese Millionen.

Dennoch ist das Tabu ernst zu nehmen, welches die Erwartung ausgrenzt, dass das Geld alle Probleme löst. Etwas in uns sträubt sich dagegen und das muss etwas Wichtiges sein. Wir möchten, dass der Mensch, den wir kennen, nicht so ist wie das Geld. Das Geld steigt in Kreisläufen auf und ab, materialisiert und entmaterialisiert sich, wir aber werden älter, können uns nicht zurück verwandeln. Es ist die Treue, durch die uns die Sterblichkeit versüßt wird. Die sozial Ausgeschlossenen sind nicht alle Noch-nicht-Integrierte, sondern darunter sind auch Menschen, denen die Liebe und Anerkennung der anderen nicht spielerisch zufällt. Vielleicht wollen sie ums Verrecken gar nicht geliebt werden. So ist das Geld das Kommunikationsmedium der Modernität, aber da ist noch eine andere Verbindung zwischen den Menschen. Gerade konnte man von einer Untersuchung lesen mit dem Ergebnis, dass zärtliche Berührungen bewirken, dass der Berührte im Durchschnitt das Zweieinhalbfache des Geldes zurückzahlt, das man ihm geliehen hat. Es gibt also Wichtigeres als das Geld, jedenfalls in der Erziehung. Das Geld aber brauchen wir, damit dieses Wichtige stattfinden kann. Und die Ausgeschlossenen brauchen mehr davon.

Autorenangaben

Christoph Butterwegge, Prof. Dr. sc. pol., habil, geboren 1951, lehrt seit 1998 Politikwissenschaft an der Universität zu Köln. Zu seinen Arbeitsschwerpunkten gehören die Armuts- und Sozialstaatsforschung; zuletzt erschienen seine Bücher „Kinderarmut in Ost- und Westdeutschland", „Krise und Zukunft des Sozialstaates" sowie „Kritik des Neoliberalismus".
Email: ewf-politikwissenschaft@uni-koeln.de

Elisabeth Furch, Dr. phil., geboren 1955, 18 Jahre Grundschullehrerin, Lehramt für Sonderschulen, seit 1993 Professorin an der Päd. Akademie des Bundes in Wien (fachlicher Schwerpunkt: Interkulturelle Erziehung), seit Oktober 2007 Professorin an der Pädagogischen Hochschule Wien, einschlägige Publikationen.
Email: elisabeth.furch@phwien.ac.at

Siegfried Gettinger, geboren 1963, Ausbildung zum Industriekaufmann, langjährige Tätigkeit in verschiedenen Unternehmen. Diplompädagoge für das Lehramt an Volksschulen. Evangelischer Religionspädagoge, Supervisor und Coach (ÖVS). Arbeitsschwerpunkte: Interkulturelle Pädagogik und Förderpädagogik auf Basis der pädagogischen Ansätze Celestin Freinets, Qualitätsentwicklung in pädagogischen Arbeitsfeldern, Supervision und Coaching.
Email: siegfried@gettinger.info

Henning Günther, Prof., Dr. phil. habil, geboren 1942, Promotion in Philosophie, 1970 Habilitation in praktischer Philosophie, lehrt seit 1977 Erziehungswissenschaften an der Universität zu Köln. Zu seinen Arbeitsschwerpunkten gehören die empirische Unterrichtsforschung, und die Medienpädagogik. Zahlreiche Veröffentlichungen, u. a. zur Kritik des Offenen Unterrichts.
Email: dr.henning@guenther-zw.de

Ludwig Haag, Prof. Dr. phil, habil., Diplompsychologe, geboren 1954, Lehrstuhl für Schulpädagogik, Universität Bayreuth. Forschungsschwerpunkte im Bereich der empirischen Unterrichtsforschung: Unterrichtsvorbereitung, Sozialformen des Unterrichts, Erforschung schulbegleitender Maßnahmen, Auswirkungen von Unterrichtsfächern.
Email: ludwig.haag@uni-bayreuth.de

Marius Harring, geboren 1977, Diplompädagoge, Wissenschaftlicher Mitarbeiter des Arbeitsbereichs „Bildung und Sozialisation" am Fachbereich Erzie-

hungs- und Bildungswissenschaften der Universität Bremen. Seine Arbeitsschwerpunkte liegen in der Sozialisations- und Bildungsforschung, Jugendforschung, Migrationsforschung und Gewaltforschung.
Email: harring@uni-bremen.de

Kora Kaminski, geboren 1973, lebte von 1979 bis 1987 in Zagreb, Kroatien, wo sie eine kroatische Schule besuchte. 2005 Abschluss als Diplompädagogin an der Universität zu Köln. Langjährige Erfahrungen mit Roma-Flüchtlingen. Von 2006-2007 war sie als Heimleiterin in einem Flüchtlingswohnheim und für die Sozialpädagogische Familienhilfe (SPFH) in Roma-Familien tätig. Arbeitet seit 2007 in der Integrationsagentur „Gesundheit" des DRK und der SPFH mit Roma-Familien.
Email: Kora.Kaminski@web.de

Renate Kock, Dr. phil., geboren 1959, erstes und zweites Staatsexamen für die Sekundarstufe I und II. Diplompädagogin. Promotion 1995 mit einer historisch-didaktischen Arbeit zur Pädagogik C. Freinets. Mehrjährige Tätigkeiten in der schulischen und außerschulischen Jugend- und Erwachsenenbildung. Letzte Veröffentlichungen: Célestin Freinet. Kindheit und Utopie (Klinkhardt 2006), Education and Training in a globalized World-Society (Peter Lang 2006). Seit Februar 2000 Wissenschaftliche Mitarbeiterin an der Universität zu Köln.
Email: Renate.Kock@uni-koeln.de

Georg Milzner, geboren 1962, Diplompsychologe, Approbation als Psychotherapeut, Weiterbildungen in Tiefenpsychologie, Verhaltenstherapie, Hypnotherapie. Mehrere Jahre Chefredakteur der Fachzeitschrift „Suggestionen", Gastdozent an verschiedenen Universitäten. Praktiziert als Therapeut am Institut für Hypnotherapie in Düsseldorf und im Neuro-Atelier Münster. Bücher u. a.: „Schmerz und Trance" (2 Bände, 1999), „Die Poesie der Psychosen" (2001), „Ericksons Söhne" (2005).
Email: g.milzner@web.de

Christian Palentien, Prof. Dr. phil., habil, geboren 1969, Diplompädagoge, Professor für das Arbeitsgebiet „Bildung und Sozialisation" am Fachbereich 12 „Erziehungs- und Bildungswissenschaften" der Universität Bremen. Seine Arbeitsschwerpunkte liegen in der Sozialisations- und Bildungsforschung, Kindheits- und Jugendforschung und Armutsforschung.
Email: palentien@uni-bremen.de

Carsten Rohlfs, Dr. phil., geboren 1974, Wissenschaftlicher Mitarbeiter im Fachbereich Erziehungs- und Bildungswissenschaften der Universität Bremen.

Seine Arbeitsschwerpunkte liegen in der empirischen Bildungs- und Sozialisationsforschung sowie der Kindheits-, Jugend- und Schulforschung.
Email: crohlfs@uni-bremen.de

György Széll, Prof. em., Dr. sc. pol., habil, geboren 1941 in Budapest, Ungarn, Studium der Sozialwissenschaften an den Universitäten Frankfurt a.M., Aix-en-Provence, Münster, Köln, Algier, Bochum und der FU Berlin. Diplomsoziologe (1965) und Dr.sc.pol. (1967) an der Westfälischen Wilhelms-Universität Münster, seit 1973 ordentlicher Professor für Soziologie an der Universität Osnabrück. Direktor der Forschungsstelle Japan; u. a. seit 2007 Gastprofessor an der Seoul National-Universität; über 50 selbständige sowie ca. 240 unselbständige Veröffentlichungen.
Email: gszell@uos.de

Peter Lang · Internationaler Verlag der Wissenschaften

Michael Fischer / Nikolaus Dimmel (Hrsg.)

Sozialethik und Sozialpolitik

Zur praktischen Ethik des Sozialen

Frankfurt am Main, Berlin, Bern, Bruxelles, New York, Oxford, Wien, 2006.
314 S., 15 Abb.
Ethik transdisziplinär. Herausgegeben von Michael Fischer. Bd. 4
ISBN 978-3-631-54745-8 · br. € 46.–*

Der Sammelband fasst die Referate eines Workshops im Salzburger Bildungshaus St. Virgil aus dem Herbst 2005 zusammen. Dieser Workshop verfolgte das Ziel, die aktuelle Steuerungs-, Verteilungs- und Regulierungsdebatte im österreichischen Sozial- und Wohlfahrtsstaat im Hinblick auf deren sozialethische Legitimationsgehalte zu erörtern. Dies erfolgte in drei Panels mit folgenden Themenstellungen: Grenzen der Verteilungspolitik, Workfare sowie Soziale Versorgungsklassen und Soziale Ausgrenzung. Ausgangspunkt der Workshops war die Hypothese, dass der Sozial- und Wohlfahrtsstaat in zunehmend intensiver Weise die Lebensführung seiner Klientelen moralisiert, indem er zwischen moralisch integren Risiken (Kinder, Behinderte) und moralisch verwerflichen oder zumindest fragwürdigen Risikokonstellationen (arbeitsfähige Sozialhilfeempfänger, überschuldete Verbraucher) trennt.

Aus dem Inhalt: How few/much is enough? · Verteilungsgerechtigkeit – Gibt es das? · Obszönität des Reichtums · Armut als strukturelle Gewalt · Zwischen Grundeinkommen und bedarfsorientierter Grundsicherung · Neoliberalismus als säkulare Religion · Zur Ethik der Arbeitspflichten im Sozial-Wohlfahrtsstaat · Lohnarbeit, Eigenarbeit, Tätigkeit · Chancen und Risken der „Activation Policies"

Frankfurt am Main · Berlin · Bern · Bruxelles · New York · Oxford · Wien
Auslieferung: Verlag Peter Lang AG
Moosstr. 1, CH-2542 Pieterlen
Telefax 0041 (0)32/3761727

*inklusive der in Deutschland gültigen Mehrwertsteuer
Preisänderungen vorbehalten
Homepage http://www.peterlang.de